支持企业重组的税收政策研究

尹 磊 著

中国财经出版传媒集团
中国财政经济出版社

图书在版编目（CIP）数据

支持企业重组的税收政策研究／尹磊著． --北京：
中国财政经济出版社，2020.7
ISBN 978-7-5095-9722-4

Ⅰ.①支… Ⅱ.①尹… Ⅲ.①企业重组-税收政策-研究-中国 Ⅳ.①F812.423

中国版本图书馆 CIP 数据核字（2020）第 044395 号

责任编辑：孙 琛　　　　　封面设计：陈宇琰
责任校对：李 丽

支持企业重组的税收政策研究
ZHICHI QIYE CHONGZU DE SHUISHOU ZHENGCE YANJIU
中国财政经济出版社 出版
URL：http://www.cfeph.cn
E-mail：cfeph@cfemg.cn

（版权所有　翻印必究）

社址：北京市海淀区阜成路甲28号　邮政编码：100142
营销中心电话：010-88191537
北京密兴印刷有限公司印装　各地新华书店经销
787×1092 毫米　16 开　10.75 印张　230 000 字
2020 年 7 月第 1 版　2020 年 7 月北京第 1 次印刷
定价：42.00 元
ISBN 978-7-5095-9722-4
（图书出现印装问题，本社负责调换）
本社质量投诉电话：010-88190744
打击盗版举报热线：010-88191661　QQ：2242791300

PREFACE 前言

  企业重组是区别于企业日常生产经营活动的重大特殊交易事项。理论和实践表明，重组行为对于激发企业活力、公平市场竞争、优化资源配置、改善产业结构、增进社会福利等方面具有十分重要的作用。由于重组事项资金投入大、涉及范围广、持续时间长、面临风险多，各国普遍采取税收手段支持和引导企业重组。随着社会主义市场经济体制的建立和完善，近年来我国各类企业重组蓬勃发展，财税部门陆续出台了一系列支持企业重组的税收政策，基本形成了比较完备的企业重组税收政策体系，但缺乏系统研究和客观评价。立足现实和发展需要，对支持企业重组的税收政策及其效应进行深入研究和科学评价，具有重要的理论和现实意义。

  全书共8章，分为理论探讨、实证研究、国际借鉴和政策建议四大部分。

  理论探讨包括文献综述和企业重组税收政策作用机理等两章。综述部分总结梳理了现有文献关于企业重组及其税收问题的代表性观点，重点对企业重组的税收政策效应，包括重组所得递延及优惠、重组税制的非对称性、杠杆收购与债务税盾、重组交易的资产搅拌以及可能引发的避税动机等问题进行了回顾总结。在此基础上，构建了"重组税收政策—具体税制要素—重组行为选择"的分析框架，论证了税收支持企业重组的必要性和有效性，并结合不同的重组类型，系统研究了税收影响企业重组的逻辑和机理，揭示了税收政策通过影响重组企业市场价值、构成重组交易价格、改变重组资产计税基础、递延重组应税所得、重组费用税前扣除以及重组企业亏损弥补等方式，从而影响和支持企业重组的理论基础和实现路径。

  实证研究是全书的重点，包括政策述评、实证检验和断点回归等三章。政策述评对我国企业重组税收政策进行了全面梳理，划分为探索、起步、磨合、成型和完善五个发展阶段，着重探讨了企业重组计税原则和政策取向。研究表明，我国对企业重组采取了多种税收优惠，但是企业重组税收政策存在结构明显失衡、政策层级偏低、税收监管弱化等问题，影响了政策效果。实证研究选取2008—2018年1.4万个（件）上市公司重组实例为样本，通过因子分析，运用logistic模型对企业重组进行实证检验。结果表明，税收政策特别是实际税负对企业重组具有显著影响，并且对非国有企业政策效果更明显，但是税收政策效应低于预期。鉴于2014年我国对企业重组税收政策进行了较大调整，降低了特殊性税务处理政策门槛并扩大了适用范围，对此进行政策变动的"断点回归"。研究表明，此次税收政策调整对重组行为产生了更加显著的正向影响，但是政策作用的发挥存在明显的滞后性，并且总体效果有待进一步提升，需要进一步加大对企业重组的税收政策支持力度。

国际比较部分，分别对美国、日本、德国等国家和我国台湾省的企业重组税收政策进行了比较分析。总体而言，上述国家（地区）重组税制的基本特征可以概括为具有服务经济发展的鲜明导向性、与本经济体税制的高度依存性和不同政策手段的较强协同性；从发展趋势看，其支持企业重组的价值取向逐步明晰，税收政策制定更加科学精细，并且反避税及监管措施趋于严格。启示和借鉴主要有四点：一是增进重组税制与经济发展的契合度，二是加大对企业重组税收政策的支持度，三是提高重组税收政策设计的精准度，四是强化重组税收政策监管的严密度。

政策建议部分，针对现行企业重组税收政策存在的主要问题，提出要树立理性支持企业重组的政策导向，进一步加大对企业重组的税收支持力度，建立兼具本土化和国际化的重组税制。为此，要增强税收政策的针对性，兼顾不同类别重组主体和重组类型的差异化需求，通过改进完善现行企业所得税、个人所得税、增值税等主体税种的重组规定，增进税收政策的整合协调，提升企业重组税收政策的权威性和稳定性。要加强对企业重组的税收监管，对关联交易和有避税动机等高风险重组事项进行重点管理，探索建立企业重组多部门协同共治机制。与此同时，通过对企业重组税收政策实施效果进行动态评估，对拟颁布的政策进行模拟评价，提高政策的前瞻性、科学性和有效性。

本书的创新之处主要体现在四个方面：一是理论融入实际，将理论剖析与税收政策述评深度融合，构建了企业重组税收政策效应的分析框架，并对现行政策进行了全面回顾和系统研究；二是大样本量实证，运用实证模型精确测度了企业重组税收政策的实际效果和问题所在；三是动态断点回归，针对税收政策变动进行模糊断点回归，动态验证了重组税收政策调整的实际效果，创新了对该问题的研究方法；四是拓宽研究视野，对企业重组税收政策进行国际比较，提出既有理论依据、又有实证支撑的合理化政策建议，以期构建既符合我国国情，又顺应国际潮流的企业重组税收政策体系，为企业重组提供更好的税收环境。

本书的亮点可以概括为七个"精"：一是重组理论精辟提炼，将生涩深奥的理论生动化、鲜活化和浅显化，更易理解；二是税收政策精细梳理，将现行有关企业重组的全部税收政策进行逐一盘点并注有文号，更为全面；三是重组案例精彩点评，选取企业重组代表性精典涉税案例进行多角度深入分析，更接地气；四是重组筹划精妙解决，将税务筹划理念嵌入企业重组的各环节和全过程，更趋实用；五是上市公司精确实证，针对上市公司重组的特点，对上万件重组实例进行数理分析，更显严谨；六是境外重组精心比较，选取部分发达国家和地区的重组税制进行比较，便利涉外重组，更加开阔；七是重组风险精准规避，揭示企业重组可能面临的税务监管和税务稽查风险，探讨规避方法，更保安全。

CONTENTS 目录

第 1 章　导论 …… 1

　　1.1　研究背景与意义 / 1
　　1.2　研究内容与方法 / 5
　　1.3　主要创新与不足 / 8

第 2 章　文献综述 …… 10

　　2.1　重组行为与企业绩效 / 10
　　2.2　企业实施重组的主要动因 / 12
　　2.3　企业重组的税收协同效应 / 16
　　2.4　企业重组的税收政策导向 / 20
　　2.5　国内外研究状况评价 / 24
　　2.6　本章小结 / 25

第 3 章　企业重组税收政策的作用机理 …… 27

　　3.1　企业重组类别与界定 / 27
　　3.2　税收支持企业重组的必要性 / 30
　　3.3　税收介入企业重组的机理和方式 / 33
　　3.4　企业重组税收政策的合理性边界 / 43
　　3.5　本章小结 / 46

第 4 章　我国企业重组税收政策述评 …… 48

　　4.1　企业重组的税收待遇 / 48
　　4.2　我国企业重组税收政策的发展演变 / 51
　　4.3　我国企业重组税收政策要点与原则 / 60
　　4.4　企业重组税收政策的总体评价 / 71
　　4.5　本章小结 / 76

第5章　企业重组税收政策效果的实证检验 …………………………… 78

5.1　实证研究假设 / 78
5.2　基于上市公司重组的实证检验 / 79
5.3　影响企业重组的因子分析 / 84
5.4　模型构建与实证研究结论 / 92
5.5　本章小结 / 97

第6章　企业重组税收政策调整的断点回归 …………………………… 99

6.1　断点回归思路设计 / 99
6.2　断点回归模型设定 / 101
6.3　重组断点回归及稳健性检验 / 105
6.4　断点回归结论剖析 / 108
6.5　本章小结 / 112

第7章　企业重组税收政策的国际（或地区）比较 …………………… 114

7.1　美国企业重组税收政策 / 114
7.2　日本企业重组税收政策 / 119
7.3　德国企业重组税收政策 / 122
7.4　中国台湾企业重组税收政策 / 124
7.5　重要启示与借鉴 / 127
7.6　本章小结 / 130

第8章　完善企业重组税收政策的建议 ………………………………… 132

8.1　明确理性支持企业重组的政策导向 / 132
8.2　改进完善现行企业重组的税收政策 / 136
8.3　建立健全企业重组的税收监管机制 / 145
8.4　科学评估企业重组税收政策的效果 / 149

参考文献 ……………………………………………………………………… 152
后记 …………………………………………………………………………… 161

图表索引

图 1-1	研究内容框架	6
图 3-1	企业生产函数与重组动机	31
图 3-2	重组引致的债务税盾效应	41
图 3-3	重组可能导致的福利损失	44
图 4-1	企业重组涉及的主要税种	48
图 4-2	不同阶段企业重组税收政策分布	58
图 4-3	股权收购与反向收购示意图	61
图 4-4	定向增发方式下的股权收购	64
图 4-5	特殊性税务处理的税会差异	70
图 4-6	企业重组的差别化税收待遇	71
图 4-7	具体税种企业重组政策构成	73
图 4-8	我国企业重组税收政策的具体类型	74
图 4-9	我国企业重组税收政策属性及构成	75
图 5-1	重组特征值碎石图	88
图 6-1	2014年我国企业重组税收政策变动	100
图 6-2	A股上市公司重组年份分布图	103
图 6-3	样本企业第一大股东持股比例	104
图 6-4	样本企业规模断点图	104
图 6-5	样本是否为国有企业断点图	104
图 6-6	样本企业实际税负断点图	105
图 6-7	不同带宽下税收政策对企业重组影响系数散点图	108
图 6-8	影响断点回归时滞的主要因素	109
图 6-9	2014年企业重组税收政策变动区域	111
图 6-10	实证研究对应年份我国宏观税负变动	112
图 8-1	近年来我国税制结构变迁	135
图 8-2	企业重组主体类型与关系框架	137
图 8-3	我国企业重组税收政策的法律位阶	144
图 8-4	企业重组内外部协同管理基本框架	149

表1-1	近年来A股上市公司重组情况	3
表3-1	重组资产计税基础及变动情况	37
表4-1	我国企业重组税收政策体系的发展阶段	51
表4-2	重组业务特殊性税务处理的条件	56
表4-3	资产股权划转特殊性税务处理条件及政策要点	59
表4-4	不同股权收购方式税务待遇对比	63
表4-5	定向增发方式下股权收购的税务处理	64
表4-6	考虑定向增发计税基础时的税务处理	65
表4-7	同时存在股权与非股权支付时的税务处理	67
表5-1	重组企业样本时间分布表	80
表5-2	变量定义与说明	82
表5-3	主要变量描述性统计	83
表5-4	目标公司与配对公司样本数据特征	84
表5-5	Pearson 相关性检验	85
表5-6	KMO 和巴特利特检验	86
表5-7	公因子方差	86
表5-8	总方差解释	87
表5-9	因子载荷矩阵	88
表5-10	旋转后因子载荷矩阵	89
表5-11	成分得分系数矩阵	91
表5-12	Logistic 模型的估计结果	93
表5-13	不同产权性质下税收因素对重组行为的影响	94
表5-14	重组税收政策调整对企业重组的影响	96
表6-1	主要变量的描述性统计分析	102
表6-2	不同带宽断点回归结果	106
表6-3	模糊断点回归结果	107
表6-4	改变带宽设定的稳定性检验	108
表7-1	美国税法对企业重组的分类	115
表7-2	美国与中国重组类型的比较	116
表7-3	美国应税重组基本税务规定	117
表7-4	中国台湾省与内地重组类型及比较	125

第 1 章
导　论

1.1　研究背景与意义

1.1.1　研究背景

党的十九大报告指出，经济体制改革必须以完善产权制度和要素市场化配置为重点，实现产权有效激励、要素自由流动、价格反应灵活、竞争公平有序、企业优胜劣汰。① 根据科斯的产权理论，在市场上，资源配置是由价格机制自动调节；在企业里，资源配置则由权威的组织完成。无论是用市场机制还是企业组织来协调生产，都是有成本的。基于资源配置效率的角度，一方面，资源配置和交易方式取决于市场定价的成本与企业的组织成本之间的对比和平衡关系，即有些交易通过市场机制来完成，有些交易则在企业内部完成；另一方面，企业的规模和边界会随着内外部环境的改变而进行必要的动态调整，引发企业规模的扩张与收缩，从而为企业重组的产生和实施提供了必要和可能。

综合各方面对企业重组的界定，一般认为企业重组是对企业产权关系的重新构建与组合，涉及企业资产权属、股权结构、债权状况、债务归属、人员去留、组织方式和管理结构的改变等内容，是区别于企业日常生产经营活动的重大特殊交易事项，对于各类企业特别是大中型企业的生存和发展具有极为重要的战略意义。理论和实践表明，企业重组是基于优化资源配置和提高生产经营效率目的，在市场机制下对企业组织架构和经营规模的重构和调整，通常包括股权收购、资产收购、合并分立、债务重组等方式。通过不同的重组方式，可以实现对各种生产要素的重新组合和企业经营管理模式的动态调整，既有利于资源的优化配置和充分利用，也有利于提高企业的生产效率和社会总体福利。

在市场经济条件下，企业各种生产要素的供给和面临市场需求是持续变化的。在科学技术迅速革新、市场竞争日益激烈、经济全球化进程显著加快的情况下，企业内外部环境的变动越来越快，迫切需要及时对各种生产要素进行优化组合，以有效降低生产成本和交易费用，提高盈利水平，保持竞争优势。近年来随着中国经济进入"新常态"

---

① 《习近平在中国共产党十九次全国代表大会上的报告》，《人民日报》，2017 年 10 月 28 日。

和"供给侧"结构性改革的深入推进，企业重组已经成为我国企业实现高质量发展的必然选择，其在化解产能严重过剩矛盾、调整优化产业结构、提高我国经济发展质量效益方面发挥着十分重要的作用。

（1）宏观制度背景

改革开放以来，随着我国市场经济体制的建立和逐步完善，企业法人治理和产权制度在不断探索中向前发展。企业重组作为公平市场竞争、合理配置资源、激发企业活力和优化产业结构的重要手段，催生了国家层面包括税收政策在内的相关制度供给，逐步破除了阻碍企业重组的各种藩篱，有力推动了企业重组的蓬勃兴起和快速发展。

近年来，随着我国资本市场的健全和完善，2002年《上市公司收购管理办法》颁布[①]，企业重组开始逐步融入资本市场，上市公司重组行为的数量和规模日益扩大。在加入WTO的大背景下，2003年我国发布了《外国投资者并购境内企业暂行规定》，为实施跨境重组的企业打开了政策大门。为了消除兼并重组中的体制、机制障碍，2014年国务院发布了《关于进一步优化企业兼并重组市场环境的意见》，提出要为企业重组营造良好的市场环境，充分发挥企业在兼并重组中的主体作用。"十三五"规划纲要也明确提出，鼓励企业并购，形成以大企业集团为核心，集中度高、分工细化、协作高效的产业组织形态。2019年中央经济工作会议强调，要增强微观主体活力，发挥企业和企业家主观能动性，建立公平开放透明的市场规则和法治化营商环境，促进正向激励和优胜劣汰，发展更多优质企业[②]。可以看出，近年来我国对于企业重组的认识和定位逐渐清晰，相关制度规定日益健全，对企业重组的支持和引导力度也在不断加大，企业重组的外部环境趋于优化。

（2）重组实践背景

从实践层面来看，各级政府对企业重组行为经历了态度由审慎转向宽松、政策由限制转为支持、监管由严格转为适度的过程。近年来我国各类企业重组从无到有、数量从少到多、规模由小到大、领域由窄到宽、类型由简到繁，已经成为包括上市公司、国有企业、跨国公司在内的各类企业扩大经营规模、优化股权结构、合理配置资源、提高核心竞争力和市场占有率的有效途径。

以2008—2017年我国A股上市公司为例，如表1-1所示，这10年来上市公司发生重组行为的数量呈现出稳步递增态势。就每年实施重组的数量来看，2008年有357家（次），2015年增加到727家（次），数量大约翻了一番。2016年和2017年上市公司实施重组的数量都在800家（次）以上；A股重组企业占全部A股企业的比重，最低的是2011年，为18.84%；最高的是2016年，为27.98%，平均占比为23.65%，有将近1/4的上市公司都实施过重组行为。在此过程中，企业重组也由单一的兼并逐步发展演变为股权收购、资产收购、合并分立、债务重组、企业改制等多种方式，并且每种重组类型又衍生出许多具体的方式；重组对价的支付方式更加灵活和多元化，出现了多种支付方式和金融工具的组合与创新；企业重组的领域也从同一地区扩大到跨区域、跨境乃

---

① 中国证券监督管理委员会令第10号，自2002年12月1日起施行，已废止。
② 2019年中央经济工作会议召开。http://politics.people.com.cn/n1/2018/1222/c1024-30481785.html。

至跨国的重组。企业重组的蓬勃发展有力推动了我国企业做大做强，同时也为企业重组的制度供给和政策完善提出了更高要求。

表 1-1　　　　　　　　　　近年来 A 股上市公司重组情况

年份	A 股重组企业数量（个）	A 股上市公司数量（个）	重组企业占比（%）
2008	357	1602	22.28
2009	458	1696	27.00
2010	429	2041	21.02
2011	437	2320	18.84
2012	522	2472	21.12
2013	561	2468	22.73
2014	629	2592	24.27
2015	727	2808	25.89
2016	849	3034	27.98
2017	825	3467	23.80
合计	5794	24500	23.65

数据来源：根据国泰安经济金融数据库整理。

（3）税收政策背景

税收政策是影响纳税人生产经营决策的重要因素，利用税收手段来支持和引导企业重组是世界各国的普遍做法。在这方面，我国企业重组税收政策的研究和制定起步较晚，1997 年颁布的《关于外商投资企业合并分立股权重组资产转让等重组业务所得税处理的暂行规定》，首次尝试对外商投资企业并购重组业务中涉及的企业所得税待遇和税务处理问题进行了明确。

随着 2008 年我国内外资企业所得税法的合并，在总结经验、充分调研和借鉴国外的基础上，2009 年 4 月发布了《关于企业重组业务企业所得税处理若干问题的通知》[①]，初步搭建了较为完整的企业重组所得税政策框架，并在 2014 年进一步放宽了企业重组税收优惠待遇的适用条件。2016 年我国全面完成了营改增试点，并对原增值税和营业税关于企业重组的税收待遇进行了粗线条的总结性规定。随着企业重组的快速发展和我国税制改革的不断深化，我国又陆续出台了一系列规范、引导和扶持企业重组的税收政策，涵盖了重组业务所涉及的企业所得税、个人所得税、增值税、土地增值税、契税等多个税种，初步构建了税收实体法与程序法并重、政策性文件与管理性规定兼具，以企业所得税为主体、其他税种相配合的企业重组税收政策体系，对各类企业重组的顺利实施发挥了积极的推动作用。

由于企业重组的复杂性和特殊性，无论是和国家的发展定位相比，还是与国外特别是发达国家企业重组的税收实践相比，以及与我国企业重组的实际需求相比，现行企业

---

① 该规定追溯至 2008 年 1 月 1 日起执行，与现行企业所得税法的实施时间保持了一致。

重组的税收政策还不够科学、完备和高效，仍存在一些亟须解决的重大问题和进一步深入研究的薄弱环节。基于此，有必要全面回顾总结我国企业重组税收政策的发展演变脉络，科学客观地评价企业重组税收政策的实施效果，充分吸收借鉴发达国家的经验做法，进一步优化完善企业重组的税收政策体系，从而为我国企业重组提供更加优质的税收环境。

1.1.2 研究意义

习近平总书记指出，推进供给侧结构性改革，要从生产端入手，重点是促进产能过剩有效化解，促进产业优化重组，降低企业成本，发展战略性新兴产业和现代服务业，增加公共产品和服务供给，提高供给结构对需求变化的适应性和灵活性。① 税收是实施宏观经济政策和服务微观经济运行的重要结合点，系统研究税收政策对于企业重组的作用机理和实施效果，持续优化企业重组的税收环境，助力供给侧结构性改革，推动经济实现高质量发展，具有重大的理论和现实意义。

（1）有利于深化税收对企业重组作用机理的理论认识

本书在已有研究的基础上，借助规范分析工具和实证研究方法，深入探寻和考察各类企业实施重组的主要动机、影响企业重组的主要因素及重要程度，阐释利用税收政策支持企业重组的必要性、可行性、有效性和适度性，探索构建税收介入和影响企业重组的理论模型和分析框架，力求进一步夯实利用税收政策支持企业重组的理论基础，从而深化和拓展对支持企业重组税收政策作用机理的理论认识。

（2）有利于把握我国企业重组税收政策的发展演变规律

本书以我国改革开放以来经济体制改革进程中的若干重大标志性事件为线索和维度，系统回顾、梳理和剖析了我国企业重组税收政策形成、发展、演变、完善的基本规律和主要特点，涵盖了企业所得税、个人所得税、增值税、土地增值税、契税等税种，并对税收政策的实际效果和主要问题进行了分析评价，厘清了当前对企业重组税收政策认识上的诸多误区，总结提炼了我国企业重组税收政策的演进路径和发展规律。

（3）有利于创新对企业重组税收政策效果的评价方法

本书以2009—2018年间的13978个上市公司为样本，包括5762个重组企业样本和8216个配对企业样本，通过构建实证研究模型，对企业重组税收政策的影响程度和实施效果进行了实证检验。同时，考虑到2014年我国对企业重组的税收政策进行了较大调整，本书对2009—2013年、2014—2018年两个时间段的样本企业数据进行了分段和细化，并运用"断点回归"方法对税收政策调整的效应进行进一步的实证检验，从静态和动态两个角度全方位考察税收政策的实施效果，显著提高了研究结论的科学性和可信度。

（4）有利于拓宽研究企业重组税收政策的国际视野

在经济全球化的大背景下，国际税收竞争与合作呈现新的发展态势。本书既对美

---

① 习近平在省部级主要领导干部学习贯彻党的十八届五中全会精神专题研讨班上讲话，参见中国政府网 http://www.gov.cn/xinwen/2016-01/18/content_5033965.htm。

国、日本、德国等发达国家企业重组的税收政策进行了较为全面客观的介绍，又对我国台湾省企业重组的相关税收规定进行了深入剖析；既考察了上述国家和地区企业重组的税收制度，也研究了其在企业重组税收管理方面的基本经验，并进行了国别和地区的比较研究，有助于把握世界范围内企业重组税收政策的最新情况和发展趋势，为我国企业重组税收政策的完善提供参考借鉴。

（5）有利于充分发挥税收支持企业重组的作用

本书明晰了企业重组税收政策的价值取向，探讨了税收在支持企业重组过程中应遵循的若干原则，提出了改革完善现行企业重组税收政策的基本思路和具体建议。通过构建兼具"国际化"和"本土化"的企业重组税收政策体系，有利于形成更加科学完备、运转高效的企业重组税收制度框架和政策内容，从而改进和提升企业重组税收政策的实施效果，更好地促进企业重组的顺利开展，不断增强我国企业的创新能力和竞争实力，服务经济高质量发展。

1.2 研究内容与方法

1.2.1 研究内容

本书围绕企业重组税收政策作用机理和实施效果，沿着"理论→实际→实操→实证→实践"的主线，深入研究税收介入企业重组的理论依据，回顾了近年来我国企业重组税收政策实践，并借助大样本的实证研究进行政策效应评价和改革效应评估。通过借鉴国（境）外企业重组税收政策的经验，提出改革完善我国企业重组税收政策的建议。本书共8章，框架结构如图1-1所示。

第1章为导论。本章简要分析了支持企业重组的重要性和必要性，回顾总结了我国企业重组及相关税收政策的发展演变和基本情况，阐述了对企业重组税收政策进行研究的相关背景和重大意义。通过对全书框架结构和主要章节内容进行说明，阐述了研究思路、主要内容和基本方法，指出了本书的主要创新之处和存在的不足。

第2章为文献综述。本章较为全面系统地总结梳理了关于企业重组的代表性文献、重要论述和主要观点，特别是对企业重组的税收协同效应的相关文献进行了梳理，论证了税收协同效应的客观存在性和主要影响因素，重点分析了税收制度的非对称性因素、债务的税盾效应、重组税收优惠以及递延纳税等对企业重组的实际影响。同时，简要分析了企业重组税收制度设计与政策适用，探讨了企业重组税收政策可能引发的避税问题，以及对重组行为的税务管理，并对国内外的研究状况进行了总结和评价。

第3章是理论基础。本章综合运用经济学、税收学、会计学等学科的相关理论、原理与方法，试图构建"税收政策—税制要素—企业重组"的理论模型和分析框架。一方面从总体上研究分析税收因素对于企业重组行为的作用机理和影响程度；另一方面从结构上具体研究不同税制要素，包括名义税率、实际税负、税收优惠、亏损弥补、资产

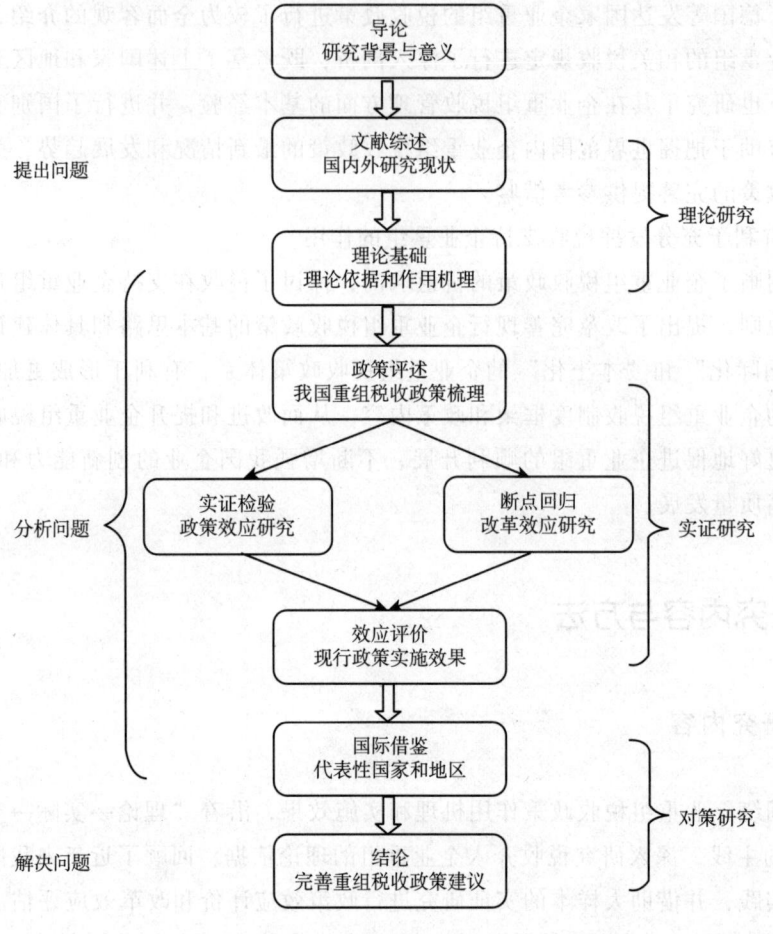

图 1-1 研究内容框架

折旧、计税基础等对企业重组的实际影响,进一步细化考察税收对股权收购、资产收购、合并分立等具体重组方式的影响,从而为后续研究提供分析框架,奠定扎实的理论基础。

第 4 章是政策评述。针对企业重组涵盖多个税种和大量规范性文件的状况,首先对企业重组所涉及的主要税种及其基本税收待遇进行了概述,界定了相关概念和专业术语。按照时间维度,根据不同时期我国经济体制和企业重组税收政策的显著变化,首次把企业重组税收政策的发展演变划分为五个阶段。同时,对企业重组涉及的具体税收政策规定,按照所得税、货物与劳务税、财产行为税三大类税种进行了归纳分析。鉴于企业所得税是影响重组业务最主要的税种,并且股权收购是最为常见的重组方式,本章以股权收购为例,对企业重组的所得税待遇进行了深入研究和案例分析,并对我国企业重组的税收政策及存在的主要问题进行了总体评价。

第 5 章是实证检验。考虑到 2008 年我国统一了内外资企业所得税制度,并且企业重组最重要的税收政策从 2008 年开始实施,本章从国泰安经济金融数据库中的并购重组数据库选取了 2008—2018 年 13978 个(件)上市公司实例,其中 5762 个为发生重组行为的企业样本，8216个为没有实施重组的配对样本。通过因子分析法确定影响企业重组的主要影响因子，再加入所属行业、地区经济发展水平、重组年度、产权性质等作为控制变量，运用 logistic 模型对企业重组的影响因素和税收政策效果进行实证检验，客观评价了企业重组税收政策的成效和问题。

第6章是断点回归。鉴于2014年我国对企业重组的税收政策进行了较大调整，不仅大幅度降低了政策门槛，而且扩大了特殊性税务处理的适用范围。为了使研究更加精细和客观，本章以2014年企业重组税收政策调整的时间节点为分水岭，对样本数据再次分段整理，并进行断点回归分析。通过设置不同的带宽，深入考察税收政策调整变动对企业重组的动态影响，揭示了企业重组税收政策的作用时滞，进一步补充验证了实证研究的结论。

第7章是国际借鉴。选取了美国、日本、德国和我国台湾省，对其企业重组的税收政策和管理方式进行了系统考察和比较研究。通过考察上述国家和地区企业重组税收政策的价值取向、基本原则、主要规定和监管方式，以及在反避税领域和跨境重组方面的经验做法，从中得出改革完善现行企业重组税收政策体系的有益启示和借鉴。

第8章是政策建议。在文献综述、理论分析、政策评述、实证检验和国别比较的基础上，针对我国企业重组税收政策实施过程中存在的主要问题，着眼于当前和未来一段时期企业重组的发展趋势和实际需求，系统提出完善我国企业重组税收政策的意见建议，力求充分发挥税收职能作用，为企业重组提供优质的税收环境，更好地服务经济高质量发展。

1.2.2 研究方法

（1）规范分析

本书在已有文献和研究结论的基础上，从企业实施重组的动因出发，以税收协同效应作为研究的切入点，对税收政策影响企业重组的作用机理进行了理论研究和规范分析。通过对不同税制要素对企业重组具体影响的规范分析，探讨了企业重组税收政策的有效性，并根据研究需要搭建了企业重组税收政策的理论分析模型，进一步拓宽、深化和细化了税收政策介入企业重组的理论基础。

（2）案例分析

企业重组形式多样、情况复杂。不同类型企业重组的税收待遇，既存在较为显著的差异，也存在很多共性的规律。为了在规范分析和实证研究之间搭建一座"桥梁"，本书精心设计和浓缩提炼了能够反映企业重组税收待遇的若干实例进行案例分析，力求从一般到特殊、从抽象到具体、从政策到实践，全方位剖析企业重组税收政策的核心要义和主要内容。

（3）实证分析

实证分析是本书研究的重中之重，具体由两部分构成。一是静态实证分析，即根据研究需要，筛选近年来发生重组业务的上市公司作为样本并设置对照样本，运用因子分析法确定影响企业重组的主要影响因子,在此基础上运用 logistic 模型对企业重组的影响因素进行实证检验。二是动态实证分析,即以企业重组政策发生重大调整的 2014 年为时间节点,进行断点回归分析,进一步考察在税收政策发生变动时,对企业重组的动态影响和政策效果。

(4) 比较分析

为拓宽研究视野,把握国际趋势,适应经济全球化背景下税制改革和企业重组税收政策设计的客观需要,本书搜集并翻译了大量第一手的外文资料,有针对性地选取了美国、日本、德国和我国台湾省的企业重组税收政策进行比较研究。通过对比分析,旨在找出不同国家和地区在企业重组税收政策制定和管理方面的主要做法、基本规律和发展趋势。

1.3 主要创新与不足

1.3.1 主要创新

(1) 针对政策研究的"双重滞后",将理论剖析与政策研究深度融合

当前,在企业重组税收政策研究方面存在"双重滞后"现象——理论研究滞后于企业重组实践进展,税收政策制定又滞后于理论研究进展。对此,本书在综合国内外理论研究成果的基础上,立足我国企业重组的实际情况和基本特征,探索搭建了一个较为完整的企业重组税收政策理论分析框架,涵盖了重组经济效应、企业价值变动、并购价格决定、资产计税基础、重组所得确认、债务税盾形成、经营亏损结转和税收政策边界等多个方面。通过理论剖析和政策评述,从宏观效应和微观影响两个角度、理论依据和实际情况两个逻辑、定性分析和定量研究两个层面,较为系统深入地探讨了税收政策对企业重组的具体影响和作用机理,厘清了近年来对企业重组税收政策认识上的一些误区,实现理论剖析与政策研究的深度融合。

(2) 克服数据获取的"双重困难",增强了政策效果评价的说服力

一直以来,在企业重组税收政策效果研究的样本数据选取方面,存在着"双重困难"——重组企业样本数据获取困难和税收政策效果测度困难。为此,本书筛选出近 10 年来 13978 个(件)上市公司重组实例的全样本数据,划分为 5762 个重组企业样本和 8216 个配对样本,并进行数据整理和清洗。在指标设计上既考虑了影响企业重组的产权因素如企业性质、股权集中度等,又考虑了影响企业重组的财务因素如规模大小、资产负债率和净利率等,同时还考虑了资本市场的特定因素如股票收益率和市盈率等,在此基础上进一步考虑税收政策因素,力求样本真实客观,指标科学全面。在实证方法上,运用因子分析法和 logistic 模型,锁定企业重组的主要影响因子并进行实证检验,完善了政策效果实证检验的指标和方法,测度了税收政策对于企业重组行为的实际影响。

（3）基于实证研究中的"双重弱化"，进行动态断点回归分析

通过文献综述可以看到，在企业重组税收政策效应的实证研究方面，存在着"双重弱化"——对企业重组税收政策变动进行动态研究的弱化，以及对近几年企业重组新的税收政策研究的弱化。为此，本书借鉴了近年来国外学者对经济与社会领域的制度变动带来的经济和社会效应进行断点回归的思路，以及国内部分学者的初步研究，针对2014年前后我国企业重组税收政策的"跳跃"，首次将断点回归研究方法应用于我国企业重组税收政策变动效应的实证经验，填补了这一研究领域的空白。通过在税收政策断点附近设置不同的"带宽"并进行模糊断点回归，动态化、精细化地测度了税收政策调整对企业重组的影响，更加科学和精准地量化了企业重组税收政策变动的实际效果，并进一步验证和修正了logistic模型所得出的实证研究结论，在研究方法上实现了突破。

（4）避免政策建议"双重脱节"，进行国际比较和政策借鉴

受多方面因素的影响制约，近年来在企业重组税收政策的对策研究方面，存在着"双重脱节"——表现为对国外代表性国家和地区企业重组税收政策现状和发展趋势的脱节，以及对我国经济高质量发展和实施供给侧结构性改革背景下企业重组实际需求的脱节。为此，本书重点对美国、德国、日本和我国台湾省企业重组税收政策进行了系统考察，把握其在企业重组税收政策设计与管理方面的经验做法和启示借鉴。结合理论分析和实证研究的结论，进而提出既有理论深度，又有实践鲜活度，兼有国际视野广度的合理化政策建议。

1.3.2 不足之处

（1）具体税种之间不够均衡

本书对企业重组涉及的所有税种都进行了分析研究。受我国税制结构和现行企业重组税收政策分布失衡的影响，在考察不同税种税收政策对企业重组行为的政策效果时，对企业所得税、增值税、个人所得税等主体税种的研究较为系统深入，但对重组涉及的其他相关税种的研究还不够细致。

（2）实证研究对象有待拓展

由于在获取非上市公司完整的财务与税收数据方面存在较大困难，故而本书在实证研究部分重点选取了上市公司的重组业务作为研究对象，没有对非上市公司的重组行为进行有针对性的实证研究，一定程度上影响了研究的全面性和包容性。

（3）征管因素研究仍需深化

在进行企业重组税收政策效应的实证研究时，本书对于税制因素进行了比较充分的考虑和分解。对于影响企业重组的税收征管因素，由于指标设计和数据测定十分困难，暂时没有纳入实证检验和断点回归，这需要在后续研究中结合我国国税、地税征管体制改革的综合影响加以深入研究。

第 2 章
文献综述

企业重组是学术界和实务界都比较关注的热点问题。通过对国内外学者有关企业重组及其税收政策的经典文献和代表性成果进行梳理，相关研究主要围绕四个大的问题展开，即重组行为可以给企业带来什么？企业为什么要进行各种各样的重组交易？税收对企业重组存在什么影响？税收对企业重组应该采取什么样的态度？为此，需要明确重组行为与企业绩效、企业重组的主要动因、企业重组的税收协同效应、企业重组的税收政策导向这四个基本问题。

2.1 重组行为与企业绩效

由于企业重组过程的复杂性和结果的不确定性，理论界关于重组行为对企业绩效的实际影响尚没有达成完全一致的意见。随着研究领域的拓展和深化，很多学者从不同角度对该问题进行了分析和论证。

2.1.1 关于重组绩效的分歧

一种观点认为，重组行为可以提高企业的经营绩效。早期的研究主要基于新古典经济学的视角，认为重组行为有利于提高公司股票的市值，从而增加股东财富。近年来亦有学者通过实证研究印证了这一观点，如 Chari 等（2004）研究了 1998—2002 年发达国家的企业收购新兴市场国家目标公司的案例，发现不仅并购方通过重组行为获得了收益，而且被并购企业的经营绩效也有不同程度的提高，重组行为从总体上提高了重组各方的公司绩效。孙江明、居文静（2019）利用 2007—2015 年我国上市公司数据，运用马氏距离匹配和负二项回归相结合的方法实证检验了跨国并购对企业绩效的影响，结果表明，跨国并购对企业创新绩效有十分显著的提升作用，其中企业产权性质、所在行业、是否拥有国内并购经验等因素均对跨国并购的绩效产生不同的影响，并且这种效应随着时间的推移越来越明显。

另一种观点则恰恰相反，认为重组行为不仅无助于企业绩效的提升，甚至会降低企业的总体绩效。代表性的研究如 Jensen 和 Ruback（1983）等，特别是近年来一些投资机构和学者持续研究观察企业实施重组后股票价格以及盈利状况变化，结果表明重组行为对于企业综合绩效指标的提升并不明显,有时候反而降低了企业的绩效水平。关于跨国公司的重组并购,也有学者对重组绩效提出了质疑,Dickerson(1997)对英国跨国公司实施的跨境重组交易进行了持续对比研究后发现,重组行为不仅没有改善公司的经营绩效,反而使企业的经营利润率有所降低。而冯根福、吴林江(2001)对 1995—1998 年我国 201 起重组并购事件对上市公司绩效的影响进行了实证分析,结果显示从实施重组的次年起,企业绩效总体上呈现出逐年下降的趋势。

值得一提的是,Cording(2002)明确提出了著名的公司并购"成功悖论"(Success Paradox),认为企业付出巨大的成本和代价实施了重组并购,结果却没有增加企业绩效,甚至减少了股东财富,这种现象称之为"公司并购绩效之谜"。陈立敏、王小瑕(2016)以我国 2003—2014 年 366 家 A 股上市公司的 424 起重组并购事件为样本进行了实证分析,发现企业重组并购后的整体绩效显著低于并购前。纪汉霖(2019)选取 2002—2014 年汽车行业上市公司并购事件,采用因子分析法分析并购事件发生前后绩效的变动,并运用 Logistic 模型分析影响并购绩效的因素,结果表明,重组并购后汽车企业的综合绩效并不理想,甚至有所下降,没有达到"1 + 1 > 2"的重组效果。

2.1.2 影响重组绩效的主要原因

针对"公司并购绩效之谜"以及围绕重组绩效存在的争议和分歧,越来越多的学者对重组绩效的影响因素进行了更为深入细致的研究。李善民和周小春(2007)将重组并购划分为相关单一性并购和无关多元化并购,并对 2001—2004 年我国上市公司实施的 317 起重组并购进行了分类对比研究发现,相关性并购有助于企业实现规模经济和提高市场占有率,从而使公司绩效得到改善;而多元化并购总体上无助于公司绩效的改善,部分多元化并购甚至对企业绩效造成了损害。余鹏翼、王满四(2014)以 2005—2010 年我国进行跨国重组的 103 家上市公司为样本,利用多元回归模型对跨国重组并购绩效的影响因素进行实证检验,结果表明,对价支付方式、控股股东持股比例、重组相关方的企业文化差异对公司重组后的绩效影响较为显著;并购公司与地方政府的关系会提升其重组后的短期绩效,但是可能会损害其长期绩效;较大的公司规模有时会损害重组后的短期绩效,但是对公司长期绩效的提升是较为有利的。

考虑到重组动因的多样性,葛结根(2015)以 2006—2011 年实施了企业重组的上市公司为研究对象,实证分析了对价支付方式等因素与重组绩效之间的逻辑关系,发现政府以行政手段主导的无偿并购后的公司绩效要明显差于市场经济条件下重组交易的绩效,表明政府主导的重组可能存在低效率。而李路等(2018)以 2000—2012 年我国上市公司并购非上市公司事件为样本,研究了收购方与被收购方文化差异对公司并购绩效的影响,发现收购方与被收购方之间的文化差异越小,重组并购后的企业绩效则相对越好,表明非正式制度对于消除重组前后信息不对称具有积极作用。关于跨地区重组,于明涛、潘爱玲(2018)结合 2007—2013 年我国 A 股上市公司的非关联跨地区重组并购数据,发现政府竞争水平差异显著提升了企业跨地区重组的绩效,其中企业所得税税负的下降、财政补助收入的增加对重组绩效的提升起到了明显促进作用。跨境重组方面,冯梅、郑紫夫(2016)以2000—2014年发生跨境重组并购的46家中国企业为样本,对企业重组绩效的影响因素进行量化分析发现,投资企业的国有成分、所具备的重组经验,以及投资国的经济发展速度、政府的清廉程度,会提升中国企业的重组绩效;而重组相关方国家和地区的文化差异则会损害企业的重组绩效。

可以看出,国内外学者从不同角度就重组行为对企业绩效的影响以及深层次原因进行了持续性的研究,但仍未得出统一的结论。如戚聿东和张任之(2016)对2008年我国电信行业的重组情况进行了研究,重点通过营运能力和利润水平两个指标来评估重组的绩效,发现中国联通重组后的绩效指标出现了明显的下滑,而中国移动重组后的绩效则基本没有变化。究其原因,重组行为之所以对企业绩效产生截然不同的影响,这既与重组内部决策是否科学有关,也受到外部环境等多种因素的制约。换言之,有些重组决策未必符合企业实际和市场需求,并且即使是决策科学并顺利实施的重组行为,由于重组方式千差万别、制度文化差异需要磨合、市场需求存在变数、政府宏观政策可能调整等,都会对企业绩效产生复杂影响。此外,很多对公司重组绩效的研究主要基于公司财务数据的分析,没有跳出财务看重组。不仅如此,企业重组从开始酝酿到正式实施有一个过程,重组效应存在一定的滞后性,如高方露和康健(2018)以2011年上市公司中实施过重组的国有企业为样本,通过观察重组前后企业净资产收益率等指标的变化,发现重组后企业绩效短期内持续下降,一段时间之后开始逐步回升,整体呈现出"U"形的变化趋势。

2.2 企业实施重组的主要动因

如前所述,虽然重组行为有可能对企业绩效和股东利益产生不利影响,然而实际情况却仍然有数量越来越多、规模越来越大的重组行为频繁发生。为此,国内外学者开始深入重组企业内部,全面考察重组并购的全过程,探寻企业重组的动因,并从不同学科和研究领域出发,得出了很多具有一定说服力的结论和观点。

2.2.1 实现重组协同效应

在企业重组的诸多动因中,协同效应(Synergy Effects)理论具有十分重要的地位。自 Ansoff(1965)首次提出协同效应概念以来,协同效应一直是西方大型企业制定多元化发展战略、策划并购重组行动时所要实现的重要预期目标之一。对此,国外学者围绕企业重组事项,从不同层面对协同效应进行了研究和界定。Jensen(1984)认为,由于不同企业间的互补性和异质性,企业重组并购行为会产生资源、产品、市场、管理、财务等多方面不同程度的协同效应,而良好的协同效应是重组收益的重要来源。Hiroyuki Itami(1987)将协同效应进一步划分为静态协同效应和动态协同效应两个层面,并认为重组成功的关键在于能够实现要素间的动态协同效应。

随着研究的逐步深入，Weston（1990）提出了"函数超加性（Super-Additivity）协同效应"的观点，即通过重组实现了公司整体效益大于各组成部分总和的叠加效应，并认为协同效应主要体现在管理协同效应、经营协同效应以及财务协同效应三个方面。也有学者提出，重组会实现"价值链（Value Chain）协同效应"，如 Porter（2003）认为，基于经济层面、技术层面以及满足市场竞争的要求，企业需要识别和挖掘既相互区别又相互联系的业务间的关联，而这些关联可以通过重组形成相对稳定的价值链，以强化企业间的关联性并减少不必要的差异化，从而实现协同效应。Croson（2004）则认为，重组并购所产生的协同效应虽然能够从总体上提高企业的市场效率，但所产生的协同效应如何在重组各方之间进行合理划分，涉及相互之间的合作与博弈，甚至会产生重组的"赢家"和"输家"，提出要辩证地看待企业重组的协同效应，并非所有的重组主体都能从中获利。不过，也有学者对企业重组的协同效应提出了质疑，如 Ismail（2011）、Agarwal 和 Kwan（2018）认为协同效应并不能很好地解释重组交易中企业支付的高额溢价。

近年来，很多学者采用实证研究的方法对企业重组的协同效应进行了深入研究。Ayadi（2012）以 1996—2003 年欧洲银行业的 42 笔重组并购交易和 587 家欧洲非合并银行作为研究样本，证实了银行业重组协同效应的客观存在性，认为银行间重组并购的主要动机是为了提高重组双方业务范围的互补性，而并非是单纯为了提高银行的盈利能力。Alhenawi 和 Krishnaswami（2014）通过对重组并购公司进行长期的跟踪研究，重点考察了重组后 5 年内协同效应的发挥，发现重组后的第一年，公司超额价值和托宾 Q 值①均出现下降，但随后的 4 年内上述两个指标每年都有系统性的改善，证实了重组的协同效应存在一定的滞后性，其正面影响会随着时间的推移而逐步显现出来。

国内研究方面，前期国内学者对重组协同效应的研究主要集中于理论层面的规范性研究和评述。许明波（1997）对重组并购中的财务协同效应的表现形式，包括合理避税效应、价值低估效应以及预期效应等进行了具体论述。张秋生、周琳（2003）对国内外协同效应理论研究进行了较为全面的分类综述和客观评价。近年来，国内学者对协同效应的研究逐步深化，唐建新、贺虹（2005）对上市公司的重组协同效应进行了实证检验并进行了跟踪研究，结果表明我国上市公司重组并购行为在短期内的确产生了较为显著的协同效应，但是从长期看，重组的协同效应却有所减弱。陈冬（2010）选取了我国 2003—2008 年间上市公司作为并购方的跨地区非关联企业之间的重组事件，通过实际测算企业重组的协同效应，发现目标公司所在地的投资者保护程度越高，重组后的协同效应和综合收益就越大。此外，也有一些学者以我国近几年发生的企业重组案例为研究对象，考察协同效应及其具体影响，如付强（2015）对吉利控股收购沃尔沃汽车的协同效应进行了测度；殷爱贞、马晓丽、于澎（2018）运用组合赋权法确定相关指标权重，对东方航空并购上海航空的协同效应进行了定量测算，验证了协同效应的存在性。

---

① 托宾 Q 值 = 企业市价（股价）/企业的重置成本，也就是用股票市场对企业资产价值与生产这些资产的成本的比值进行的估算，高 Q 值意味着高产业投资回报率。

2.2.2 化解委托代理弊端

Jensen 和 Meckling（1976）首次提出了代理理论。根据该理论，由于代理人与委托人之间的信息不对称，管理者主观上可能具有机会主义动机，并进行不恰当的职务消费或消极工作，甚至会牺牲股东的利益来实现自身利益的最大化，导致股东与管理者之间产生代理冲突，而并购或接管可以成为缓解这一代理冲突的市场机制之一。国内外学者从企业管理者存在机会主义行为的视角查找对重组并购动因的合理解释，并取得了很多研究成果。

Murphy（1985）认为，一些由公司 CEO 发起的重组并购交易，其背后真正的动机并不是为股东创造更多的财富，而是为了打造管理者自己的"经营帝国"。Jensen 和 Murphy（1990）则认为，公司重组并购活动的策划和实施，经常是管理者在反复权衡比较个人利益和股东利益下所采取的一种"折衷"行为。Jensen（1993）提出，公司内部治理是存在风险的，潜在的外部重组可以成为提升公司治理的重要辅助机制，如果公司的管理者经营不善导致公司市值下降，会增加被其他企业或投资者收购的概率，从而实现对不称职管理者的约束和惩戒，这也在一定程度上降低了企业所有者和管理者之间的代理成本。实证研究方面，Hagendorff 和 Vallascas（2011）选取美国 1993—1997 年 172 家银行重组并购事件作为样本，发现高管的薪酬结构与股权激励能够显著影响其重组决策和风险投资行为，并能够在一定程度上减轻代理成本及负面影响。

围绕企业重组与委托代理问题，国内学者也进行了大量有价值的研究。张洽、袁天荣（2013）认为重组并购行为可以在短时间内使企业 CEO 的业绩考核指标激增，出于提高个人收益的内在动因，权力较大的 CEO 更有可能积极推动公司实现重组并购。傅颀等（2014）从管理层权力视角出发，对不同产权结构下的公司重组并购的动机进行了研究，结果表明，在国有上市公司的重组并购行为中，起决定性影响因素的是企业规模而非高管薪酬；对于民营企业而言，管理层薪酬激励与重组并购行为的相关性更强。从降低代理成本的角度，苏毓敏（2015）认为重组并购可以提供一个解决委托代理问题的"外部鞭策机制"，从而对业绩不善的公司管理者形成外在的并购压力。逯东、黄丹、杨丹（2019）对国有企业的重组和混合所有制改革进行了实证研究，发现当董事会权力被非实际控制人掌控时，国有企业的重组活动虽然数量减少并且可能性较低，但是重组成功的概率和重组绩效更高，为研究重组行为与解决代理问题提供了一个新的视角。

2.2.3 管理层决策与过度自信

企业管理层对于重组行为的决策和实施具有不可忽视的重大影响。过度自信是指企业管理者相信自己的决策能够最大限度地为股东创造财富，但是过于自信甚至"自大"的非理性思维和武断决策很可能使最终结果与目标发生背离，从而导致重组失败。Roll

(1986）首次将管理者过度自信理论运用于企业重组领域的研究，认为管理者过度自信不仅是企业实施重组并购的动因，而且可以用来解释前面提到的"公司并购绩效之谜"。过度自信的管理者往往会高估重组并购绩效，盲目相信重组行为会带来显著的协同效应，从而做出过于乐观甚至错误的重组决策。随后，国外学者运用规范研究和案例分析方法对管理者过度自信进行了科学界定和总结提炼，认为过度自信是同时蕴含理性成分和非理性成分的，但是如果存在更多的非理性思维，最终极有可能引发重组失败并导致股东财富损失。

实证研究方面，Hambrick（1997）以106个大型公司重组并购事件为样本，对影响并购决策的管理层过度自信行为进行了研究，结果表明CEO的过度自信会导致并购公司支付超过正常合理水平的过高对价，这种情况在公司董事会比较弱势时更为显著。Nofsinger（2005）也发现，过度自信的管理层认为，拟实施的重组并购预期收益良好，完全不会使企业陷入财务危机，其能力足够处理和掌控重组并购后可能出现的各种问题，导致重组存在较大的不确定性。Shefrin（2007）则认为，即使不被市场看好，过度自信和盲目乐观的管理者仍然热衷于发起公司重组并购事件。Malmendier和Tate（2008）研究发现，与理性的CEO相比，过度自信的CEO发起重组并购活动的可能性要提高60%。

国内研究方面，郝颖等（2005）对管理者的过度自信进行了实证分析，发现过度自信的管理层与公司的投资支出之间呈显著的正相关，且更容易发生重组并购行为。谢玲红、刘善存和邱菀华（2012）利用422家发生重组并购的A股上市公司为样本进行研究后发现，即使在群体决策中，仍然普遍存在管理层的过度自信，并且管理层过度自信与公司并购的长期绩效显著负相关。杜跃平、徐杰（2016）将代理成本作为中间变量、管理层过度自信作为调节变量，将股权期权激励、代理成本、管理层过度自信与重组并购决策纳入到统一的框架进行研究，发现在并购决策的过程中，管理层过度自信对企业重组存在显著的调节和引致作用。此外，李丹蒙等（2018）以2007—2015年沪深两市的上市公司为观测对象，研究了管理层过度自信与企业并购商誉之间的关系，发现上市公司的重组几率以及支付重组对价的溢价程度明显受到管理层过度自信的影响。

2.2.4 政府对重组的行政干预

由于基本国情、经济制度和企业所有权构成和国外企业存在显著差异，我国学者还从政府干预的视角对企业重组并购的动因进行了研究和解释。潘洪波等（2008）认为，政府部门尤其是地方政府的意图对国有上市公司的重组并购决策有着直接的影响，政府干预在上市公司的重组并购中同时扮演了"掠夺之手"与"扶持之手"的双重角色[①]。方军雄（2008）运用1994—2007年我国发生的重组并购事件为样本，以实际控股股东

---

① 在国有企业的重组实践中，既有可能出现对国有股权和资产采取行政方式的"无偿划转"和命令式的强制改制，同时也有不少国有企业因实施特定的重组业务而获得各级政府的财政补贴、税收返还和土地划拨。

是否为地方政府来衡量企业是否受地方政府的干预，考察了地方政府干预下企业所有权性质与重组并购之间的关系，结果表明，企业重组并购决策在一定程度上受到了地方政府干预的影响。朱松和夏东林（2009）则发现，国有上市公司管理层由于受到上级主管部门的严格约束和业绩考核，其面临的重组约束和监管压力要明显高于民营上市公司，导致国有企业实施重组的自由度更低，同时重组过程也更为稳健。陈仕华等（2015）考察了我国国有企业的提拔和任命机制后发现，很多国企高管倾向于通过实施重组并购方式来迅速提高企业的成长速度和经营业绩，从而获取更大的政治晋升机会。

在国有企业跨国并购方面，王晔（2018）比较了国有企业与民营企业实施跨国重组并购的主要动因，并选取了2001—2015年中国企业完成的跨国并购案例作为样本，采用引力模型进行重组并购动因的实证分析，发现国有企业的重组并购动因与民营企业存在较为显著的区别，国有企业面临更多的行政管制和政府主导下的重组行为。李亚波（2019）构建了实证模型，利用2001—2017年我国企业实施海外重组的数据，结合"一带一路"建设的推进，就企业所有制身份对跨境重组成功率的影响进行研究后发现，由于东道国严格的安全审查以及对国有资本的歧视，我国国有企业海外并购的成功率显著低于私营企业。

2.3 企业重组的税收协同效应

税收政策是影响企业生产经营和投融资决策的重要变量。很多学者认为，税收因素是影响乃至决定企业重组意愿和重组方式的关键性因素，认同存在所谓的"税收协同效应"。一般而言，税收协同效应是指通过两个或更多企业间的重组交易，重组企业可以合法合规地获得相应的税收待遇，从而实现一定的重组税收利益。具体来看，重组税收利益的获得取决于重组税收制度规定、重组各方现有的税务待遇以及具体的重组交易安排。

2.3.1 企业重组税收协同效应界定

由于税收协同效应的存在，客观上导致一些重组交易并非完全出于生产经营目的，而是出于税收最小化的考虑。国外对企业重组税收协同效应代表性的研究如 Hayn（1989），通过分析并购企业和目标企业所具有的税收特征以及对股东收益的影响，并对各种促使企业产生重组行为的动机进行比较，发现如果重组交易具有潜在的税收利益，税收政策有可能成为影响企业重组决策的重要因素；如果重组带来的税收利益较为显著，可以为重组各方及其股东获得更多的税后收益，那么税收因素甚至会成为影响重组交易的首要动机。Norback 和 Vlachos（2009）通过对跨国重组的税收协同效应进行考察，认为跨国公司在投标竞争中会获得包括所在国特定税收优惠和税收协定待遇在内的税收利益，表明税收协同效应并不受地域的局限。不仅如此，一些国家和地区较低的资本得利税率也可能会引发跨国并购，而与所在国不同的税收待遇如商誉的税务处理也会直接影响到跨国重组并购模式的选择。

由于企业重组的复杂性和不确定性，税收协同效应也受到一些学者的质疑，如 Garkusha（2015）就英国政府的减税政策对英国境内外企业重组并购活动的影响进行了综合分析，认为减税政策对随后的重组并购活动并未产生预期的实质性影响。然而，越来越多的学者特别是实证研究都从不同程度上证明了税收协同效应的存在性，如 Poonyawat（2018）以七国集团发生重组并购交易的上市公司为样本，运用期权定价模型对上市公司重组并购后资产风险变化及相关问题进行研究，结果表明当综合税率和实际税负较低时，重组各方在并购决策中承担的风险更小，且更容易发生重组交易，反之亦然，从而揭示了税收在企业重组决策中的显著影响和重要作用。

国内学者也对重组中的税收协同效应进行了探讨，李善民等（2004）以1998—2002年上半年我国上市公司发生的重组并购事件为研究样本，对收购公司和目标公司的绩效进行了实证分析，结果显示很多目标公司在被收购前无论是盈利能力还是发展前景等方面并不存在明显的优势，其重组后公司绩效的改善主要来源于目标公司所享有的各项税收优惠政策，验证了税收协同效应在重组中所起的主导作用。也有学者创新了研究方法，罗重峰（2009）采用明界检验与平衡检验的方法，对企业重组的免税资格进行了考察，从中揭示了近年来重组并购热潮背后的税收动因，为界定税收协同效应提供了新的思路。李彬、潘爱玲（2015）基于我国客观存在的行业和区域性的税收优惠，对"税收激励假说"进行了验证，检验结果证实了税收政策因素在企业重组并购中的确存在程度不等的激励效应，特别是区域性的税收优惠对于催生跨区域的重组并购方面作用更为显著。考虑到很多重组交易是在关联企业之间发生的，李彬、刘怡彬（2017）考察了上市公司的异质性战略，重点对关联企业间的重组并购行为的税收协同效应进行研究，发现资源整合型重组并购比报表整合型的重组并购行为的税收协同效应更为显著。此外，王吉恒，张钊（2019）从支持战略性新兴产业发展的角度，认为税收政策具有不可替代的引导、激励和协同作用，政府通过特定的税收政策可以使各种高新技术产业密切联系和结合，并借助重组形成非线性的产业链。上述研究都从不同角度论证了企业重组过程中确实存在程度不等的税收协同效应。

2.3.2 税收政策对企业重组的实际影响

由于税制要素构成的复杂性和各国税收制度的差异性，税收政策是通过不同方式来对企业重组施加影响的。归纳国内外学者的研究，税收主要通过在具体情形下对重组行为实行特定税收优惠、税制的非对称性、杠杆收购的债务税盾以及重组资产的税收挡板等方式来实现对重组行为的干预。

（1）特定税收优惠的吸引

学者们普遍认为，通过重组获取特定税收优惠待遇是企业重组的重要诱因。一方面，政府为了鼓励相关行业和特定地区的发展，往往会出台行业和区域性的税收优惠，从而对收购企业产生一定的吸引力。通过企业重组，并购方可以获取或继承目标企业原有的税收优惠，实现降低重组企业税收负担的目的。另一方面，考虑到企业重组的重要性和特殊性，很多国家针对不同类型的重组行为制定了专门的税收优惠，包括递延纳税、税收减免等政策，以支持和激励符合条件的重组行为的开展。Auerbach（1986）认为，面对差异化的税收待遇和各种税收优惠，企业会比较和研判某项交易行为的投资成本和预期收益，在此基础上来设计具体的重组交易架构。Carla（1989）等人的研究表明，具有各种有利税收属性的公司更容易成为并购目标，如果税收属性的优势足够大，税收优惠极可能会成为影响企业重组并购决策的关键因素。Hayn（2006）通过对 600 多起重组并购事件进行实证检验，发现目标公司的税收属性对于解释重组后目标公司和收购公司股东的超高回报率具有重要意义，验证了税收优惠对重组决策的影响。Daniel Duarte 和 Victor Barros（2018）对税收政策、税收优惠与重组并购的研究状况进行了总结，发现围绕这一问题的研究主要集中在税收与并购定价、并购交易方式和跨国并购等方面，但由于税制的差异性和重组的复杂性，相关研究结论并不一致。

国内学者的研究也取得了富有创见的成果，尹磊（2009）针对我国企业重组所得税政策的重大调整，论证了在特殊性税务处理条件下给予股权和资产转让方"暂不确认所得"的优惠，对企业重组事前、事中和事后产生了多重影响。高金平（2013）分析了重组业务中企业合并所引发的合并方税收优惠属性的确定问题，探讨了重组相关方税收优惠过渡政策尚未期满的后续处理。郭跃芳（2017）则认为，重组业务中企业所得税关于递延纳税的规定主要针对的是转让方，并且只有在完全符合特殊性税务处理条件的前提下，被并购企业和股东才能暂不确认重组所得，从而获取递延纳税的优惠待遇，税收优惠的作用范围和程度比较有限。陈斌才（2018）对企业重组方式选择中的税收考量进行了分析，认为重组各方在选择重组方式时，通常会尽可能选择自身税收负担最轻的重组方式，从而对重组方式的选择产生重大影响。

（2）税制非对称性对重组的影响

税制的非对称性是指税收对应税所得和经营亏损给予的非对称性待遇所产生的差异化效应，这在企业重组税收政策中有直接的体现，并对企业的重组决策产生了不同程度的影响。按照税法规定，经营所得需要在当期课税，而对于经营亏损通常只能向后结转，且无法在当期退还给纳税人。因此，如果一家企业的亏损可以通过合法方式转移到另一家盈利企业，那么后者可以比前者更快地抵销这些亏损，从而产生与亏损相关的税收非对称效应。Myers 和 Majd（1985）发现，税制的非对称性使得企业间的重组并购行为存在着巨大的潜在节税效应，即使两家公司在重组前都是盈利的，二者的重组行为同样具有程度不等的减税潜力，进而减少重组后公司未来的税收义务，并且重组双方企业间现金流的相关性越小，节税效应就越明显。Auerbach 和 Reishus（1988）通过研究美国企业并购样本后发现，至少有 20% 的重组案例伴随因结转经营亏损而产生了较为可观的税收利益。

国内方面，李维萍（2007）认为，我国现行税法对于所得与亏损的规定是明显非对称性的，并且向后结转亏损的期限越短，税制的非对称性越强。在此基础上，王清剑、张秋生（2013）通过构建理论模型，证明了当税法存在亏损抵免优惠政策的情况下，如果被并购企业存在亏损，重组行为可以抵减并购企业的应税所得，从而减少重组后企业的税收支出。也有学者就重组个案进行了研究，骆家骝等（2017）分析了中国机械工业集团公司并购中国第二重型机械集团公司的案例，后者在被并购前连续三年存在巨额亏损，重组并购后其亏损可以按照税法规定由前者弥补，从而降低了并购后企业的所得税负担。实际上，国内外学者的研究忽略了增值税对于税制非对称性的影响。考虑到很多国家规定增值税款必须在当期缴纳，如果有留抵税额则只能向后结转，这种情况其实进一步加大了税制的非对称性程度。

（3）债务税盾与杠杆收购

债务税盾（Tax Shield from Debt）又叫债务的税收屏蔽，最早由美国经济学家Modigliani和Miller（1963）在MM公司税模型中提出，主要观点是债务成本的利息可以在税前支付，而作为股权成本的股息只能在税后支付，在同等条件下企业会优先采用债务而不是股权融资的方式。由于重组业务中对价支付金额较大，并且债权债务的权属转移本身就是企业重组的重要内容，债务税盾对于企业重组特别是杠杆收购具有不可忽视的影响。

国外学者对债务税盾效应进行了深入研究和大量实证检验，其中比较有影响的是Givoly等（1992）结合美国1986年税法改革对公司资本结构的影响所进行的实证研究，发现企业财务杠杆与公司所得税率的变化呈较为显著的正相关。Stephen（1999）则提出，如果重组前两个企业的现金流不是完全正相关的，重组后会使企业的现金流振动波幅变小，不仅可以增强重组企业的举债能力，而且可以从利息扣除中获得更多的税盾效应。为了进一步验证债务税盾，Norback（2012）通过构建一个理论模型，研究了不同假设条件下债务利息税盾效应和重组支付价格的可抵扣性对并购市场上所有权分配效率的影响，发现在重组过程中，私募股权公司由于低破产成本和高财务杠杆率而具有明显的税收优势。

国内学者也对债务税盾效应进行了广泛研究。李霞（2008）选取了2001—2006年我国461家上市公司作为样本，结合企业财务指标进行实证检验，发现我国企业债务税盾效应并不显著，表明债务融资在我国企业重组交易中的影响较为有限。随着我国金融市场和资本市场的不断完善，樊勇、王蔚（2014）认为我国上市公司的债务税盾效应开始显现，并且税收筹划越激进的企业，债务税盾效应越明显，这为研究上市公司重组交易中的税盾效应提供了新的视角。杜剑等（2017）运用2007—2016年我国企业重组并购案例中涉及债务转移的公司作为研究样本，就债务对并购方企业所得税费用的影响进行了实证分析，结果表明，重组并购中的债务转移能够产生一年以上的抵税效应，并对重组企业产生一定的吸引。对于近年来重组交易中出现的"假股真债"及其财税问题，蔡江新、高允斌（2018）结合会计准则规定探讨了其金融负债的基本属性，拓宽了对企业重组税盾效应的研究思路。

(4) 重组交易中的资产搅拌

资产搅拌（Step-up the basis of the set）又叫税收挡板（Tax Baffle），是指因资产计税基础的增加，相应固定资产折旧或者成本费用摊销额也随之增加而起到减少应纳税款的作用。在企业重组交易中，并购方通过重组方案的设计和相应的对价支付，能够合理增加收购资产和股权的计税基础。而由于计税基础的增加，既会增加持有该资产期间的折旧和摊销，也会增加将来转让该资产的成本扣除，这两种方式都可以达到减轻重组企业当期或未来税收负担的实际效果。

资产搅拌对企业重组的综合影响是多方面的，其影响程度也不尽相同。Taggart（1986）认为，重组业务中资产的收购方因支付对价提高了资产折旧的计税基础，资产的出售方往往会因收购方重新获取的折旧额而缴纳一定的税款，表明资产搅拌也是有代价的。Erickson（2007）研究发现，对于特定类型的重组行为，由于税收挡板效应的存在，重组企业会进行权衡和比较，并购方愿意为重组交易后增加的资产折旧和摊销带来的税收利益支付更高的溢价。陈延荣等（2009）对比分析了企业重组中资产收购业务一般性税务处理和特殊性税务处理所导致的资产计税基础的变动，进一步验证了重组资产搅拌效应的存在。关于资产搅拌的实现方式，计金标、王春成（2011）认为，特定条件下重组交易所引致的资产整合，能够实现重组资产的多次折旧补偿，资产搅拌可以持续发挥作用，特别是在目标资产因加速折旧等原因导致账面价值远低于公允价值时，这一效应尤为显著。

实证研究方面，汪卓妮（2013）通过数据分析和检验，对税收挡板、税盾效应、税制非对称性以及税收优惠对企业重组的影响进行了综合性比较研究，结果表明税收挡板、税制非对称性和税收优惠因素对企业重组具有明显的激励效应，这也反映出税收挡板和其他税收协同效应之间存在一定的内在关联性。针对2014年我国企业重组税收政策的重大变动，尹磊（2015）对重组业务中的非货币性资产投资和资产划转两种方式下所导致的资产计税基础的变动及内在逻辑进行了比较分析，论证了其对企业重组方式的显著影响。个案研究方面，刘强（2018）以百度、携程等公司的重组并购为例重点分析了企业重组过程中的税收协同效应，发现购买法下对于取得的资产按照公允价值计量，从而能够增加合并企业的资产价值和相应的折旧额，此时资产搅拌的实际效果也更为显著。

2.4 企业重组的税收政策导向

从宏观层面看，企业重组的税收政策对于资源配置、产业布局、资本流动和经济转型具有重要意义；从微观层面看，税收政策对于企业的重组动机、方案选择、所得确认和后续处理存在显著影响。基于此，国内外学者对企业重组税收政策目标、政策适用以及重组企业的税收征管等问题进行了持续性研究，并取得了很多具有重要价值和参考意义的研究成果。

2.4.1 企业重组税收政策目标

明确企业重组税收政策目标是研究企业重组税收问题的基本前提。大多数学者认为，应通过科学合理的税收政策设计，有效支持引导企业进行正常的重组交易。在这方面，国外学者侧重于进行实证研究，Charles Steindel（1986）发现，美国税收政策的变化带来了当年企业重组并购活动的显著增加，政府应该通过加强企业重组税收政策的设计，支持具有合理目的重组行为。也有学者从具体税制要素角度研究了税收政策对企业重组的影响，如 Eridcson（1998）通过实证研究发现，收购公司的企业所得税税率和应税并购的可能性呈正相关，实际税率每提高1%，实施应税收购的可能性会增加13.5%，同时进行债务融资的可能性也会有所增大。

考虑到税收的可转嫁性，Henning 和 Shaw（2000）研究了税收因素对重组交易价格的影响，发现无论税款由哪一方支付，因重组而产生的税收负担主要由并购方来承担，这通常会导致更高的并购价格，认为应该适当减轻重组交易的税收负担。针对资本市场重组交易的特殊性，Ayers（2004）重点研究了资本利得税与重组交易类型的关系，发现目标公司股东的税收待遇对重组交易类型的选择具有重要影响，具体影响程度由目标公司股东的税收待遇决定。大样本的实证研究方面，Karagiannidis（2010）对澳大利亚1949—2007年的重组并购样本进行了研究，发现差别化的税收待遇是引起企业重组并购的重要因素之一，提出要重视和完善税收政策，并通过有效的税收政策设计来影响和引导重组行为。也有学者围绕此问题进行了国别研究，Feld（2016）通过对2002—2013年30个国家的税制改革进行实证研究后发现，资本利得税对重组并购的影响较为明显，表现为资本利得税率每降低1个百分点，每年重组并购的数量会提高约1.1个百分点。

国内学者主要围绕如何更好利用税收政策工具支持和引导企业开展重组业务进行了研究。雷根强、沈峰（2005）对我国企业重组税制的现状特别是存在的主要问题进行了分析，建议从构建完善资本利得税、清晰界定免税并购范围、明确资产计税基础等方面来完善我国企业重组税收制度。关于国有企业改制重组，崔威（2010）以法律适用的公平性为切入点，并从法学原理和条款适用角度，结合大量规范性文件和重组实例，对我国税收政策设计上对国有企业重组给予的"超特殊"税务待遇进行了剖析，认为有悖税收公平原则。辛连珠（2011）基于税收中性的视角，对企业重组前后资产计税基础的总量和变动进行了比较分析，认为特殊性税务处理情况下对重组相关方隐含的增值给予不定期递延纳税的待遇，有效避免了税收对企业重组的非正常干预和阻碍。

针对2014年我国对企业重组税收政策进行了较大调整，张春燕（2015）提出要进一步明确企业重组税收政策的价值取向，提升企业重组所得税制度的立法层次，并加大对避税型重组行为的规制力度。围绕近年来关于企业重组税收待遇的争议，尹磊、吴小海（2015）重点分析了企业重组中股权收购的企业所得税待遇，并对股权收购的计税原理与原则、股权收购特殊性税务处理的实质以及相应的税收征管等问题进行了系统分析，认为应适当加大对企业重组的税收扶持力度。结合我国经济转型升级和产业结构调整,郭健(2018)认为我国企业重组税收政策缺乏明确的行业导向,对制造业并购重组的扶持力度明显不足,影响了制造业的提质增效,建议进一步加大税收政策的行业导向,鼓励制造业兼并重组,引导制造业与服务业跨界融合,服务经济高质量发展。此外,崔志坤、刘冰(2018)立足国有企业混合所有制改革的进展情况和实际诉求,认为企业重组税收政策规定是影响和制约国有企业改革的重要因素,建议进一步放宽企业重组特殊性税务处理的适用条件,同时要增强不同税种政策规定的协同性。

2.4.2 企业重组税收政策适用

重组业务是涉及企业经营战略和长远发展的重大特殊事项,涵盖各类资产、股权股票、债权债务、留存收益等方面,交易价值和涉税金额巨大。国外很多学者认为,正确运用税收政策规定,有效减轻税收负担,提高企业盈利水平,从而增加公司的股东价值,本身就是企业重组的目标之一。Dertouzos(1990)对新闻媒体行业的重组并购情况进行了研究,发现很多新闻媒体企业通过兼并税负较轻的企业,既产生了规模经济效应,也降低了税收负担,实现了社会效益和经济效益的统一。考虑到商誉对于重组并购的重大影响,Weaver(2000)研究了美国在1993年出台的允许并购商誉税前摊销的法案,按照该法案,如果重组并购前企业的所得税税率越高,商誉税前摊销的节税收益就越大,重组并购发生的可能性也就越大,该法案的实施不仅促进了重组并购交易的发生,而且提升了重组企业的品牌价值。针对近年来频繁出现的转移定价问题,Belz(2013)认为,重组并购伴随着大量的股权、资产、债权和债务的转让和变更,市场机制下重组各方拥有重组交易定价权和议价权,只要双方达成的重组交易价格处于合理区间,就可以合法合规地降低重组企业的税收负担。

国内很多学者也围绕企业重组税收政策的合理运用,从立法意图、条款解释、税务筹划等方面进行了研究。黄黎明(2002)从税务筹划的视角,结合我国重组并购的实际和相关税收政策规定,就重组类型确定、出资方式选择、重组资金筹措等方面进行了比较研究。夏宗华、万小瑕、祝绍雪(2006)强调了税收因素对于企业重组实施的重要性,并具体分析了重组过程中不同投融资方式以及具体重组业务的财税处理,强调要准确把握企业重组税收政策的实质,合理运用税收政策条款规定。张涤非(2016)针对上市公司重组业务的特点,对不同重组事项所涉及的企业所得税、个人所得税、增值税、土地增值税、契税和印花税处理进行了综合分析比较,并结合具体案例剖析了上市公司重组税收政策的选择适用。钱斌华(2018)通过具体分析比较企业重组过程中进行不动产处置时,采取以市价直接转让不动产、以不动产投资入股和无偿划转不动产三种方式的总体税负差异,为企业重组税收政策的科学运用和企业重组的顺利开展提供了有益借鉴。

2.4.3 企业重组的税收管理

随着研究的深入,学者们逐步意识到,企业重组的税收政策实质上是一把"双刃剑"，既可以起到支持企业重组的效果，客观上也存在一些负面效应，使得一些重组行为违背了经济规律、扭曲了经营目的、有悖于政策初衷，必须通过科学高效的税收监管和有针对性的反避税措施来确保企业重组税收政策的有效执行。就国外的研究来看，Eckbo（1983）发现，当收购企业主要采用股权支付方式来支付对价时，可以使目标企业获得递延纳税的待遇，并且重组企业可以在未来再次进行税收筹划，这种行为虽然无可厚非，但对税务部门加强后续管理提出了迫切要求。针对不具有合理商业目的的重组行为，Ault（1997）认为，应该从"经营持续性"的角度来防止重组交易中隐含的避税动机，如果目标公司的多数股东都取得了相应的股份，并且收购公司继续从事某一项或多项目标公司之前所经营的业务，或者继续使用目标公司大部分的设备及资产，则一般认为该重组事项是符合经营持续性原则的。不仅如此，Honbarrie（2000）通过对美国司法判决中引用率较高的重组并购判例进行分析后发现，享受重组税收待遇的先决条件是遵守"股东利益持续"原则，根据这一原则，可以推导出该股东与被转让资产之间的内在联系，从而为防范重组交易中的避税行为提供了参考标准。针对跨区域的重组并购，Chow和Klassen（2014）发现，在美国的历次重组事件中，收购方更有可能选择和位于避税地的目标公司来实现重组交易，以显著降低整体税收负担。在跨境重组交易方面，Harris（2018）认为美国税基侵蚀和利润转移（Base Erosion and Profit Shifting）中的"双重爱尔兰安排"降低了国外所得的有效税率，这虽然增加了跨国公司国外免税所得的数额，刺激了跨国重组并购的发生，但其中也隐藏着一些以恶意避税为目的的重组交易，需要采取必要的税收监管措施加以甄别和应对。

随着近年来我国企业重组案例的增多，相应的税收监管问题也日益凸显。吴丽梅、许震黎（2009）认为，目前企业所得税关于重组事项的特殊性处理借鉴了发达国家的经验，增加了对经营连续性和权益连续性的限制条件，但是相关条款仍比较笼统，特别是对于合理商业目的的界定还不够具体明确。在国际比较方面，林德木（2010）对中美两国企业重组税制中的跨境反避税条款进行了比较，认为企业重组税收制度要体现国家税收主权和税收中性原则，既要做到有效管制纳税人滥用跨国免税重组交易进行避税，又不能妨碍企业正当的跨国重组活动。针对具体的税收政策条款，蔡昌（2011）认为，我国企业重组所得税制中对免税重组条件设定依赖于主观判断，具有很大的不确定性，给企业借助重组实现避税目的带来了可乘之机，并建议进行相应的反避税安排。周晓光（2015）对美国企业重组税收成文法以及重组司法反避税的发展历程进行了回顾和评述，并对我国企业重组所得税制的反避税规则设定以及改革完善进行了比较研究和分析论证。

站在税务部门的角度，尹磊（2017）基于当前我国的税收征管流程，对企业重组的税务稽查方法进行了探讨，提出了及时获取涉税信息、准确判定重组类型、明确各方权责义务、厘清会计税法差异、梳理排查税收风险和拟定科学稽查方案共六个方法步骤，以提高企业重组税务稽查的有效性。此外，岳树民等（2018）分析了国有企业混合所有制改革中涉及重组问题的税收待遇，提出税务机关要建立健全强大的税收管理系统，搭建多部门共享的信息交换平台，以实现对重组并购的全流程管理和涉税风险防范。上述研究从不同角度审视企业重组可能存在的税务问题和潜在风险，为持续加强企业重组的税收监管，有效管控避税行为提供了有价值的思路和建议。

2.5 国内外研究状况评价

第一，从基本观点看，共识明显大于分歧。重组事项是区别于企业日常生产经营的重大特殊交易事项，类型多、周期长、金额大、风险高、难度大，国内外学者从不同角度和层面进行了大量卓有成效的研究，既存在一些分歧和争议，也形成了广泛共识。总体而言，基于管理学、经济学、金融学等学科以及企业运营、财务管理和税收筹划等视角，虽然少部分学者认为企业重组可能会"拖累"甚至"拖垮"并购企业，但是大部分学者普遍认为企业重组可以提高公司绩效，降低经营成本，提升利润水平，促进经济发展。观点更为一致的是，学者们几乎都认可税收政策对于企业重组有着显著影响，通过税收政策设计，能够从降低税收负担、实现递延纳税、扣除成本费用、增加资产折旧、结转经营亏损和继承税收优惠等方面影响企业的重组决策，从而对企业重组起到支持和引导作用。

第二，从研究方法看，国外整体领先于国内。由于国外特别是西方发达国家市场经济更为成熟，法治更加健全，企业法人治理比较完善，无论是在企业重组的理论研究还是实践探索方面都明显早于我国。在研究方法上，国外学者更注重从企业重组的客观条件、内在动机、外部环境和经济效应等层面来综合考量企业重组税收政策的作用机制、内在机理和实际效果，并且十分注重采取实证研究的方法对大量具体实例进行分析，研究思路较为开阔，方法也更为先进。相比较而言，由于我国企业重组实践的滞后，国内学者对于企业重组的研究起步较晚，多数研究采取了规范分析的方法，侧重于对企业重组税收政策进行定性的分析评价。国内的实证研究主要是借鉴国外的方法，数据比较陈旧，样本数量也不够多，研究方法的创新性和针对性有待进一步提升。

第三，从政策评价看，效应普遍低于预期。国内外学者对于企业重组的研究可以分为理论研究和实证检验两个角度。理论研究主要是对税收政策影响企业重组的作用机理进行分析探讨，并通过规范分析和数理推导，认为税收政策能够在支持企业重组方面发挥较大的作用。而在实证研究中，学者们通过选取一定数量的重组企业作为样本，实际测算了企业重组税收政策的实际效果，普遍发现政策效应虽然存在，但是程度和效果普遍低于预期，而且不同的税收政策手段的具体成效也存在明显的差异。理论分析与实施效果、政策预期与实际效应之间的落差，反映出企业重组的税收政策还不够科学和完善，税收作为政府重要的政策调节手段，其在支持和引导企业重组方面的作用尚没有得到充分的发挥。

第四，从价值取向看，态度更为科学理性。从时间维度看，随着研究的不断深入，学者们对企业重组以及相关税收政策的认识逐步趋于理性，意识到重组绩效不仅取决于重组决策和重组方案的顺利实施，还取决于重组企业自身的实际情况和内外部环境的综合作用。由于不同企业对于税收政策的敏感性存在明显差异，税收通常只是影响企业重组的重要因素之一，而非决定性因素。从空间维度看，理论界对企业重组税收政策的研究不再局限于"象牙塔"里的纸上谈兵，而是放到重组企业所处的行业、地区、国家乃至全球范围来全方位多视角地考察企业重组税收政策作用的发挥。总的来看，理论界对于企业重组税收政策的价值取向更为客观和理性，力求通过科学的税收政策设计和有效的税收监管，在支持合理重组诉求和防范打击避税交易之间取得一种平衡。

第五，从研究趋势看，静态逐步转向动态。在经济全球化和新科技革命浪潮的共同作用下，企业间的市场竞争加剧、产业融合升级、技术革新提速，各国的企业重组呈现出新的发展态势和鲜明时代特征。在此背景下，近年来包括中国在内的很多国家都对企业重组的税收政策进行了不同程度的调整乃至重建。在内外部环境显著改变的情况下，国内外学者对于企业重组税收政策的研究，开始由对某一时点、某一领域的静态研究，逐步转向对税收政策调整变化下某一阶段、某一时期的动态研究、国别比较和跟踪考察，尤其是国外的相关研究，视野更为开阔，方法更为科学，成果也更加丰硕。

2.6 本章小结

本章对国内外研究状况的综述，主要围绕四个问题展开：重组行为可以给企业带来什么？企业为什么要实施各种各样的重组交易？税收对企业重组存在什么影响？税收应该对企业重组应该采取什么态度？

关于第一个问题，围绕企业重组的实际绩效展开。由于受企业样本情况、重组交易类型、具体指标设计、考察时间长短、国别地区差异等综合因素影响，国内外学者对企业重组实际绩效仍存在分歧。但多数研究表明，企业重组可以提升企业的管理效率、降低生产经营成本、增强市场竞争力，并增加企业的市场价值。

关于第二个问题，结合企业重组的主要动因进行了回应。一是重组行为可以实现企业间资源、产品、市场、管理、财务等方面的协同；二是重组过程中的市场竞争和优胜劣汰提供了一个解决委托代理问题的"外部鞭策机制"；三是企业管理者在对重组行为进行主观决断时的"过度自信"会引发重组冲动甚至失败；四是国内普遍存在各级政府部门对企业重组的行政主导和干预。

关于第三个问题，通过企业重组的税收协同效应进行了阐述。通过重组交易，可以给重组各方带来程度不等的税收利益，包括获取特定的税收优惠待遇，结转弥补目标企业的亏损，杠杆收购带来的利息扣除，以及通过重组交易来改变资产或股权的计税基础，从而降低重组企业的税收负担。

关于第四个问题，主要涉及企业重组税收政策的价值取向。税收是影响企业重组决策的重要因素而非决定因素，对于合理化的企业重组，应制定实施科学有效的税收政策，通过降低税率、递延纳税、税收减免等优惠手段予以必要的支持和引导；对于存在避税动机的重组交易，应堵塞漏洞并加强税收监管，防止税收政策滥用。

对国内外研究状况的评价有四点：一是从基本观点看，共识明显大于分歧，即认为重组有助于企业发展，应采取税收手段支持合理化的重组行为；二是从研究方法看，国外整体领先国内，国外的理论研究和实践积累具有明显优势，且多采用实证方法研究重组问题，国内的研究仍存在不少差距；三是从政策评价看，政策效应普遍低于预期，税收政策在有效支持和引导企业重组方面的作用没有得到充分发挥；四是从价值取向看，态度更为科学理性，学者们普遍认为税收只是影响而非决定企业重组的因素，既要予以积极的支持和引导，也要进行必要的税收监管。

第 3 章
企业重组税收政策的作用机理

为了深入研究和评价企业重组税收政策的实际效果，必须要了解企业重组的主要类别及其内涵，并从宏观经济层面和微观主体层面把握税收政策对企业重组的实际影响。在此基础上，从影响重组企业价值、构成重组交易价格、改变重组资产计税基础、递延重组应税所得、重组融资费用扣除和目标企业亏损弥补等方面，厘清税收政策作用企业重组的内在机理和具体方式。同时，考虑到企业重组可能导致的垄断行为和福利损失，以及可能存在的避税动机，有必要探讨企业重组税收政策的合理边界。

3.1 企业重组类别与界定

由于经济活动的复杂性和企业情况的差异性，导致实践中重组事项千差万别、交易方式各不相同、重组目的存在差异、重组各方关系复杂，企业重组具有各种各样的表现形式。按照不同的划分标准，对企业重组类型进行梳理和归类并厘清相关概念，是研究企业重组税收政策作用机理的基本前提。

3.1.1 股权收购、资产收购与合并分立

按照企业重组的具体内容来对企业重组类型进行划分，是目前我国税法常用的表述方式[①]。根据企业所得税的相关规定，企业重组具体包括股权收购、资产收购、企业合并、企业分立、债务重组和企业法律形式改变等类型。具体而言，股权收购是指通过购买目标公司的股权，从而实现对目标公司实际控制的重组交易；资产收购是指购买目标公司实质经营性资产的重大交易；企业合并是指企业将其全部资产及负债转让给其他企业，从而实现两个或两个以上企业的合并；企业分立则是指企业将全部或者部分资产分离转让给其他企业，进而实现企业的分立。在上述过程中，会涉及并购方对目标企业或者目标企业股东的利益补偿，即需要进行对价支付。而债务重组一般是在债务人存在比较严重的财务困难时，债权人按照法院裁定书或者与债务人达成的协议，对债务人所欠债务作出的让步与豁免。此外，为了满足企业重组改制的实际需要，现行税法还把符合

---

① 《关于企业重组业务企业所得税处理若干问题的通知》（财税〔2009〕59 号）。

条件的居民企业之间按账面净值划转股权或资产的行为纳入到企业重组的范畴[①]。

需要说明的是,现行企业会计准则中并没有与税法直接对等的"企业重组"概念,会计上对于企业重组所包含或涉及的企业合并、股权投资等事项的会计处理与财务核算,是在企业合并、长期股权投资、债务重组、非货币性资产交换和股份支付等具体会计准则中予以规范和明确的。换言之,税法和会计对于企业重组的界定和处理,既存在很多共同之处,也有着明显的差异,这两者共同构成了前面所提到的企业重组财务协同和税收协同效应发挥作用的基础和载体。

3.1.2 股权与非股权支付的重组交易

企业重组业务中,通常会涉及并购方对重组交易标的物的利益补偿,即对价支付问题。根据支付对价的内容和方式,可以把企业重组分为股权支付、非股权支付和混合支付三种重组方式。股权支付是指以本企业或其控股企业的股权、股份作为支付对价的方式,既包括上市公司采用非公开方式向特定对象发行股票的行为,也包括非上市公司以自身股权作为支付的方式。非股权支付则是指以现金、银行存款、应收款项,本企业或其控股企业股权和股份以外的有价证券、存货、固定资产、其他资产以及承担债务等作为支付对价的方式。混合支付则是同时采用股权支付和非股权支付这两种支付方式来实现重组交易的行为。

由此可见,无论是股权支付还是非股权支付,对于被并购企业或其股东来说,都取得了相应的经济利益流入,理论上实现了应税所得。但是相比较而言,不同支付方式下的重组行为,企业的资金流和纳税能力是存在重大区别的。具体来说,非股权支付中的现金、银行存款的流动性最强,这种情况下被并购方具有较强的即时纳税能力,能够有条件一次性完成全部重组所得的纳税义务。而在股权支付方式下,并购方获得的股权和股份只是"纸面收益",其变现需要一定的时间,也存在一定的风险,从而导致被并购方当期纳税能力较弱,对此税法通常会给予递延纳税的特殊待遇。比较复杂的是混合支付,由于支付的对价中股权支付的比例不尽相同,导致被并购企业的当期纳税能力强弱程度不同。为解决这一问题,很多国家对于股权支付占全部支付的比重规定了具体的比例要求,超过规定的比例即可以享受递延纳税的待遇。

3.1.3 关联与非关联企业重组

在实践中,企业重组既可以发生在独立企业之间,也可以发生在关联企业之间。根据《公司法》、《税收征管法》、企业会计准则等对于企业关联关系的认定和划分,可以把企业重组分为独立企业之间的重组和关联企业之间的重组。一般而言,独立企业之间的重组,重组各方不存在所谓的关联关系,重组主要是为了实现调整企业经营战略、扩

---

① 《关于促进企业重组有关企业所得税处理问题的通知》(财税〔2014〕109号)。

大生产经营规模、提高市场竞争力等合理商业目的，而不是单纯为了规避、推迟或少缴税款。通常情况下，独立企业间的重组很少存在内幕交易，交易价格相对比较公允，重组各方所追求的是通过谈判和博弈来实现自身经济和税收利益的最大化，因此一般不会构成税法上所说的"非正常"的关联交易事项，也无须进行纳税调整。

关联企业间的重组，是指重组各方之间存在相应的关联关系。关联企业间的重组具有两大鲜明特征，一是便于沟通磋商，信息共享程度高，可以避免或减少信息不对称的影响，交易成本比较低，更容易实现重组；二是重组各方追求的是整体利益而不是个体利益的最大化，其共同的利益诉求更容易形成重组事项上的"合谋"，并在一定程度上人为控制和调节重组交易定价，以开展税收筹划甚至进行避税交易，甚至可能面临纳税调整的风险。由此可见，由于重组各方关联关系和关联程度不同，会对重组各方的利益诉求产生重大影响，从而导致企业在重组方式选择、重组条件判定、税务待遇适用、税收风险管理等方面存在明显的区别。

3.1.4 市场或政府主导的企业重组

按照重组的实现方式，可以把企业重组分为市场主导型重组和政府主导型重组两大类。所谓市场主导型重组，是指企业在市场经济条件下和完全自主经营的情况下，根据自身的发展战略和经营需要所实施的重组行为。市场主导下的企业重组主体主要是私营经济及民营企业，是发达国家企业重组最为常见的方式。政府主导型重组，是指主要由各级政府或政府相关部门主导或者行政干预下实施的重组业务，在此过程中政府更多考虑的是国家利益、经济安全和产业布局，企业绩效、盈利状况和税负水平往往不是重组的唯一或者主要目标，企业只能按照政府的意图实施重组，实践中多见于各类国有企业。政府主导的企业重组在我国经济体制改革和资本市场建设过程中较为常见。

相比较而言，市场主导下的企业重组，重组各方在重组对象、重组时机、重组内容、交易价格、支付方式、资产交割等方面可以充分协商，自主决策，方式较为灵活；在政府主导企业重组的情况下，往往以行政手段规定了重组方式、具体内容和推进步骤，重组各方只能被动接受，谈判磋商的空间和余地比较小。作为补偿，政府主导下的重组行为通常会享有包括税收优惠在内的"特殊化"政策待遇，比如会获得政府注资、土地划拨、财政补贴和税收返还。随着我国市场经济体制的健全和完善，越来越多的国有企业实施了市场主导的重组行为，但是重组方案和结果仍然需要上级主管部门的审批和认可。

3.1.5 横向、纵向与混合重组

按照重组各方的行业归属与产业链关系，企业重组可以分为横向重组、纵向重组和混合重组。横向重组指的是处在同一行业的企业之间进行的重组行为，并且很多横向重组企业在进行重组之前本身就存在竞争关系。横向重组的好处在于可以实现规模经济效

应,快速提高企业的市场份额和行业集中度,从而保持企业在同行业市场中的占有率和控制力。横向重组是企业重组的重要方式,也是实践中最早出现的重组类型。纵向重组是指在一个产业链中,上下游企业之间实施的重组交易。纵向重组不仅可以降低企业间的交易费用,保障原材料或产品的稳定供给,而且可以有效掌控商品的采购和销售价格,相较于横向重组也更为复杂。

不同于横向重组和纵向重组,混合重组通常是指处于不同行业并且主营业务或产品服务之间没有直接关系的企业之间发生的重组行为。实践表明,混合重组的主要目的既是基于企业多元化经营战略的需要,也可以减少过于依赖某个行业所带来的经营风险。因此,混合重组可以说是横向重组和纵向重组的升级和综合,也是企业重组中最为复杂的形式。从国内外的企业重组实践历程来看,基本上都经历了从横向重组到纵向重组再到混合重组等多种重组方式并存的发展过程。

3.1.6 不同居民身份的企业重组

随着经济全球化的不断加快和我国对外开放战略的深入实施,中国企业"走出去"和境外企业"走进来"日益频繁。在这一背景下,企业重组越来越多地和非居民企业、跨国公司、跨境交易紧密联系在一起,使得企业重组的主体突破了居民企业的范畴,重组的区域也超出了境内的限制。基于税收管辖权的角度,按照重组各方的居民身份,可以把重组划分为居民企业间的重组和涉及非居民企业的重组。

实践中最为常见的是居民企业间的重组,其所适用的是国内法律法规和税收政策的规定,相关涉税信息的获取较为便利和及时,不涉及国别税收差异的处理和协调,因此税务处理相对简单,管理难度也较小。相比较而言,涉及非居民企业的重组一方面所涉及的大量资产、股权债权和主要股东可能位于境外,信息获取和税务监管难度比较大;另一方面会同时涉及境内外的法律法规、税收政策特别是税收协定的相关内容,税务处理比较复杂。通常情况下,涉及非居民重组的税收政策规定更为复杂,税收征管也更为严格。特别是近年来一些企业利用境外避税地的"空壳公司"和不同国家与地区之间的税法漏洞,实施以避税为目的的重组交易和资本运作,既侵害了国家的税收主权,也造成了不同程度的税收流失。

3.2 税收支持企业重组的必要性

税收是连接宏观经济管理和微观经济运行的重要节点。一个国家的总体税制状况和企业重组税制设计,既体现了政府在某个阶段的发展目标和政策意图,也构成了影响企业生产经营和重组行为的重要因素。通过对比分析没有税收干预和存在税收因素的重组行为,可以清晰揭示税收介入企业重组的必要性,有助于拓展和深化对税收支持企业重组的理论认识。

3.2.1 无税收干预下的企业重组

为了验证税收支持企业重组的必要性,首先分析不存在税收因素的情况下,在一个完全竞争市场上企业的生产经营决策与重组行为带来的后果。如图 3-1 所示,假设在某完全竞争市场上,有两家完全理性的企业 M 和 N,这两个企业属于同一个行业,并且生产完全相同的产品,产品的价格为 P_0。其中,M 企业的固定资产投入为 F_M,变动成本为产量 q_M 的函数,即 $C_M(q_M)$,则总成本函数为:

$$TC_M = F_M + C_M(q_M)$$

考虑到在既定的技术水平与生产设备条件下,M 企业能够实现的最大产出 $\bar{q}_M$ 取决于其固定资产的投资规模 F_M,由此可知 $q_M \leq \bar{q}_M$。在完全竞争市场上,M 的收益函数为 $r(q_M) = pq_M$,其边际收益函数为 $mr = p$。如果不考虑税收和政府补贴因素,则 M 企业的股东价值为:

$$\pi = pq_M - F_M - c_M(q_M)$$

此时,M 企业收益的最优化问题可以表示如下:

$$Max\pi = Max[pq_M - F_M - c_M(q_M)]$$

如图 3-1 所示,假设 q_M^* 为股东价值最大化时的产量水平,在 $\bar{q}_M < q_M^*$ 时,M 企业的边际收益大于边际成本,这种情形下企业应该进一步扩大生产规模,直到 $\bar{q}_M = q_M^*$。由于受到既定技术水平与生产设备条件限制,M 企业只能选择 $\bar{q}_M$ 的产量,此时利润水平为 I_M。由于在短期内研发或引进相关技术、增加厂房设备存在一定的困难,那么 M 企业在未来一段时期内将处于生产规模不经济的状态,从而丧失了一部分潜在的利润,即图 3-1 中阴影部分的面积 S_{AB}。在这种情况下,M 企业有可能会产生重组并购动机,以解决短期内设备和产能的掣肘,以获取规模经济并增加利润。

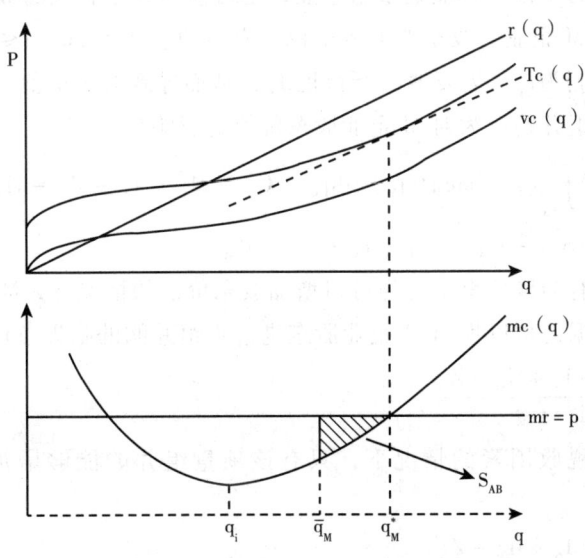

图 3-1 企业生产函数与重组动机

假设 N 企业由于经营管理不善出现亏损，亏损金额为 I_N，并且成为 M 企业的重组并购对象，此时 N 企业剩余资产的公允价值为 Z_N。假定 M 企业对 N 企业实施重组并购后，能够实现最优产量 q_i^*。由于是在完全竞争的市场条件下，M 和 N 两家企业的重组行为并不足以改变市场均衡价格 p。由于市场信息的不完全，假定整个重组过程所发生的交易费用为 C_A，M 企业支付给 N 企业的对价为 M_B。在只考虑生产规模的经济效应的情况下，重组并购实施后对 M 企业股东价值带来的影响可以表示为：

$$\Delta \pi_M = \int_{\overline{q}_M}^{q_M^*} [p - mc_M(q_M)] dq_M - C_A - M_B - I_N + Z_N$$

$$= S_{AB} - C_A - M_B - I_N + Z_N$$

由此可见，实施重组并购后，M 企业股东价值变动为阴影区域 S_{AB} 的面积，加上 N 企业的剩余价值，再减去重组交易费用 C_A 与支付的对价 M_B。据此可以得出 M 企业重组并购 N 企业的临界条件，即：

$$S_{AB} = C_A + M_B + I_N - Z_N$$

也就是说，如果不考虑其他相关因素的影响，只有该项重组并购增加了 M 企业股东的价值，即：

$$S_{AB} \geq C_A + M_B + I_N - Z_N$$

此时从理论上来讲，该重组并购是可以实施的，不仅增加了 M 企业的股东价值，实现了规模经济效益，而且有利于整个社会福利水平的提高。

3.2.2 存在税收干预时的企业重组

在具体实践中，企业重组因发生资产、股权和产权的有偿转让，通常会产生一定的应税所得，需要视情况缴纳所得税、货物与劳务税与财产行为税等税种。在此过程中，重组所得纳税义务的主体，可能是重组企业，也可能是重组企业的股东。出于研究问题的需要，现假设对 M 企业的股东课征所得税，有效税率为 t（$0 \leq t \leq 1$）。重组并购发生之前，M 企业的利润为 I_M，需要缴纳所得税 tI_M，从而导致股东价值降低。结合前面的分析，这种情形下重组并购行为对 M 企业股东价值的影响为：

$$\Delta \pi_M = (1-t)\int_{\overline{q}_M}^{q_M^*}[p - mc_M(q_M)]dq_M - C_A - M_B - I_N + Z_N - tI_M$$

$$= (1-t)S_{AB} - C_A - M_B - I_N + Z_N - tI_M$$

如前所述，只有当该项重组行为可以增加股东价值的情况下，M 企业才有实施重组并购的潜在意愿。据此可以推出 M 企业股东进行重组并购的临界条件为：

$$S'_{AB} = \frac{C_A + M_B + I_N + tI_M - Z_N}{1-t}$$

同理，在考虑税收因素的情况下，只有该项重组并购能够增加 M 企业的股东价值，即：

$$S'_{AB} \geq \frac{C_A + M_B + I_N + tI_M - Z_N}{1-t}$$

此时 M 企业才有可能实施重组并购行为。由于客观存在的税收因素，则 $0 \leq t < 1$，即 $0 < (1-t) \leq 1$，可以比较得出：

$$S_{AB} \leq S'_{AB}$$

两相对比，上式至少说明了两个方面的问题。一方面，在其他因素相同的情况下，对重组所得的课税会提高企业重组意愿的临界值，只有企业股东能够得到更多的价值补偿来弥补税收损失，企业才有实施重组并购的意愿；另一方面，企业重组意愿的临界值和所得税率呈显著正相关关系，即对所得课税会影响企业重组的意愿，过高的所得税税率会抬高企业重组的临界值门槛，从而抑制企业重组并购的实施。换言之，由于存在税收因素的客观影响，只有在重组并购的企业绩效更高、财务协同效应更显著，并且能够给企业股东带来更高的价值回报时，重组并购行为才有可能发生；而降低税收负担则会减少企业重组的税收阻碍，有助于推动企业重组的顺利实施。

就企业重组的性质和特点来看，重组交易涉及资产评估、产权变更、对价支付和税收缴纳等多个环节，最终完成全部重组事项需要一个过程。与此同时，重组绩效和财务协同效应的发挥也需要一定时间的磨合，重组企业利润的提升、公司价值的提高和股东回报的增加也难以在重组交易发生时立即体现出来。因此，基于对企业重组的支持和激励，根据重组类型和具体情况，通过制定与一般性的销售商品和提供服务课税相区别的税收政策，降低重组交易发生当期的有效税率和税收负担，减少对企业重组的干扰进而提升企业重组的意愿，是国内外通行的做法。结合国内外的重组实践，政府通常会针对不同类型的企业重组，分别给予递延纳税、税收减免、费用扣除、资产折旧、亏损弥补以及制定较低的资本利得税等方式，来降低重组发生时的有效税率，或持续降低重组后一定时期的税收负担，从而为企业重组营造良好的税收环境。

3.3 税收介入企业重组的机理和方式

税收对企业重组的影响，是通过不同的政策手段和具体税制因素综合发挥作用的。由于企业重组的多样性、复杂性和企业重组税收政策的差别化和具体化，税收对具体重组事项的作用机理、支持方式和影响程度也存在明显的差异。根据前面的理论剖析，特别是结合近年来企业重组的发展趋势和税收制度的不断完善，税收政策主要是通过影响重组企业市场价值、干预重组交易价格、改变重组资产计税基础、递延重组应税所得、形成债务税盾效应，结转继承经营亏损等方式来发挥对企业重组的支持和引导作用。

3.3.1 影响重组企业市场价值

提升市场价值是企业重组的重要动因，也是重组绩效的具体体现。就某一时点而言，企业价值最直观地体现在资产负债表中。根据会计原理，企业的净资产等于所有者权益；就某一时段而言，企业价值还取决于企业利润的积累和分配偏好，而企业利润的形成和分配状况又会反过来影响企业的资产负债状况。从税制设计来看，相对于股息分配，很多国家都对资本性质的收益采取了程度不等的税收优惠。这种差别化或者说"歧视性"的税收待遇，客观上导致很多企业倾向于采取不分红的策略，一些投资者也青睐于这一类企业，其结果是权益被困在企业内部，即出现了所谓的"权益受困"现象，进而对企业重组和企业价值产生重大影响。

根据托宾 q 投资理论关于权益资本和股息关系的描述，很多企业倾向于通过采用重组交易作为变相实现利润分配的手段。如果企业的股权可以在公开市场上自由买卖，比如上市公司的股票是在公开市场自由交易的，那么该企业的股东可以直接将股权或股票出售给偏好或者不厌恶股息红利的投资者。这样一来，该股权及股票的市场价格既和企业当下的净资产即所有者权益状况密切相关，也反映了预期未来收益的贴现值。在此过程中，通过直接出售股权和股票的股东只需要缴纳相对较轻的资本利得税，而不需要因为获得利润分配而承担更高税率的所得税。

具体来说，在托宾 q 投资理论中，q 值是公司市场股份价值 MV 与代表这些股份的资产处置成本 RC 之间的比值，即 q = MV/RC，据此：

$$\begin{cases} q > 1, & \text{公司股票价值被高估，存在套利空间} \\ q = 1, & \text{资本处于平衡的状态，套利空间消失} \\ q < 1, & \text{公司价值被低估，可能发生重组并购} \end{cases}$$

也就是说，当 q > 1 时，由于公司股票价值被高估，客观上存在套利空间，股东可能会抛售股票；当 q = 1 时，金融市场的套利空间消失，资本处于动态平衡状态；而当 q < 1 时，则说明企业的重置成本高于企业的市场价值，即企业价值被低估，此时有可能发生重组并购行为。现假设某公司的市场价值是：

$$V_t = \frac{1-t_p}{1-t_c}(K_t - B_t)$$

其中，K_t 为该公司权益资本的处置价值，B_t 为公司债务的价值，V_t 为公司的市场价值，t_p 为综合个人所得税率，t_c 为资本利得税率。根据 q 理论模型，可知：

$$q = \frac{V_t}{K_t - B_t} = \frac{1-t_p}{1-t_c}$$

现假设 A 公司拟通过增加其债务 $\tilde{B}_B = V_B$ 来收购 B 公司的股份。则收购完成后，A 公司的市场价值可以表示为：

$$\tilde{V}_A = \frac{1-t_p}{1-t_c}(K_A + K_B - B_A - B_B - \tilde{B}_A) = K_A + K_B - \frac{1-t_p}{1-t_c}V_B = V_A + \frac{t_p - t_c}{1-t_c}V_B$$

可见，如果个人所得税率高于资本利得税率，即 $t_p > t_c$，那么通过并购 B 公司的股份，A 公司的市场价值增加，而 B 公司的市场价值保持不变。按照会计准则和信息披露的要求，合并报表后的 A 公司和 B 公司总市值同步增加。同理，如果个人所得税率低于资本利得税率，那么结果就表现为重组并购后公司总市值的减少，这会对企业的重组决策产生双向差别化的影响。

同时，根据前面的假设和分析可以得出，重组并购后 A 公司股东缴纳了资本利得税后的净利润为：

$$(\tilde{V}_A - V_A)(1 - t_c) = (t_p - t_c)V_B$$

综上可见，在股息的个人所得税率大于资本利得税率的情况下，企业完全可以通过实施重组并购行为，将一般性的收入和利润分配转换为资本利得，这样不仅会降低自身的税收负担，而且重组后两个公司的总市值会相应增加，可谓是一举两得。因此，一个国家的税制结构和对不同所得形式作出的差别化税收待遇，会通过税收利益杠杆来影响重组企业的市场价值，进而影响重组各方的重组战略决策和具体的重组方式。

按照我国税法规定，现行股息红利的个人所得税法定税率为 20%，但是对于自然人取得上市公司的股息红利，按持股时间长短规定了不同的税收待遇，即对持股期限为 1 个月至 1 年的，股息红利所得按 50% 计入应纳税所得额，有效税率为 10%；对持股期限超过 1 年的则暂免征收个人所得税。与此同时，我国没有单独的资本利得税，股权转让所得的个人所得税率为 20%，但是对于自然人转让上市公司股票所得暂免征收个人所得税。此外，我国企业所得税的法定税率为 25%，高新技术企业和西部大开发等特定企业的所得税率为 15%，还有一些符合条件的企业享受了 "三免三减半" "五免五减半" 等税收优惠。这种对不同性质所得的差别化税收待遇，必然会通过税负诱导机制来改变企业重组的策略，影响企业的市场价值，并对重组方式产生不同程度的影响。

3.3.2 干预重组交易均衡价格

重组交易和商品买卖一样，存在价格形成机制和市场均衡价格。在市场经济条件下，企业重组作为不同企业之间发生的重大资产或产权交易，转让方和受让方经过价格评估和谈判磋商，可以就资产收购、股权收购、合并分立等事项的交易价格达成一致意见，最终形成重组各方都可以接受均衡价格。税收作为政府在重组交易的供求关系中间打入的一个"楔子"，通过企业重组税收政策的设计，可以直接或间接地作用于重组标的物的市场价格，进而对企业的重组决策、目标选择和重组类型产生实质性影响。

为量化税收因素对重组交易价格的实际影响，现以重组业务中最为常见的资产收购和股权收购为例，其目的都是实现对目标企业的实际控制，为此选定相同的重组对象进行对比分析。在资产收购的情形下，假定目标公司出售重组资产后进行清算，则目标公司股东的税后现金流可以表示为：

$$F_{asset} = Liquidation - TAX_{Liquidation} = Liquidation - (Liquidation - Stock)t_i$$
$$= Liquidation(1 - t_i) + Stock \times t_i$$

其中，F_{asset} 代表资产收购后目标公司股东所获得的税后现金流，Liquidation 是支付给目标公司股东的清算收益，$TAX_{Liquidation}$ 表示目标公司股东因取得清算收益而应缴纳的个人所得税；Stock 是指目标公司股东清算前持有公司股权的计税基础，t_i 是个人所得税税率，进而：

$$Liquidation = P_{asset} - TAX_{Asset} = P_{asset} - (P_{asset} - Asset)t_c$$
$$= P_{asset}(1 - t_c) + Asset \times t_c$$

其中，P_{asset} 是指资产收购方支付给目标公司的对价，Asset 是目标公司所售重组资产的计税基础，TAX_{Asset} 是因资产出售价格高于计税基础而应缴纳的企业所得税，t_c 是企业所得税率，将 Liquidation 代入资产收购时目标公司股东现金流的公式，整理后可以得到：

$$F_{asset} = [P_{asset}(1 - t_c) + Asset \times t_c](1 - t_i) + Stock \times t_i$$

同理，如果并购企业采取股权收购的方式来实现对目标公司的控制，亦可以得出股权收购方式下目标公司股东的税后现金流为：

$$F_{stock} = P_{stock} - Tax = P_{stock} - (P_{stock} - Stock)t_i = P_{stock}(1 - t_i) + Stock \times t_i$$

其中，P_{stock} 是股权收购方支付给目标公司股东的对价，Stock 仍然是目标公司股东持有公司股权的计税基础。由于是同一个目标公司，在不考虑其他因素和重组市场价格均衡的情况下，股东所要求获得的利益补偿是相等的，即：

$F_{asset} = F_{stock}$，则

$$P_{stock}(1 - t_i) + Stock \times t_i = [P_{asset}(1 - t_c) + Asset \times t_c](1 - t_i) + Stock \times t_i$$

进而可以求出资产收购的均衡价格为

$$P_{asset} = (P_{stock} - Asset \times t_c)/(1 - t_c)$$

由上式可以得出，在重组资产计税基础等因素既定的条件下，如果目标公司企业所得税实际税率越高，重组业务中所需要支付的对价也就越高；反之，目标公司企业所得税实际税率越低，则会降低重组资产的交易价格，也更容易发生企业重组。这从理论上解释了为什么税负较轻的企业更容易成为重组并购的对象。

根据上述结论，可以对重组交易的企业所得税实际税率作进一步的引申和拓展。其一，享受企业所得税优惠的企业，包括处于特定区域或属于特定行业的企业，其企业所得税率明显低于其他企业，基于税收原因而形成一定的重组价格优势和更大的税收协同效应，因此更容易成为重组的对象。其二，对于法定名义税率相同的企业，即使都没有享受税收优惠，由于企业经营状况和财务管理水平不同，也会产生盈亏水平和实际税负的差异，从而对重组价格和动机产生不同程度的影响。其三，均衡价格公式中的税率，既包括了企业所得税的名义税率，也内含了重组交易发生时针对重组所得的实际税率，即在不改变企业所得税名义税率的前提下，如果制定出台专门针对重组并购的特殊规定和税收优惠，同样可以降低被并购企业的均衡价格，从而提高企业重组成功的概率。

3.3.3　改变重组资产计税基础

资产的优化整合是企业重组的重要内容，而资产的计税基础既是税法重要的基础性概念，也是企业所得税制度和政策设计的核心要素。针对不同的重组方式和重组交易对价构成，视情况给予重组事项差异化的企业所得税待遇，以延续或改变重组资产的计税基础，是税收影响重组交易方式的重要途径。

现假设 X 公司与 Y 公司拟通过资产收购的方式来实现重组交易，X 公司拟收购 Y 公司部分资产，且该资产占 Y 公司全部资产的比例为 α。假定 Y 公司全部资产的公允价值为 F_Y，计税基础为 TB_Y，双方协商一致的资产收购价格为 p。在 X 公司支付的对价中，股权支付 A 的公允价值为 F_A，计税基础为 TB_A；非股权支付的方式是总额为 F_B 的银行存

款，不考虑商誉和企业所得税之外其他税费的影响，则该重组交易中股权支付占全部支付的比例为 $\beta = F_A/P$。通常，当资产收购比例和股权支付比例没有达到规定要求时，只能进行一般性企业所得税处理；如果上述两个比例均达到税法规定的比例要求的，才可以进行特殊性企业所得税处理。为此，假定税法规定的两个比例分别为 α' 和 β'。

当 $\alpha < \alpha'$ 或 $\beta < \beta'$ 时，该项重组交易只能适用一般性企业所得税处理。对于 X 公司而言，按照税法规定，其取得 Y 公司资产的计税基础为该部分资产的公允价值 αF_Y；同理，对于 Y 公司而言，取得股权支付的计税基础为 F_A。由此可见，无论是对于 X 公司取得的收购资产，还是 Y 公司取得的股权支付，重组交易发生后两项资产的计税基础都发生了相应的改变。

当 $\alpha > \alpha'$ 且 $\beta > \beta'$ 时，如果符合税法规定的其他相关条件，双方可以选择适用特殊性企业所得税处理。此时，Y 公司仅需要确认非股权支付对应的资产转让所得：

$$\alpha(1-\beta)(F_Y - TB_Y)$$

此时，X 公司取得收购资产的计税基础等于该资产在 Y 公司的原计税基础加上 Y 公司确认的非股权支付对应的资产转让所得：

$$\alpha TB_Y + \alpha(1-\beta)(F_Y - TB_Y)$$

对于 X 公司而言，根据企业所得税的对等原则，在出售资产并取得对价支付的重组交易中，存在如下逻辑关系，即：

取得股权的计税基础 = 转让资产的计税基础 + 资产转让所得 − 银行存款

$$= \alpha TB_Y + \alpha(1-\beta)(F_Y - TB_Y) - F_B$$
$$= \alpha TB_Y + \alpha(1-\beta)(F_Y - TB_Y) - \alpha(1-\beta)F_Y$$
$$= \alpha\beta TB_Y$$

表 3-1 清晰地反映了不同税务处理方式下重组双方取得资产的计税基础以及资产计税基础的变动情况。由于重组交易的对等性和企业所得税计税基础的连续性，重组事项对于重组资产计税基础的改变不是单向的，而是双向的；重组资产的计税基础的改变是存在一定规律的，重组主体可以在一定程度上进行选择和控制。由此可见，一方面，重组交易既会改变并购方取得资产的计税基础，也会改变目标企业获取对价资产的计税基础，并且改变的金额和程度存在区别；另一方面，即使对于同一项重组资产，在双方适用一般性税务处理和特殊性税务处理时，资产计税基础的改变程度也是存在显著区别的。

表 3-1　　　　　重组资产计税基础及变动情况

	税务处理	计税基础		
		重组前	重组后	变动额
资产	一般处理	αTB_Y	αF_Y	$\alpha(F_Y - TB_Y)$
	特殊处理	αTB_Y	$\alpha TB_Y + \alpha(1-\beta)(F_Y - TB_Y)$	$\alpha(1-\beta)(F_Y - TB_Y)$
股权	一般处理	TB_A	F_A	$F_A - TB_A$
	特殊处理	TB_A	$\alpha\beta TB_Y$	$\alpha\beta TB_Y - TB_A$

从表 3-1 还可以看出，重组交易后资产计税基础及其变动是重组资产原计税基础、对价支付总额、股权支付比例以及资产并购比例的函数，其外部约束条件是税法对于重组税务处理条件和方式的具体规定。站在纳税人角度，可根据重组目的以及重组资产价值的会计和税法属性，通过协商一致并选择适用最为有利的税务处理方式来合法合规地改变重组资产的计税基础。而站在政府和税务部门角度，通过对不同的重组交易制定差别化的税收待遇并调整政策适用条件，可以在不直接影响重组交易价格和资产会计属性的前提下，改变重组资产的计税基础，即产生所谓的"资产搅拌"效果。由于重组资产的计税基础既是重组各方获得重组资产时进行折旧、摊销和减值的税收逻辑起点，又是将来发生后续交易时的税收变量，从而对企业的重组动机、重组类型和后续重组交易产生多重影响。特别是在重组各方自身的税收状况存在差别的情形下，这会进一步放大改变重组资产计税基础的税收效应，并对重组行为产生更为显著的影响。

3.3.4 递延重组应税所得

企业重组交易金额巨大，通常难以完全采用货币化的对价支付方式，实践中很多重组行为是以股权或股票作为重组对价的支付方式。在这种情况下，目标企业或股东虽然名义上实现了重组应税所得，但是和支付税款相匹配的现金流入不足，导致在重组交易发生时没有足够的纳税能力。基于税收中性原则和对具有合理商业目的重组交易的支持，很多国家都出台了专门的税收政策，对符合条件的重组业务给予递延纳税的待遇，避免因一次性即时课税造成对正常重组交易的干扰和扭曲。

以重组业务中最为常见的股权收购为例，假设目标公司全部股权的计税基础均为 V_1，公允价值为 V_2，且 $V_2 > V_1 > 0$，目标公司拟出售股权的比例合计为 α（$0 < \alpha \leq 1$），其中法人股东所占比例为 β（$0 \leq \beta \leq 1$），则自然人股东所占比例为（$1-\beta$）。收购方支付的对价中，银行存款等非股权支付的占比为 γ（$0 \leq \gamma \leq 1$），其中支付给法人股东的比例为 λ（$0 \leq \lambda \leq 1$），则支付给自然人股东的比例为 $1-\lambda$；收购方支付的对价中股权支付的占比为 $1-\gamma$，其中支付给法人股东的比例为 μ（$0 \leq \mu \leq 1$），支付给自然人的股份比例为 $1-\mu$，不考虑除企业所得税之外其他税费的影响。

如果按照正常的股权转让行为进行税务处理，目标公司的法人股东应就实现的股权转让所得一次性缴纳企业所得税，自然人股东则需要一次性缴纳个人所得税。假设企业所得税率是 t_e，个人所得税率是 t_p，则法人股东股权转让应纳税所得额是 $(V_1 - V_2)\alpha\beta$，应缴纳企业所得税 $(V_1 - V_2)\alpha\beta t_e$，此时法人股东获得的银行存款等非股权支付的额度为 $V_1 \alpha\beta\gamma\lambda$，如果

$$V_1 \alpha\beta\gamma\lambda \geq (V_1 - V_2)\alpha\beta t_e，即$$
$$V_1 \gamma\lambda \geq (V_1 - V_2) t_e$$

则法人股东具有一次性缴纳股权转让所得全部应纳税款的能力，反之，如果

$$V_1 \gamma\lambda < (V_1 - V_2) t_e$$

则法人股东只具有缴纳部分股权转让所得税款的纳税能力。在 $\lambda = 0$，也就是完全

采用股权支付的情况下，法人股东则不具有股权转让所得的纳税能力。此时如果强制纳税，只能迫使法人股东从其他生产经营所得的现金流中拿出资金来支付重组所得的税款，甚至会阻碍重组交易的顺利进行。

同理，对于自然人股东而言，其股权转让应纳税所得额是 $(V_1-V_2)(1-\beta)\alpha$，应缴纳的个人所得税为 $(V_1-V_2)(1-\beta)\alpha t_p$，其获得的银行存款等非股权支付的额度为 $V_1\alpha(1-\beta)(1-\lambda)$，同样可以得出，如果：

$$V_1(1-\lambda) \geq (V_1-V_2)t_p$$

则自然人股东具有一次性缴纳全部股权转让所得应纳税款的能力，而如果

$$V_1(1-\lambda) < (V_1-V_2)t_p$$

即自然人股东只具有缴纳部分股权转让所得税款的纳税能力。在 $\lambda=0$ 的极端情况下，自然人股东获得的完全是股权支付，不具有股权转让所得的纳税能力，如果强制在当期一次性完税，会占用纳税人或者代扣代缴义务人大量的生活性或者经营性资金，同样会干扰重组交易的开展，甚至使重组交易被迫中断乃至终止。

如果针对上述情况制定专门的税收政策，比如允许目标企业股东进行"暂不确认重组所得"的特殊性税务处理，即股权转让方仅需要就其取得的银行存款等非股权支付部分缴纳所得税，而对于股权支付部分暂不缴纳所得税。按此规定，本例中法人股东只需要确认非股份支付对应的所得 $\alpha\beta\gamma\lambda(V_1-V_2)$，并缴纳企业所得税 $\alpha\beta\gamma\lambda(V_1-V_2)t_c$，与正常课税相比，递延的应纳税所得额：

$$(V_1-V_2)\alpha\beta - \alpha\beta\gamma\lambda(V_1-V_2) = \alpha\beta(V_1-V_2)(1-\gamma\lambda)$$

对于自然人股东来说，同样也只需要确认银行存款等非股权支付对应的重组所得 $\alpha\gamma(1-\beta)(1-\lambda)(V_1-V_2)$，当期只需要缴纳个人所得税 $\alpha\beta\gamma(1-\lambda)(V_1-V_2)t_p$，与此前相比，递延应纳税所得额为：

$$(V_1-V_2)(1-\beta)\alpha - \alpha\gamma(1-\beta)(1-\lambda)(V_1-V_2)$$
$$= \alpha(1-\beta)(V_1-V_2)[1-\gamma(1-\lambda)]$$

由此可见，通过企业重组税收制度和具体政策的优化设计，可以实现对符合条件的重组交易中被并购方应税所得的合法递延。并且，由于后续交易的不可预见性和重组企业税收待遇的不确定性，反映在递延的时间上，重组所得的递延既可能是暂时性的递延，也可能是持续性乃至永久性的递延；反映在递延的金额上，可以是税款缴纳早或晚的时间性差异，也可能形成税款金额多与少的永久性差异。具体而言，如果在该重组交易发生后的某一时点，重组企业转让了此前因重组交易而获得的股权或资产，则此前递延的所得将在后续转让行为发生时一并实现，企业因此获取了税款延迟的资金时间价值；如果在此次重组行为发生后，企业一直持有重组获得的股权或资产，则此前递延的所得将会持续递延下去，从而使企业实际上获得了"免税"的待遇，直到企业发生清算等情形。无论是上述哪种情况，都会对重组各方特别是转让方产生较大的政策吸引力，这也是实践中很多重组企业倾向于采取特殊性税务处理的原因。此外，如果重组交易发生后，企业的税收待遇发生了变化，比如实际有效税率降低或提高，以及出现企业盈亏状况的变化，则会进一步放大或缩小因重组所得的递延而导致的税款递延的金额及程度。

3.3.5 重组中的债务税盾效应

重组交易过程中通常伴随大额的经济利益补偿，支付对价的一方为了缓解资金压力，一般会采用不同的融资方式来筹措资金。相比较而言，股权融资所支付的股息由税后利润承担，而采取债务融资支付的利息可以在税前扣除，相当于享受了隐性的"税收补贴"，从而使债务融资在重组活动中具有了税收范畴上的比较优势，产生了所谓的"债务税盾"效应。基于财务管理的角度，公司的价值等于没有债务时公司的价值，加上因支付的债务利息在税前扣除而折现的价值，即：

$$V_L = V_U + V_T$$

其中，V_L表示存在债务杠杆时的公司价值，V_U代表无债务杠杆时的公司价值，V_T则表示因支付的债务利息可以在税前扣除而产生节税收益的现值。一般认为，债务利息抵税收益与利息支出的风险水平是相同的，即利息抵税收益的资金成本与债权人的期望收益率是相同的。因此，可以用债务的资金成本来表示利息抵税收益的现金流量折现率。如果假设公司采取的融资方式是永续债，企业所得税率为t，则节约的税收收益V_T即税盾的现值为公司负债的账面价值B与企业所得税率t的乘积，即：

$$V_L = V_U + Bt$$

单纯从理论角度分析，当其他条件不变时，在税法允许扣除的范围内，财务杠杆越大，公司的节税收益也就越大，但此时公司的财务风险和破产风险也随之增大，这是公司股东所不能接受的。如果进一步考虑股东和个人所得税因素，并假设股息所得适用的个人所得税率为t_S，利息所得适用的个人所得税率为t_B，则可以得出公司股东实现的税后收益为：

$$(EBIT - B \times r_B) \times (1-t) \times (1-t_S)$$

杠杆公司债权人获得的税后收益为：

$$B \times r_B \times (1-t_B)$$

与此同时，公司所有投资者获得的总收益为：

$$(EBIT - B \times r_B) \times (1-t) \times (1-t_S) + B \times r_B \times (1-t_B)$$
$$= EBIT \times (1-t) \times (1-t_S) - B \times r_B \times (1-t) \times (1-t_S) + B \times r_B \times (1-t_B)$$
$$= EBIT \times (1-t) \times (1-t_S) + B \times r_B \times [(1-t_B) - (1-t) \times (1-t_S)]$$
$$= EBIT \times (1-t) \times (1-t_S) + B \times r_B \times (1-t_B) \left[1 - \frac{(1-t) \times (1-t_S)}{(1-t_B)}\right]$$

上式中，EBIT 表示息税前利润，前一部分是无杠杆公司的税后收益，后一部分是有债务杠杆时利息在税前扣除所形成的节税收益，而公司实现的总收益等于这两部分之和。假设股东的权益资本成本为r_S，对上式用税收资本成本进行折现，可以得到：

$$V_L = \frac{EBIT \times (1-t) \times (1-t_S)}{r_S \times (1-t_S)} + \frac{B \times r_B \times (1-t_B)}{r_B \times (1-t_B)} \times \left[1 - \frac{(1-t) \times (1-t_S)}{(1-t_B)}\right]$$

$$= \frac{EBIT \times (1-t)}{r_S} + B \times \left[1 - \frac{(1-t) \times (1-t_S)}{(1-t_B)}\right]$$

可以看出，对参与重组交易的公司而言，其价值等于无杠杆时公司的价值加上债务税盾所产生的价值。由此可见，只有当

$$1 - \frac{(1-t) \times (1-t_S)}{(1-t_B)} > 0，即：$$

$$(1-t) \times (1-t_S) < (1-t_B)$$

此时才会存在债务的税盾效应，并且企业所得税的税率越高，债务税盾效应越显著。通常情况下，企业所得税率是介于0和1之间的正数，即$0 < (1-t) < 1$，在股息和利息适用同样个人所得税率的情况下，上式依然能够成立，即存在重组的债务税盾效应。进一步分析，当股息个人所得税率t_S相对利息的个人所得税率t_S比较高时，股东会要求更高的股息回报，会使得债务融资具有更大的比较优势，从而强化重组的债务税盾效应；反之，当股息的个人所得税率t_S相对于利息的个人所得税率t_S比较低时，股东会要求相对较低的股息回报，会弱化甚至抵消债务利息扣除的收益，从而对重组的债务税盾效应产生负面影响。

图3-2直观地反映了重组的债务税盾效应。横轴为公司的债务水平，纵轴为公司价值，V_U为无负债公司的价值线，由于没有负债，V_U为一条水平线。V_L为存在负债时的公司价值曲线，此时会同时受到债务税盾效应和财务风险的双重作用。在债务比例较低时，债务的税盾效应要高于带来的财务风险，表现为V_L随着债务水平的增加而提高。随着债务比例的进一步提高，公司的财务风险持续增加，逐步抵销了债务的税盾效应V_L开始下降。当债务税盾价值与破产成本相等时即为最优的资本结构水平，也就是图中的B^*点。

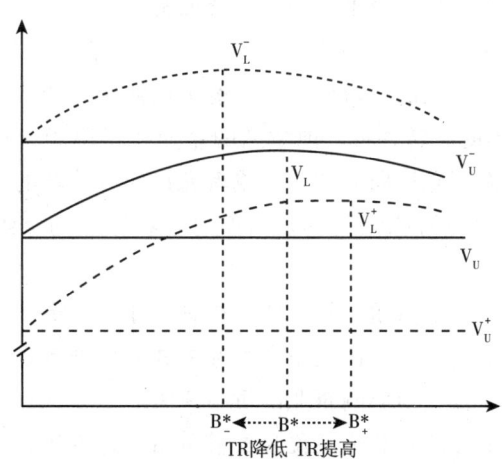

图3-2 重组引致的债务税盾效应

为进一步考察相关税收因素特别是重组税收政策变动对债务税盾效应的影响，当税率降低时，无负债经营公司未来的现金流会增加，即提高了公司的价值，V_U变为V_U^-。与此同时，税率的降低会弱化债务税盾的效果，使得负债经营公司的价值曲线的斜率变小，其价值曲线由V_L变为V_L^-，此时公司最优的债务水平从B^*移动到B_-^*。反之，如果提高税率，则债务税盾价值增加，同时未来现金流减少，受此影响，公司的价值曲线由

V_L 变为 V_L^+，公司的最优债务水平则从 B^* 移动到 B_+^* 处。

综上所述，结合一个国家的税制设计和企业重组的税收政策规定，债务税盾效应对企业重组的影响程度是存在差异的，具体表现为四个方面。第一，重组税盾效应和有效税率特别是和企业所得税率和个人所得税率关系密切。在个人所得税率无差异的情况下，重组方的企业所得税率越高，债务税盾效应越明显；企业所得税率越低，债务税盾效应则越弱化；在企业享受免税待遇等极端情况下，几乎不存在债务税盾效应。第二，对于股息的个人所得税优惠会抵消重组的债务税盾效应，而对于利息的个人所得税优惠会强化其债务税盾效应。第三，由于税制的差异，各国对于债务利息扣除包括为完成重组并购而支付的债务利息扣除的"容忍度"通常存在较大的差别，有些国家政策规定较为宽松，通常只对利率水平作出限制；有的国家政策规定较为严格，同时对利率水平和利息总额进行扣除限制，从而对重组中的债务税盾效应产生较大影响。第四，在很多重组业务中，比如企业合并和附带债务条件的资产收购，收购方是以承担目标公司相关债务为前提条件的。在这种情况下，收购方并购目标企业后所增加的债务会和因重组并购而发生的融资产生叠加，进一步放大了债务的税盾效应。此外，债务税盾效应的发挥也受到重组企业管理者决策、股东风险偏好以及融资便利度的影响，这需要结合相关因素加以综合考虑。

3.3.6 通过重组结转亏损和留抵税款

企业亏损的结转和弥补是企业重组中经常会面临的税务问题。一般来说，税法允许经营性亏损在当年的应纳税所得额中抵减，不足抵减的部分允许结转至以后年度弥补。当然，有些国家规定企业当期的经营性亏损，既可以向后结转，包括限期结转和无限期结转[①]，还可以向以前年度结转并将之前缴纳的企业所得税予以退还。那么，如果只允许经营性亏损向后结转而不允许向前结转，或者允许向后结转的年限长于向前结转的年限，那么这种税制就是"非对称性"的，从而对存在亏损的重组企业及其并购方产生不同程度的影响。

在此基础上，很多国家对重组交易中的亏损弥补作出了更加具体的规定，包括对亏损弥补的前提条件、限定期限、金额大小和弥补方式的详细界定，从而进一步强化了税法的非对称性，这会更为直接地影响企业的重组决策。比如，在通常情况下，企业合并业务中，被合并企业的全部产权和相关税收权益可由合并方接管和继承，如果符合税法规定的条件，被合并企业的经营性亏损可以结转至合并企业弥补，可以在一定程度上抵消合并企业的经营性所得，并降低合并方的税收负担。

为此，现假设某公司的应纳税所得额为 G_t，当期允许扣除的经营性亏损限额为 $\overline{L_t}$，则在非对称性的企业所得税制中，合并前单个独立企业每期应纳税所得额为：

---

① 美国税法此前规定，净经营亏损结转限限可以向前结转 2 年，向后结转 20 年。后来取消了向前结转，改为可向后无限期结转，亏损结转限额为应税所得的 80%。而我国税法规定，亏损只能向以后年度结转，其中高新技术企业或科技型中小企业的亏损，准予结转以后年度弥补的年限为 10 年，其他企业为 5 年。

$$T_t = \max[(G_t - \overline{L}_t), 0]$$

则合并前两个公司合计的应纳税所得额为：

$$T_x = \max[(G_1 - \overline{L}_1), 0] + \max[(G_2 - \overline{L}_2), 0]$$
$$= \max\{(G_1 - \overline{L}_1) + \max[(G_2 - \overline{L}_2), 0], \max[(G_2 - \overline{L}_2), 0]\}$$

如果这两个公司实现合并，则合并后的公司每期应纳税所得额为：

$$T_y = \max\{[G_1 + G_2 - (\overline{L}_1 + \overline{L}_2)], 0\}$$
$$= \max\{[(G_1 - \overline{L}_1) + (G_2 - \overline{L}_2)], 0\}$$

由于 $(G_1 - \overline{L}_1) + \max[(G_2 - \overline{L}_2), 0] \geq (G_1 - \overline{L}_1) + (G_2 - \overline{L}_2)$，且 $\max[(G_2 - \overline{L}_2), 0] \geq 0$，显然

$$T_x \geq T_y$$

通过推导和比较合并前后两个公司的应纳税所得额的表达式，可以看出，重组后新公司的应纳税所得额小于或等于重组前两个公司各自的应纳税所得额之和。这意味着在同等条件下，一方面，在重组交易中存在经营性亏损的企业对于并购方来说具有更大的吸引力，而且亏损额越大、剩余弥补期限越长的亏损企业，其吸引力也越强；另一方面，在目标企业经营性亏损和剩余弥补期限既定的情况下，税制的非对称性越明显，重组亏损弥补的税收政策效应也就越显著，对并购方的吸引力也就越大。值得一提的是，在开征了增值税的国家，很多企业存在一定规模的增值税留抵税款，而通常情况下增值税对于留抵税款的规定往往也是非对称性的。考虑到增值税制度也允许对符合条件的重组企业的增值税留抵税额予以结转抵扣，其税法原理和内在逻辑与重组企业亏损弥补的企业所得税待遇是一致的，因此不再赘述。可以预见，不考虑其他因素，同时存在经营亏损和增值税留抵税款的重组企业，对并购企业的吸引力会更大，从而形成重组税制非对称性的双重叠加效应。

3.4 企业重组税收政策的合理性边界

目前，理论界和实务界对于政府借助税收手段支持企业重组达成了基本共识，但是对于税收政策应该支持什么样的企业重组，以及应该在什么层面和程度上支持企业重组，却仍存在一定的争议和分歧。究其原因，除了涉及一国税收制度的价值取向和政策导向问题，更重要的原因在于宏观层面企业重组可能导致垄断行为并引发社会福利损失，以及微观层面重组企业可能存在的避税动机所带来的效率损失和税款流失。换言之，对于各类企业重组行为，税收政策显然不能不加区分地一概予以支持，而是要甄别和区分企业重组的内在动机和后续影响，合理界定企业重组的税收政策边界，尽可能降低税收政策可能引发的负面影响。

3.4.1 重组导致垄断与福利损失

如前所述，实现规模经济是企业进行重组交易的主要动因之一。通过实施重组交

易,还可以扩大市场份额和占有率,提高企业的自主定价权,甚至获取垄断利润。从理论上分析,企业重组行为的边界是因管理成本和交易费用的增加而导致的规模不经济。因此,在实践中只要企业重组后的生产经营成本没有出现明显的规模不经济,那么重组交易仍然有可能继续发生。也就是说,企业重组的影响是双重的,一方面可以通过重组并购实现规模经济,从而降低生产成本和商品价格,增进社会福利;另一方面,企业重组也可能形成不同程度的垄断,从而造成社会福利损失。

如图3-3所示,DD′是某商品的需求曲线,假定平均成本和边际成本是常数,C_1是企业重组前的平均成本曲线和边际曲线。社会总福利等于消费者剩余和生产者剩余之和,则当商品价格等于边际成本时,社会总福利最大。如果因重组导致企业垄断,虽然重组后的商品成本由C_1下降到C_2,但是商品价格却由P_1上升到P_2。此时,阴影部分A_1表示因企业重组导致垄断,进而推动商品价格上涨,由此造成消费者剩余减少的福利损失;阴影部分A_2表示因企业重组实现规模经济,促进资源节约而增加的福利收益。根据局部均衡福利理论,$A_2 - A_1$就是社会福利净收益,据此可以分析判断企业重组对社会总福利的影响是正还是负,并作为产业政策和税收政策制定的依据和参考。

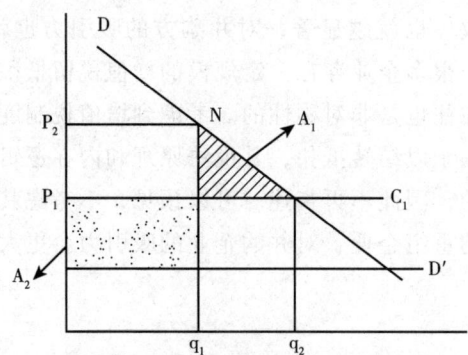

图3-3 重组可能导致的福利损失

具体来看,根据上述假设和图3-3所示的经济含义,可知

$$A_1 = \frac{(P_2 - P_1)(q_2 - q_1)}{2} = \frac{\Delta P \cdot \Delta q}{2}$$

$$A_2 = (C_1 - C_2)q_2$$

$$A_2 - A_1 = \Delta C \cdot q_2 - \frac{\Delta P \cdot \Delta q}{2}$$

将需求弹性$E_d = \dfrac{\Delta q / q_1}{\Delta p / p_1}$代入上式,得到

$$A_2 - A_1 = \frac{\Delta c}{P_1} - \frac{1}{2} E_d \frac{q_1}{q_2} \left(\frac{\Delta P}{P_1}\right)^2 = \frac{\Delta c}{c_1} - \frac{1}{2} E_d \frac{q_1}{q_2} \left(\frac{\Delta P}{P_1}\right)^2$$

从理论上分析,如果上式大于零,则表明该企业重组会导致社会总福利净增加,政府应该采取包括税收工具在内的政策手段给予必要支持和激励;如果上式小于零,则表明企业重组会导致社会总福利净减少,政府应该通过反垄断法、价格管制等手段来实施

管制,并调整税收政策的方向和支持力度,以减少社会福利损失;如果上式等于零,则表明企业重组对社会总福利没有影响,理论上应保持税收政策的中性。从实践层面看,由于企业重组动机的多元化和信息的不对称,通常很难在重组交易发生时对企业重组的真实动机和重组后的经营决策进行准确判断和预测,这也是很多国家对企业重组的税收待遇设置一定期限的"观察期",并根据重组后的实际情况进行政策适用调整和后续跟踪管理的原因所在。

3.4.2 利用重组实现避税交易

税收会直接影响企业的经营状况和利润水平。在实施重组过程中,重组各方充分考虑税收待遇、合理开展税务筹划、选择最优重组方案,这既是企业应享有的正当权利,也是完全合理合规的正常现象。但是,如果并非出于生产经营和长远发展的需要,而是单纯以减少和规避纳税义务为唯一或主要目的,则违背了企业重组的本意和经营常规,也不符合税收政策的导向,还会引发税收政策滥用和国家税款的流失,造成企业和政府之间的"零和博弈"甚至是"负和博弈",既有悖税收公平,也会带来不同程度的效率损失。

为说明这一问题,假定市场上有 A 和 B 两个公司,且 A 是 B 的控股母公司,两个公司的实际有效税率分别为 ETR_a 和 ETR_b,且 $ETR_a \neq ETR_b$,即两个关联公司之间存在实际税负差异。现用 S_a 和 S_b 分别代表 A 和 B 公司商品的产量。假设 A 公司将其产量中的 θ 部分按照价格 P 销售给 B。则销售完成后,两个公司的税前利润可以分别表示为:

$$\pi_a = R_a[S_a(1-\theta)] - C_a(S_a) + pS_a\theta$$
$$\pi_b = R_b[S_b + S_a\theta] - C_b(S_b) - pS_a\theta$$

其中,R_i、C_i 分别为公司的收入函数和成本函数,且严格为凹函数,即 $R' > 0$,$R'' < 0$;$C' > 0$,$C'' < 0$。那么实施企业重组后,新公司的实际有效税率可以表示为:

$$ETR_m = \frac{\pi_a ETR_a + \pi_b ETR_b}{\pi_a + \pi_b}$$

重组后新公司的实际有效税率对母子公司之间销售部分产量 θ 的偏导数为:

$$\frac{\partial ETR_m}{\partial \theta} = \frac{\frac{\partial \pi_a ETR_a + \pi_b ETR_b}{\partial \theta}(\pi_a + \pi_b) - \frac{\partial(\pi_a + \pi_b)}{\partial \theta}(\pi_a ETR_a + \pi_b ETR_b)}{(\pi_a + \pi_b)^2}$$

$$= \frac{PS_a(ETR_a - ETR_b) + (R'_b ETR_b - R'_a ETR_a)S_a + S_a(R'_b - R'_a)(\pi_a ETR_a + \pi_b ETR_b)}{(\pi_a + \pi_b)^2}$$

为了进一步分析说明母子公司之间转移定价的规模和影响,现假定 A 和 B 公司的边际收益相等,即 $R'_a = R'_b = R'$,可以得到:

$$\frac{\partial ETR_m}{\partial \theta} = \frac{PS_a(ETR_a - ETR_b) + (R'_b ETR_b - R'_a ETR_a)S_a}{(\pi_a + \pi_b)^2} = \frac{(ETR_a - ETR_b)(P - R')S_a}{(\pi_a + \pi_b)^2}$$

那么,当 $ETR_a < ETR_b$ 时,如果 $P > R'$,则

$$\frac{\partial ETR_m}{\partial \theta} < 0$$

此时 A 公司的实际税负低于 B 公司，A 公司有可能通过转移定价的方式来转移利润，一种可能是以超过其边际收益的价格将产品销售给 B 公司，从而降低母子公司的总体税收负担；另一种可能是 B 公司以低于其边际收益的价格将产品销售给 A 公司，同样可以达到降低母子公司总体税收负担的目的。显然，这种销售和定价方式的主要目的是为了降低税收负担，有悖于企业经营常规和客观市场规律。

同理，当 $ETR_a > ETR_b$ 时，如果 $P < R'$，同样可以确保：

$$\frac{\partial ETR_m}{\partial \theta} < 0$$

此时 A 公司的实际税负高于 B 公司，A 公司同样可以通过转移定价的方式来转移利润，比如以低于其边际收益的价格将产品销售给 B 公司，或者反过来 B 公司以高于其边际收益的价格将产品销售给 A 公司，都可以人为降低母子公司总体税收负担。

实际上，θ 的含义并不是固定的，而是可以拓展延伸的。根据企业交易内容的不同，θ 既可以代表关联企业之间一般意义上的商品销售和业务往来，也可以表示资产收购、股权收购、合并分立、债务重组和资产股权划转等重组交易事项。也就是说，关联企业之间不仅可以借助正常的商品或服务贸易来降低整体税负，也可以通过实施以资产、股权、债权、产权等为标的物的重组交易，人为调节控制重组交易价格来达到降低重组企业税负甚至恶意避税的目的。需要说明的是，即使是独立的非关联企业，重组各方也可能受经济和税收利益的诱导而形成合谋，以非公允甚至虚假的重组交易定价来达到避税的目的。

由此可见，企业重组中的避税交易，主要借助于重组相关方之间存在的实际税负差异来实现。这里的实际税负差异包括两个层面的内涵，一个层面是重组前的实际税负。这既受到企业法定名义税率的影响，也取决于企业的实际经营状况。即使是法定名义税率相同的企业，也会因为企业利润水平和盈亏状况的差异而产生实际税负的差别。此外，企业的产权类别、经营资质、行业归属和所属区域等诸多因素，都会对企业的实际税负产生直接或间接的影响。另一个层面则是企业重组时的实际税负。税法对于不同的重组主体、重组类型和重组方式制定了差别化的税收政策，实际上是赋予了重组交易本身不同的实际税负水平，这同样会对企业重组动机和方式产生影响，甚至诱发避税交易。因此，无论是一般性的税制设计，还是专门针对企业重组的政策规定，其税收政策差别不宜过大，应尽量避免大的税收待遇"落差"或者税收"洼地"，对企业重组的税收支持力度也要在合理的限度之内，防止因税收原因催生无实质内容的避税型重组交易。同时，对于企业重组的合理商业目的以及关联企业间的重组交易，在税收政策制定和具体条款适用上要加以必要的判断和甄别，并进行必要的后续税收监管。

3.5 本章小结

本章重点研究了企业重组税收政策的作用机理，主要包括四部分内容，即企业重组的类型及界定、税收支持企业重组的必要性、税收介入企业重组的方式机理以及企业重组税收政策的合理性边界，从而构建起分析研究税收支持企业重组的理论基础。

第一，企业重组的类型及界定。企业重组包括股权收购、资产收购、合并分立等情况，结合重组方的关系，涉及关联方及非关联方的重组交易；有些重组由市场主导、有些则由政府行政推动；从行业跨度上可以将重组分为横向重组、纵向重组与混合重组；重组的主体既有居民纳税人，也有非居民纳税人，不同的重组类型之间存在显著的差异。在此过程中，重组对价包括股权与非股权支付，导致重组受益方可能存在纳税能力的差异，进而影响重组交易的税收待遇。

第二，税收支持企业重组的必要性。运用经济学原理和分析工具，一方面验证了在不存在税收干预的情况下，企业重组可以增进企业的价值和股东收益，而且可以实现规模经济，有利于提高社会整体福利水平；另一方面，对重组所得课税会抑制重组交易发生，并提高企业重组意愿的临界值。两相对照，减轻重组企业的税收负担，增强税收政策的协同效应，有助于企业重组的开展和社会福利的提升。

第三，税收介入企业重组的作用机理和方式。其一，结合托宾 q 投资理论，税制结构和税收待遇的差异会引发重组企业对税收利益的追逐，并影响重组企业的市场价值。其二，税收是在重组交易的供求之间打入的一个"楔子"，通过企业重组税收政策的设计，可以直接影响重组交易的均衡价格。其三，重组交易过程中伴随资产股权等权属的变更，其计税基础的计量和调整对重组相关方当期和未来的税收利益存在显著影响。其四，对于仅有"纸面"收益而无实际完税能力的重组行为，当期一次性完税会阻碍重组的进行，而对重组所得的合理递延有利于企业重组的顺利开展。其五，重组交易中经常发生各种融资行为，税收对于股息和利息收益课税和税前扣除的差异化规定，会影响企业重组及对价支付的方式。其六，如果目标企业存在经营性亏损和增值税留抵税款，重组税制是否允许结转弥补以及准予结转弥补的额度，会对企业重组动机和方式产生较大影响。

第四，关于企业重组税收政策的合理性边界。企业重组具有两面性，其负面效应在于宏观层面可能导致垄断和社会福利损失，微观层面存在的避税动机会导致效率损失和税款流失。对于企业重组，税收政策不能不加区分地予以支持，而是要甄别和区分企业重组的动机和后续影响，科学界定企业重组税收政策合理边界，把握好政策力度，尽可能降低税收政策的负面作用。

第4章
我国企业重组税收政策述评

企业重组伴随各类资产权益和股权股份的交易与补偿，通常会涉及企业所得税、个人所得税、增值税、土地增值税、契税、印花税等多个税种。改革开放以来，我国各类企业重组迅速发展。以1989年出台首个关于企业重组的涉税规定《关于企业兼并的暂行办法》为标志，历经30余年的不断丰富和完善，陆续颁布了一系列关于企业重组的税收规定，初步形成了较为完整的企业重组税收政策体系。因此，对我国企业重组的税收政策进行回顾、总结与评价，有助于把握政策演进规律，明晰税务处理要点，发现存在的问题和不足，并为实证研究奠定坚实基础。

4.1 企业重组的税收待遇

企业重组种类繁多，涵盖股权收购、资产收购、企业合并、企业分立、债务重组、改制上市等类型，并伴随着股权划转、增资扩股、撤资减资、分红派息、注销清算等事项；重组交易对象包括固定资产、无形资产、债权债务、企业产权和劳动力的转移；对价支付方式囊括股权股份、有价证券、产品存货、固定资产、其他资产以及承担债务等形式，而且会涉及多个纳税主体和不同纳税环节。

如图4-1所示，企业重组基本涵盖了我国现行的大部分税种。相比较而言，对企业重组影响最为显著的是所得税特别是企业所得税，其次是增值税，以及可能会涉及的

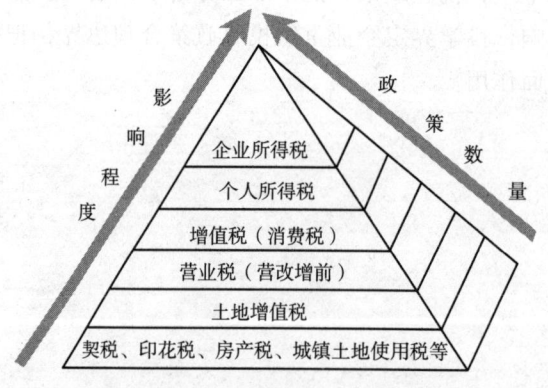

图4-1 企业重组涉及的主要税种

土地增值税、契税等财产行为税。从有关企业重组的税收政策的数量上看，企业所得税关于企业重组的政策规定最多，内容也最为完整和详尽。上述不同税种的重组税收政策既相互联系，又存在一定的独立性和差别性，共同构成了我国企业重组税收政策体系的主体框架和基本内容。

4.1.1　企业重组的所得税待遇

（1）重组的企业所得税处理

按照税法规定，如果重组的主体是有限责任公司、股份有限公司等法人企业及股东，需要根据重组的具体情况进行相应的企业所得税处理。在此过程中，对于资产和股权转让方而言，既要根据转让标的物的交易价格和计税基础来计算确认相应的资产和股权的转让所得或损失，还要确认取得对价的账面价值和计税基础。对于资产和股权的受让方而言，既要确认取得重组资产和股权的计税基础，也要判断可能涉及的非股权对价支付导致的资产"视同销售"的税务处理。在企业合并与分立业务中，不仅企业的资产权属会发生变更，被合并与被分立企业的原股东既有可能成为合并分立后新企业的股东，也有可能退出合并分立企业，需要根据具体情况进行企业所得税处理。此外，合并分立业务还涉及重组相关方企业所得税优惠的终止或继承；如果被合并企业不再存续，要进行企业清算。对于被合并企业存在未弥补完的亏损，还可能涉及企业亏损的结转弥补问题。这其中，重组业务企业所得税处理的核心，在于对符合条件的重组事项，企业所得税作出了"暂不确认"重组所得等特殊性税收规定，以支持企业重组的顺利开展。

（2）重组的个人所得税处理

由于企业的性质和股权结构不同，企业重组会涉及自然人、个人独资企业、合伙企业等不具有法人身份的个体，需要按照税法规定进行个人所得税处理。相比较而言，重组业务的个人所得税处理和企业所得税处理，一方面，两者既存在很多相同和一致的规定，比如在股权收购业务中，个人所得税规定股权转让方应根据重组交易价格和初始投资成本来确定应纳税所得额，股权受让方也要根据交易价格确认取得股权的成本；在合并与分立业务中，被合并、分立企业的自然人股东和法人股东一样要根据具体情况进行所得税处理；在企业清算环节，自然人股东和法人股东都会涉及剩余资产分配以及相应的税务处理。另一方面，两者的差异也很明显，现行个人所得税对于重组业务中的自然人股东，没有给予递延纳税的待遇，只是对自然人以非货币性资产投资给予了不超过五年分期纳税的规定，并对技术入股明确了暂不纳税的优惠规定，其范围与企业所得税相比显得较为狭窄。

4.1.2　企业重组的货物与劳务税待遇

（1）重组的增值税处理

就重组交易的对象而言，各类资产是企业重组的主要内容。随着 2016 年 5 月 1 日我国"营改增"试点的全面完成，实现了增值税对资产、货物和服务的全覆盖，很多重组交易都会涉及增值税的处理。站在资产转让方的角度，在资产收购、资产划转、合并分立、非货币性投资等业务中，资产的所有权发生了转移，转让方获得了直接或间接的补偿，会发生转让应税资产的增值税纳税义务，需要视情况进行增值税处理。站在重组业务并购方的角度，在支付的对价中，如果采取了非股权支付，包括以企业自身的固定资产、存货和有价证券等方式作为对价，则属于增值税"视同销售"的范畴，同样会涉及增值税的税务处理。在某些情况下，重组企业可能会涉及增值税留抵进项税的结转抵扣问题。

需要说明的是，在"营改增"之前，重组业务涉及的不动产、无形资产、有价证券等属于营业税的课税范围，其基本原理和处理方式与增值税是基本一致的。

（2）重组的消费税处理

消费税和增值税同属于货劳税，并且现行消费税是在增值税应税产品中进行选择性课征，包括烟、酒、成品油、小汽车等15个税目。因此，企业重组所涉及的消费税处理，和重组业务的增值税处理是完全一致的，即重组交易的标的物如果属于应税消费品，则应同步进行相应的消费税处理；重组企业所支付的对价中如果涉及应税消费品，同样应按照规定计算缴纳消费税。

4.1.3 企业重组的财产行为税待遇

（1）重组的土地增值税处理

土地使用权、地上的建筑物及其附着物属于土地增值税的课税对象。因此，在重组业务中，如果涉及上述标的物的交易，需要视情况进行土地增值税的处理。一方面，如果重组交易资产涉及不动产或土地使用权，实质上发生了土地增值税的应税行为，需要按税法规定计算缴纳土地增值税；另一方面，如果重组企业支付的对价中涉及不动产和土地使用权，同样也需要进行相应的土地增值税处理。和其他税种有所不同的是，土地增值税和房地产行业高度相关，出于宏观调控的需要，现行税法中关于改制重组业务所涉及的土地增值税规定，体现了比较明确的行业政策导向，分别针对房地产开发企业和非房地产开发企业给予了差别化的税收待遇。

（2）重组的契税处理

契税在土地、房屋产权转移变动时向产权承受人一次性征收，和企业改制、资产收购、资产划转、合并分立、债务重组、破产清算等重组事项的关系较为密切。由于重组交易的标的物和重组企业支付的对价中经常会伴随土地和房屋产权的变更，重组相关方需要就受让的土地和房屋权属按照税法规定进行契税处理。在市场经济体制建立和完善的过程中，随着经济转轨和企事业单位转型，税法对于企业和事业单位改制重组先后出台了力度较大的契税优惠。

（3）重组涉及其他税种的处理

企业重组过程中，还会涉及印花税、房产税、城镇土地使用税等税种的处理。企业重组的印花税处理主要有以下四个方面：一是重组业务所签订的相关合同或协议，重组方作为立合同人需要按照规定贴花；二是重组业务通常伴随各种资产权属的变更，重组相关方需要按照产权转移书据贴花；三是股权结构的调整和投资额度的变化会引发资金账簿的变动，需要就实收资本和资本公积的增加贴花；四是为筹集企业重组所需资金，重组企业所签订的借款合同也需要交纳印花税，等等。此外，在企业重组过程中，会发生房产、土地权益的变更、继承和使用，因此会涉及房产税、城镇土地使用税等税种的税务处理。

4.2 我国企业重组税收政策的发展演变

经济决定税收，税收反作用于经济。随着我国改革开放的深入推进和市场经济体制的逐步确立，企业重组开始蓬勃兴起并快速发展，催生了企业重组税收政策体系的建立和完善，从而为企业重组的顺利开展提供了税法遵循和持续优化的税收环境。总结回顾近年来我国企业重组税收政策体系的发展演变过程，可以划分为探索、起步、磨合、成型和完善五大阶段，如表4-1所示。

表4-1　　　　　　我国企业重组税收政策体系的发展阶段

时间	阶段	制度背景	主要政策
1984—1991年	探索阶段	党的十二届三中全会通过《中共中央关于经济体制改革的决定》	《关于企业兼并的暂行办法》
1992—2000年	起步阶段	党的十四届三中全会通过《中共中央关于建立社会主义市场经济体制若干问题的决定》	1.《关于外商投资企业合并分立股权重组资产转让等重组业务所得税处理的暂行规定》（国税发〔1997〕71号） 2.《关于企业股权投资业务若干所得税问题的通知》（国税发〔2000〕118号） 3.《关于企业合并分立业务所得税问题的通知》（国税发〔2000〕119号）
2001—2007年	磨合阶段	2001年我国加入WTO	4.《关于执行企业会计制度需要明确的有关所得税问题的通知》（国税发〔2003〕45号） 5.《关于企业改制重组若干契税政策的通知》（财税〔2003〕184号） 6.《关于企业股权转让有关所得税问题的补充通知》（国税函〔2004〕390号）
2008—2013年	成型阶段	2008年国际金融危机	7.《关于企业重组业务企业所得税处理若干问题的通知》（财税〔2009〕59号） 8.《关于企业清算业务企业所得税处理若干问题的通知》（财税〔2009〕60号） 9.《关于非居民企业股权转让适用特殊性税务处理有关问题的公告》（税务总局公告2013年72号） 10.《关于纳税人资产重组有关增值税问题的公告》（税务总局公告2011年第13号）

续表

时间	阶段	制度背景	主要政策
2014年至今	完善阶段	2014年国务院《关于进一步优化企业兼并重组市场环境的意见》	11.《关于促进企业重组有关企业所得税处理问题的通知》（财税〔2014〕109号） 12.《关于资产（股权）划转企业所得税征管问题的公告》（税务总局公告2015年第40号） 13.《关于个人非货币性资产投资有关个人所得税政策的通知》（财税〔2015〕41号） 14.《关于继续实施企业改制重组有关土地增值税政策的通知》（财税〔2018〕57号）

4.2.1 探索阶段（1984—1991年）

党的十一届三中全会之后，我国开始逐步推行经济体制改革和税制改革。经济体制改革的中心环节是增强企业活力[①]，确立企业的微观经济主体地位，为企业逐步走向市场并开展重组活动提供了制度基础。税制改革的重点是开始实施"利改税"，通过把国营企业利润上缴改为依法征税，从而把国家与企业的分配关系通过税法固定下来，使企业向独立经营、自负盈亏的方向大大迈进一步。为此，我国先后于1983年和1984年在国营企业分两步实施了"利改税"[②]。1984年9月，全国人大常委会授权国务院在实施"利改税"和税制改革过程中拟定有关税收条例，为企业重组提供了法制化的税收环境。

在此背景下，1984年我国出现了第一例企业重组，原河北保定纺织机械厂和保定锅炉厂兼并了当地的针织器材厂和风机厂。以此次事件为标志，企业间的重组并购现象开始出现。随后，党的十三大报告提出，小型国有企业产权可以有偿转让给集体或个人，进一步开启了国有、集体和私营企业重组的政策之门。1989年2月，相关部委印发了《关于企业兼并的暂行办法》（体改经〔1989〕38号），这是我国首部关于企业重组的行政法规，对企业兼并的基本原则、兼并对象、主要形式、法定程序、产权归属、职工安置以及兼并后企业的财政税收管理等问题进行了初步明确，推动了企业重组的实践探索。

在此期间，我国企业重组的数量并不多，重组行为主要由政府主导，税收还没有成为影响企业重组的重要影响因素，政府也没有出台更为具体明确的针对企业重组的税收政策。但是这一时期开始积极探索并付诸实践的企业重组事件，引起了各级政府和财税部门的关注，为后续企业重组税收政策的制定和颁布奠定了实践基础。

4.2.2 起步阶段（1992—2000年）

党的十四大确立了建立社会主义市场经济体制的改革目标，产权制度改革成为企业

---

① 党的十二届三中全会通过的《中共中央关于经济体制改革的决定》。
② 财政部《国营企业第二步利改税试行办法》。

改革的重要内容。以《中共中央关于建立社会主义市场经济体制若干问题的决定》的颁布为标志，我国的企业重组开始进入市场化的轨道。随着我国资本市场的建立，1993年9月，深圳宝安集团收购了上海延中实业公司19.8%的股份，开启了上市公司实施重组的序幕。

（1）出台专门规定并明确递延纳税待遇

1992年，原国家税务局颁布了《股份制试点企业有关税收问题的暂行规定》①，首次对有关重组事项的若干税收问题进行了明确。次年又进一步明确了境内国有企业、集体企业、私营企业等改组成为股份有限公司的税收法律适用问题，②并对外商投资的股份制试点企业改组等所得税政策进行了明确③。值得一提的是，财税部门明确了对外商投资企业的非货币性投资事项④，如果投资净收益数额较大且当期纳税有困难的，准予在不超过五年的期限内平均分期递延纳税，这是税法首次给予企业重组事项递延纳税的税收优惠待遇。

（2）提出重组资产计税基础连续性原则

出于吸引外资的需要，1997年我国明确了外商投资企业几种常见的重组方式的企业所得税处理⑤，以及外商投资企业股权转让的企业所得税处理原则⑥，涵盖了企业合并、企业分立、股权重组、资产转让中的资产计价、成本扣除、收益确认、优惠继承、亏损弥补、政策衔接和税务管理等方面。随后，根据内资企业重组的实际情况，明确规定企业股权重组后应按股权重组前企业资产的账面历史成本计价并据此计提折旧，而不能按照企业为实现重组而对有关资产等进行评估的价值计价并计提折旧，⑦首次提及了企业重组资产计税基础连续性这一重要原则。

（3）探索搭建企业重组所得税政策框架

针对企业重组所得税处理中亟须解决的一些问题，我国在2000年出台了关于企业股权投资业务企业所得税处理的重要文件⑧，对于企业整体资产转让交易，如果非股权支付的比例不高于20%，转让企业可暂不计算确认资产转让所得或损失，其取得股权的计税成本，应以其原持有资产的账面净值为基础确定；对并购企业接受转让企业资产的成本，须以其在转让企业原账面净值的基础上结转确定。该文件规定与国际上通行的"免税"重组接轨，首次赋予了符合条件的重组企业进行特殊性企业所得税处理的待遇，探索搭建了重组事项的企业所得税政策框架，是我国企业重组税收政策规定开始走向科学化、规范化和国际化的开端，为后续企业重组税收政策的制定和完善积累了宝贵经验。同

---

① 《股份制试点企业有关税收问题的暂行规定》（国税发〔1992〕137号）。
② 《关于股份制试点企业适用税收法律问题的通知》（国税发〔1993〕87号）。
③ 《关于股份制试点企业若干涉外税收政策问题的通知》（国税发〔1993〕139号）。
④ 《关于外商投资企业从事投资业务若干税收问题的通知》（财税字〔1994〕第83号）。
⑤ 《关于外商投资企业合并分立股权重组资产转让等重组业务所得税处理的暂行规定》（国税发〔1997〕71号）。
⑥ 《关于外商投资企业和外国企业转让股权所得税处理问题的通知》（国税函〔1997〕207号）。
⑦ 《企业改组改制中若干所得税业务问题的暂行规定》（国税发〔1998〕97号）。
⑧ 《关于企业股权投资业务若干所得税问题的通知》（国税发〔2000〕118号）。

时，国家税务总局还进一步明确了企业合并和分立业务的所得税处理①，具体规定了上述两项业务的税务处理原则和方法，并引入了针对关联企业重组交易的反避税条款。

（4）明确重组事项土地增值税免税待遇

为进一步支持企业重组，形成政策合力，我国首次明确了特定重组事项的土地增值税处理②，对于以房地产进行投资、联营的企业，如果以土地或房地产作价入股进行投资或作为联营条件，在将房地产转让到所投资、联营的企业时，暂免征收土地增值税；对被兼并企业将房地产转让到兼并企业中的行为暂免征收土地增值税，拓展了企业重组的税收政策体系。

总体上看，这一阶段关于企业重组的税收政策数量比较有限，且以企业所得税方面的规范性文件为主，但是为数不多的文件规定基本都是基础性和开创性的，实现了企业重组税收政策的从无到有，开始搭建企业重组税收政策的基本框架，逐步形成了企业重组税务处理的方法和原则，初步树立了支持企业重组的税收政策导向，是企业重组税收政策体系的起步阶段，为企业重组税收政策的健全和完善打下了税法基础、积累了实践经验。

4.2.3 磨合阶段（2001—2007 年）

以我国正式加入 WTO 为新起点，我国和世界经济的交流融合开始加速，企业重组日益呈现出市场化和国际化的双重特征。这一时期，在国内外大环境的共同作用下，我国经济快速发展，资本市场逐步完善，我国相继颁布了《上市公司收购管理办法》和《外国投资者并购境内企业暂行规定》，有力支持了各类企业重组的蓬勃开展。

（1）细化企业重组所得税政策规定

随着企业重组方式的不断创新和丰富，我国对原企业重组的所得税政策规定进行了修改和细化③，一方面延续了对符合特殊处理条件的重组事项暂不确认资产转让所得的待遇，但要求对所转让或处置资产中包含的与补价或非股权支付额相对应的增值部分应确认为当期应税所得，政策规定更加科学严谨；另一方面允许企业可以按评估价值确定取得重组资产的成本，且不需要进行纳税调整。虽然计税基础按照评估价值确认通常会增加资产受让方的折旧和扣除额，尤其对并购方更为有利，但是违背了税法原理特别是资产计税基础的连续性原则，政策上存在一定的瑕疵。

（2）对投资事项的个人所得税递延

针对自然人以实物对外投资的情况④，明确了个人将非货币性资产评估后对外投资的，对于其按照评估增值取得的所得暂不征收个人所得税；待到投资收回、转让或清算股权时，再按税法规定缴纳个人所得税，并且在计算个人所得税时减除的财产原值为该

---

① 《关于企业合并分立业务所得税问题的通知》（国税发〔2000〕119 号）。
② 《关于土地增值税一些具体问题规定的通知》（财税字〔1995〕48 号）。
③ 《关于执行企业会计制度需要明确的有关所得税问题的通知》（国税发〔2003〕45 号）。
④ 《关于非货币性资产评估增值暂不征收个人所得税的批复》（国税函〔2005〕319 号）。

资产评估前的价值。该规定充分考虑了纳税人暂时不具备与理论上的应税所得相对应的实际纳税能力，赋予了自然人特定投资行为递延缴纳个人所得税的优惠待遇，其制定原则和政策导向契合了纳税人的重组需求和实际情况。

(3) 明确重组的契税待遇和优惠

针对企业重组中涉及的土地和不动产产权变更，2001 年我国首次明确了企业重组的契税政策规定①，对公司制改造、企业合并、企业分立、股权重组和企业破产等情况的契税待遇进行了规范，并对符合条件的重组事项作出了免征契税的规定。随后，对经国务院批准实施债转股的企业、政府主管部门对国有资产行政性调整和划转，以及企业改制重组过程中同一投资主体内部所属企业之间土地、房屋权属的转移给予了免税或不征收契税的待遇，②并限定了同一投资主体内部所属企业之间土地和房屋无偿划转不征收契税的范围③。

这一时期，企业重组的税收政策逐步开始向广度和深度拓展，表现为税收政策条款更加具体和完善，涉及的税种规范也逐步增多。虽然没有出台比较重磅的税法规定，但是关于企业重组的新旧政策之间、内外资企业待遇之间的相互磨合和融合已经开始显现，一些重组方面的税收规定被废止，很多具体规定被整合修改，若干税收政策规定趋于成型，从而成为我国企业重组税收政策发展过程中一个重要的磨合与提升阶段。

4.2.4 成型阶段（2008—2013 年）

2008 年起，源自美国的金融危机向全球蔓延，对国内外经济形势和企业生产经营产生了重大影响。受此影响，这一阶段既是我国企业所得税和增值税等主体税收制度发生重大变化的转型期，也是企业重组税收政策开始成型的关键期。税收制度的逐步改革完善为企业重组税收政策体系的健全成型奠定了良好的制度基础。

(1) 重组企业所得税政策基本定型

2008 年开始实施的企业所得税法明确规定，企业应在重组交易发生时确认有关资产的转让所得或者损失，并按照交易价格重新确定相关资产的计税基础，但是财政、税务主管部门另有规定的除外④。换言之，如果企业的重组收益主要是非货币形式的收入，可能会出现重组相关方有"纸面收益"但无与之相匹配的实际纳税能力的问题，税法授权财税部门另行作出具体规定，为企业重组的特殊处理留有了政策空间。

2009 年，《关于企业重组业务企业所得税处理若干问题的通知》⑤颁布，正式把企业重组的企业所得税待遇分为一般性处理和特殊性处理两种情况，并对符合特殊性处理

---

① 《关于企业改革中有关契税政策的通知》（财税〔2001〕161 号）。
② 《关于企业改制重组若干契税政策的通知》（财税〔2003〕184 号）。
③ 《关于企业改制重组契税政策有关问题解释的通知》（国税函〔2006〕844 号）。
④ 《中华人民共和国企业所得税法实施条例》第七十五条。
⑤ 《关于企业重组业务企业所得税处理若干问题的通知》（财税〔2009〕59 号）。

条件的重组业务的应税所得递延到以后实现，并用"暂不确认转让所得或损失"替代了之前所谓"免税并购"的概念，界定表述更加科学精准。该文件既延续了之前政策规定的可取之处，又借鉴吸收了国外重组所得税制的经验做法，并结合我国实际进行了集成创新，是重组业务企业所得税政策的集大成者。与此同时，如表4-2所示，我国首次较为清晰地列举了特殊性税务处理需要满足的前提条件，为企业重组税收政策适用提供了具体明确的判断标准。

表4-2　　　　　　　　　　重组业务特殊性税务处理的条件

序号	判定条件	核心要点	规范对象
1	具有合理的商业目的，且不以减少、免除或者推迟缴纳税款为主要目的	重组主要动机	综合规定
2	被收购、合并或分立部分的资产或股权比例符合本通知规定的比例（75%）	转让所占比例	目标企业
3	企业重组后的连续12个月内不改变重组资产原来的实质性经营活动	资产经营连续	业务范围
4	重组交易对价中涉及股权支付金额符合本通知规定比例（85%）	对价支付方式	并购企业
5	取得股权支付的原主要股东，在重组后连续12个月内，不得转让所取得的股权	股权权益连续	企业股东

与此同时，为加强重组业务的税务管理，税务总局配套制发了企业重组的所得税管理规定①，并确定了重组企业税收优惠继承和亏损弥补的具体条件和计算方法；结合非居民企业重组的实际情况，出台了针对非居民企业股权转让适用特殊性处理的附加条件和资料报送等管理性规定②，强调了对非居民企业重组的反避税监督和后续管理。此外，由于某些重组业务中目标企业不再持续经营，税法明确了清算业务的企业所得税处理③和纳税申报事宜④，形成了涵盖整个重组过程、涉及境内境外重组业务的企业所得税政策闭环。

（2）明确重组增值税和营业税政策

随着我国增值税转型的分步实施，企业重组的增值税⑤和营业税⑥待遇先后予以明确，对通过企业合并、分立、出售、置换等方式将全部或部分实物资产以及与其相关联的债权、负债和劳动力一并转让的，不予征收增值税和营业税。考虑到企业重组过程的复杂性，针对多次重组交易中实物资产以及与其相关联的债权、负债经过多次转让之后，如果其最终的受让方与劳动力接收方属于同一主体的，明确对其多次转让货物的行为均不征收增值税⑦。在此期间，对于一些国有企业的重组改制，视情况给予了增值

---

① 《企业重组业务企业所得税管理办法》（税务总局公告2010年第4号）。
② 《关于非居民企业股权转让适用特殊性税务处理有关问题的公告》（税务总局公告2013年第72号）。
③ 《关于企业清算业务企业所得税处理若干问题的通知》（财税〔2009〕60号）。
④ 《中华人民共和国企业清算所得税申报表》（国税函〔2009〕388号）。
⑤ 《关于纳税人资产重组有关增值税问题的公告》（税务总局公告2011年第13号）。
⑥ 《关于纳税人资产重组有关营业税问题的公告》（税务总局公告2011年第51号）。
⑦ 《关于纳税人资产重组有关增值税问题的公告》（税务总局公告2013年第66号）。

税和营业税的免税待遇①。此外，考虑到目标企业可能存在待抵扣的增值税留抵税额，国家税务总局首次明确了企业重组中增值税留抵税额的结转问题②，基本构建了企业重组增值税政策的完整链条。

（3）加强重组个人所得税管理

出于加强税源管理、防范税款流失的需要，此前对于自然人以非货币性资产投资暂不缴纳个人所得税的规定被取消③，改为仍在投资当期缴纳个人所得税，这一规定客观上增加了自然人投资当期一次性完税的压力。随着资本市场的快速发展，自然人参与上市公司重组的情形逐渐增多，国家税务总局以复函的形式明确，自然人将其所持公司股权评估增值后对外投资，其获得所投资上市公司定向增发的股票，应按照财产转让所得缴纳个人所得税④。在此期间，我国开始重视对高收入群体特别是涉及重组事项的个人所得税管理⑤，多次要求加强对个人转让非上市公司股权以及上市公司在上市前进行增资扩股、股权转让、引入战略投资者等行为的个人所得税监管⑥。

（4）契税重组规定逐步完备

为了适应我国企事业单位改革发展的新情况，2008年财政部、国家税务总局修订颁布了针对企业改制重组的政策规定⑦，并根据执行情况进一步加以补充完善⑧，且在随后发布了事业单位改制重组的政策规定⑨，体现了对企事业单位改制重组的政策支持。随后，我国将企业和事业单位重组的契税政策进行了统一和完善，对企业公司制改造、公司股权（股份）转让、公司合并、公司分立、企业出售、企业破产、债权转股权、资产划转、事业单位改制作出了减免或不征收契税的规定，⑩ 标志着企业重组契税政策的逐步定型。

这一时期，受外部环境、经济形势和税制改革的多重影响，我国企业重组税收政策呈现两大鲜明特征。一是出台的政策数量最多，如图4-2所示，先后密集颁布了17个关于企业重组的政策规定，是颁布企业重组税收政策最多的阶段，这和我国企业重组实践的快速发展是吻合的。二是政策质量总体较高，关于重组业务的企业所得税规定承前启后，较好解决了递延重组所得和重组资产计税基础计量问题，涵盖了重组事项的主要方面；关于重组事项的增值税规定和国际接轨，实际上引入了"资产组"概念，初步解决了留抵税额的继承问题；其他税种的政策规定也趋于完备，标志着我国企业重组税收政策体系已经成型。

---

① 如《关于中国邮政集团公司邮政速递物流业务重组改制有关税收问题的通知》（财税〔2011〕116号）、《关于中国联合网络通信集团有限公司转让CDMA网及其用户资产企业合并资产整合过程中涉及的增值税营业税印花税和土地增值税政策问题的通知》（财税〔2011〕13号），等等。
② 《关于纳税人资产重组增值税留抵税额处理有关问题的公告》（税务总局公告2012年第55号）。
③ 《关于资产评估增值计征个人所得税问题的通知》（国税发〔2008〕115号）。
④ 《关于个人以股权参与上市公司定向增发征收个人所得税问题的批复》（国税函〔2011〕89号）。
⑤ 《关于进一步加强高收入者个人所得税征收管理的通知》（国税发〔2010〕54号）。
⑥ 《关于切实加强高收入者个人所得税征管的通知》（国税发〔2011〕50号）。
⑦ 《关于企业改制重组若干契税政策的通知》（财税〔2008〕175号）。
⑧ 《关于企业改制重组契税政策若干执行问题的通知》（国税发〔2009〕89号）。
⑨ 《关于事业单位改制有关契税政策的通知》（财税〔2010〕22号）。
⑩ 《关于企业事业单位改制重组契税政策的通知》（财税〔2012〕4号）。

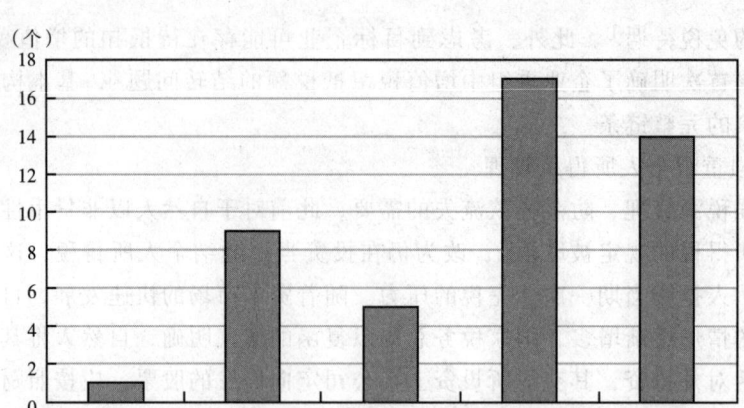

图 4-2 不同阶段企业重组税收政策分布

4.2.5 完善阶段（2014 年至今）

2014 年 3 月，国务院先后制发了两个通知，部署进一步优化兼并重组市场环境①和促进资本市场健康发展②的政策措施，强调要改革完善企业重组税收政策。2015 年 11 月，中央明确提出要着力加强供给侧结构性改革。按照党中央、国务院的部署要求，我国对企业重组的税收政策进行了较大幅度的修改调整，并根据实际需要研究制定了新的重组税收政策法规，推动企业重组税收政策体系开始进入持续完善阶段。

（1）扩大重组企业所得税政策适用范围

这一时期企业重组所得税政策最显著的变化，是特殊性税务处理前提条件的放宽和适用范围的扩大③。一方面，我国较大幅度降低了收购股权或资产占被收购企业全部股权或资产的比例要求，将此前 75% 的最低比例统一下调为 50%。这一比例要求既与实现对目标企业有效控制的企业重组本意相吻合，也和《上市公司重大资产重组管理办法》中规定的构成重大资产重组需达到 50% 的比例要求相一致，在国际上也处于中等偏下的水平④。另一方面，为了更好满足企业重组特别是国有企业资产股权优化整合的实际需要，首次将股权和资产划转纳入到了企业重组的税法范畴。如表 4-3 所示，对符合条件的居民企业之间按账面净值划转股权或资产，可以选择进行特殊性税务处理，进一步扩大了特殊性税务处理的适用范围，并发布配套公告明确了股权和资产划转的具体方式、税务处理、资料报送、后续管理等问题。⑤ 同时，为了进一步支持国有企业改制上市，

---

① 《国务院关于进一步优化企业兼并重组市场环境的意见》（国发〔2014〕14 号）。
② 《国务院关于进一步促进资本市场健康发展的若干意见》（国发〔2014〕17 号）。
③ 《关于促进企业重组有关企业所得税处理问题的通知》（财税〔2014〕109 号）。
④ 美国、澳大利亚对免税股权收购的比例要求达到 80% 以上，法国为 75%，日本、德国、荷兰和我国台湾省的最低比例要求为 50%。
⑤ 《关于资产（股权）划转企业所得税征管问题的公告》（税务总局公告 2015 年第 40 号）。

对国有企业改制上市过程中发生的资产评估增值给予了优惠政策和特殊待遇①。

表 4-3　　　　　　　资产股权划转特殊性税务处理条件及政策要点

基本条件	具体要求	主要形式	政策要点
股权关系	100%直接控制的居民企业，以及受同一或相同多家居民企业100%直接控制的居民企业	1. 母公司向子公司划转并获得子公司100%股权支付； 2. 母公司向子公司划转且没有获得支付； 3. 子公司向母公司划转且没有获得支付； 4. 子公司之间划转且没有获得支付。	1. 划出方和划入方均不确认所得； 2. 划入方取得被划转股权或资产的计税基础，以原账面净值确定； 3. 划入方取得的被划转资产，按其原账面净值计算折旧扣除。
划转目的	具有合理商业目的、不以减少、免除或者推迟缴纳税款为主要目的		
会计计量	划出方企业和划入方企业均未在会计上确认损益		

为了规范企业重组的所得税管理，国家税务总局修订颁布了企业重组新的征管规定②，要求重组业务适用特殊性税务处理的，在进行申报时应从重组交易方式、实质结果、重组各方涉及的税务及财务状况变化、非居民企业参与重组活动的情况等五个方面逐条说明企业重组具有合理的商业目的，进一步加强了对企业重组的征管力度。不过，虽然文件明确了重组业务的参与方可以是自然人，但仍不能享受特殊性税务处理"暂不确认重组所得"的待遇，而只能按照个人所得税的规定进行相应的税务处理。

（2）健全规范重组增值税政策

随着 2016 年 5 月我国全面完成"营改增"试点，原营业税规定一律废止，企业重组过程中涉及的不动产、土地使用权转让等行为全部纳入增值税规范的范畴，新规定统一明确③，在资产重组过程中，通过合并、分立、出售、置换等方式，将全部或者部分实物资产以及与其相关联的债权、负债和劳动力一并转让给其他单位和个人，不征收增值税，延续了此前增值税和营业税关于企业重组的政策规定。

（3）重组个人所得税政策有所突破

2014 年，国家税务总局较为全面系统地对股权转让的个人所得税处理进行了明确④，并对股权转让价格明显偏低的判定标准和正当理由进行了列举，给出了核定股权转让收入的主要方法，为重组业务的个人所得税处理和税收征管提供了重要依据，但是仍然没有出台重组事项的个人所得税特殊性处理。针对在非货币性资产投资当期纳税能力不足的问题，明确个人以非货币性资产投资产生的应税所得，如果一次性缴税有困难，可以在不超过 5 个公历年度内分期缴纳个人所得税⑤，并发布了配套管理规定⑥。随后，为支持大众创业、万众创新战略的实施，对个人将技术成果投资入股到境内居民企业，并且所获得对价全部为股票或股权的，既可以继续适用不超过 5 年的递延纳税政

---

① 《关于企业改制上市资产评估增值企业所得税处理政策的通知》（财税〔2015〕65 号）。
② 《关于企业重组业务企业所得税征收管理若干问题的公告》（税务总局公告 2015 年 48 号）。
③ 《关于全面推开营业税改征增值税试点的通知》（财税〔2016〕36 号）。
④ 《股权转让所得个人所得税管理办法（试行）》（税务总局公告 2014 年第 67 号）。
⑤ 《关于个人非货币性资产投资有关个人所得税政策的通知》（财税〔2015〕41 号）。
⑥ 《关于个人非货币性资产投资有关个人所得税征管问题的公告》（税务总局公告 2015 年第 20 号）。

策，也可以选择递延至未来转让股权时再计算缴纳个人所得税[①]，政策的弹性空间和优惠力度更大。

（4）完善重组土地增值税政策

为解决政策执行中的问题，土地增值税改变了之前对特定重组业务"暂免征税"的规定，改为对企业发生整体改建、企业合并、企业分设，以及单位、个人在改制重组时以国有土地、房屋进行投资给予"暂不征收"土地增值税的待遇[②]，既延续了对重组业务的政策支持，也化解了受让方以投资方式取得土地、房屋的土地增值税计税成本所存在的争议，政策表述更加严谨规范。同时，出于房地产调控和防止税收优惠政策滥用的考虑，上述优惠待遇仍不适用于房地产开发企业[③]。

这一时期，企业重组税收政策的变动可以概括为"一个导向，两个方面"。"一个导向"是进一步加大了对企业重组的税收支持力度，包括企业所得税对"递延所得"条件的放宽和资产股权划转"不予征税"待遇的明确以及个人所得税对自然人投资事项优惠力度的加大。所谓"两个方面"，一方面是对之前出台的企业重组税收政策的修改补充，堵塞漏洞，使之更加完善；另一方面是对已到期政策的拓展延续，以确保企业重组税收政策的连续性。总体来看，我国企业重组税收政策正逐步趋于成熟和完善。

4.3 我国企业重组税收政策要点与原则

就重要程度和政策复杂性来说，企业所得税是对重组行为影响最大的税种，重组事项的企业所得税处理也是难度最大的。一方面，企业所得税几乎是所有重组事项必然会涉及的关键性税种，是重组各方进行税务处理时的"必答题"，而个人所得税、增值税、土地增值税、契税等则不一定会都涉及；另一方面，企业所得税是我国现行税种中最为复杂的税种，其针对不同的重组业务和具体事项给出了差别化的政策选择和弹性空间，重组各方在确认企业所得税待遇时需要根据具体情况完成"选做题"，从而对企业重组的纳税时点和涉税金额产生重大影响。考虑到前面已对重组业务涉及的各个税种的税收政策进行了评述，而股权收购又是实践中最为常见的企业重组形式，下面重点以股权收购的企业所得税处理为例，来深入剖析重组业务的税务处理要点与原则。

4.3.1 企业重组的计税原则

以现行企业所得税法和实施条例相关条款规定为基础，股权收购的企业所得税政策主要体现在前面提到的诸多规范性文件中，包括综合性规定、专门性规定和补充性规定，共同明确了股权收购企业所得税的计税原理与原则。

---

① 《关于完善股权激励和技术入股有关所得税政策的通知》（财税〔2016〕101号）。
② 《关于企业改制重组有关土地增值税政策的通知》（财税〔2015〕5号）。
③ 《关于继续实施企业改制重组有关土地增值税政策的通知》（财税〔2018〕57号）。

具体而言，重组业务的企业所得税待遇，分为一般性税务处理和特殊性税务处理两种情况。在一般性税务处理下，股权转让方需要立即确认全部股权转让的所得或损失，收购方取得的被收购股权的计税基础按照该股权的公允价值确定，这和一般商品在正常市场交易下的税务处理方式是完全一致的。在特殊性税务处理下，需要满足税法规定的若干前提条件，此时股权转让方所取得的对价补偿，全部或主要是股权支付，股权转让方很可能存在理论上实现的应税所得和取得的货币形式收入之间严重不匹配的情形，即出现所谓的"纸面收益"而缺乏实际课税能力的问题。

为此，税法允许股权转让方可以暂不确认股权转让所得；与此同时，由于企业所得税的计税基础是连续的，要求收购方取得被收购股权的计税基础仍按照该股权的原计税基础确定，而不能按照公允价值确定。由于企业经营的连续性，理论上存在后续交易的可能，包括股权收购在内的重组业务的特殊性税务处理，实际上是通过重组资产计税基础的确认和调整，把因实施重组交易而实现的应税所得递延到以后来确认，并没有永久免除重组交易中资产或股权转让方的企业所得税纳税义务，这和其他税种对某些重组业务直接予以免税或简单地不予征税的计税原则存在本质区别。

4.3.2 重组一般与特殊性税务处理

在重组实践中，股权收购方可以将本企业或控股企业的股权、股份作为支付对价的形式。基于此，首先分析比较以控股企业股权作为股权收购支付方式的税务处理。如图4-3所示，假定A公司是M公司100%的控股股东，所持M公司全部股权的账面价值（等于计税基础，下同）为600万元，公允价值为1000万元；B公司是N公司100%的控股股东，所持N公司全部股权的账面价值为820万元，公允价值为1000万元。经协商一致，A公司拟收购B公司持有的N公司100%的股权，并将其持有的M公司100%的股权作为支付对价，且该重组业务符合特殊性税务处理的其他相关条件。另假设，未来某一时点，A公司和B公司分别将因股权收购而持有的N公司和M公司的股权全部对外转让，转让价均为1000万元。

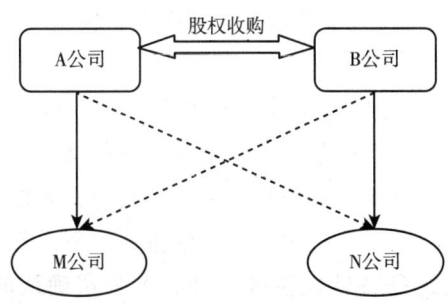

图4-3 股权收购与反向收购示意图

（1）以A公司作为股权收购方

如果以A公司作为股权收购方，按照税法规定B公司作为股权转让方也是该股权收购的主导方。由于符合特殊性税务处理的条件，双方既可以选择进行一般性税务处理，也可以进行特殊性税务处理。

如果进行一般性税务处理，B 公司应立即确认股权转让所得 180 万元，即 1000 – 820（万元），其取得的 M 公司股权的计税基础为公允价值 1000 万元；同时，A 公司取得的 N 公司股权的计税基础为公允价值 1000 万元，高于其支付的 M 公司股权的原计税基础，因此 A 公司应确认股权转让所得 400 万元，即 1000 – 600（万元）。将来，A 公司和 B 公司分别将持有的 N 公司和 M 公司的全部股权对外转让，股权转让所得均为 0，即 1000 – 1000（万元）。

如果进行特殊性税务处理，B 公司暂不确认股权转让所得，取得 M 公司股权的计税基础仍为该股权的原计税基础 820 万元；A 公司取得 N 公司股权的计税基础仍为该股权的原计税基础 820 万元，高于其支付的 M 公司股权的计税基础，应确认股权转让所得 220 万元，即 820 – 600（万元）。A 公司将来转让所取得的 N 公司全部股权，其转让所得为 180 万元，即 1000 – 820（万元）；B 公司将来转让所取得的 M 公司股权，其转让所得也为 180 万元，即 1000 – 820（万元）。

（2）以 B 公司作为股权收购方

反过来，本例也可以看作是 B 公司以持有的 N 公司 100% 的股权作为支付对价，收购 A 公司持有的 M 公司 100% 的股权。此时 A 公司作为股权转让方也就是股权收购业务的主导方。同理，如果进行一般性税务处理，A 公司应立即确认股权转让所得 400 万元，其取得的 B 公司支付的 N 公司股权的计税基础为公允价值 1000 万元；B 公司受让的 M 公司股权的计税基础为公允价值 1000 万元，高于其原持有的 N 公司股权的计税基础 820 万元，应确认股权转让所得 180 万元。将来 A 公司和 B 公司分别将持有的 N 公司和 M 公司的全部股权对外转让，股权转让所得均为 0。

如果进行特殊性税务处理，A 公司暂不需要确认股权转让所得，其取得的 M 公司股权的计税基础仍为该股权的原计税基础 600 万元；同时，B 公司所取得的 N 公司股权的计税基础也为该股权的原计税基础 600 万元，低于其支付的 N 公司股权的计税基础，应确认股权转让损失 220 万元，即 600 – 820（万元）。将来 A 公司转让所取得的 N 公司股权，转让所得为 400 万元；B 公司转让所取得的 M 公司股权，转让所得也为 400 万元。

（3）两种税务处理的综合比较

表 4 – 4 综合对比分析了先后以 A 公司和 B 公司作为股权收购主导方的情况下，同时进行一般性税务处理和特殊性税务处理的企业所得税待遇。可以比较直观和清晰地看出，如果存在后续交易，可以得出两条基本结论：其一，无论由哪个公司作为重组的主导方，A 公司和 B 公司重组前后合计确认的应纳税所得额总额是完全相等的；其二，无论是进行一般性税务处理还是特殊性税务处理，A 公司确认的应纳税所得额合计均为 400 万元，B 公司确认的应纳税所得额合计均为 180 万元，A 公司和 B 公司合计确认的应税所得总额均为 580 万元。可以说，无论哪种情形，无论选择哪种税务处理，既未引发重组前后应税所得总额的改变和扭曲，也没有导致重组税款的减少或流失，完全符合税收中性和税收公平原则。

表 4-4　　　　　　　　　　不同股权收购方式税务待遇对比

主导方	处理方式	交易主体	重组所得	后续所得	合计确认	A、B 合计确认
A	一般处理	A	400	0	400	580
		B	180	0	180	
	特殊处理	A	0	400	400	580
		B	-220	400	180	
B	一般处理	A	400	0	400	580
		B	180	0	180	
	特殊处理	A	220	180	400	580
		B	0	180	180	

如果不存在后续股权交易，也有两点基本结论。其一，在一般性税务处理下，无论由哪个公司作为重组主导方，由于股权收购时已全部确认股权转让所得，是否存在后续交易对最终结果没有影响。其二，在特殊性税务处理下，B 公司作为重组主导方时暂不确认股权转让所得，A 公司确认了股权转让所得 220 万元，双方合计确认应税所得 220 万元；而 A 公司作为重组主导方时暂不确认股权转让所得，B 公司确认股权转让损失 220 万元，双方合计确认损失 220 万元，即在完全相同的条件下，不同的税务处理方式会导致明显的计税差异。而实际情况是，股权收购双方通常不可能一直持有股权收购所获得的股权，控股公司也不可能一直存续下去，后续交易乃至公司清算迟早都会发生。

因此，站在长期、动态和全局的角度，在以控股企业股权作为股权收购支付方式的情形下，无论以哪个公司作为股权收购方，与一般性税务处理相比，特殊性税务处理只是对重组相关方的应纳税所得额进行了有条件的递延，并未违反税收中性和公平原则，也不存在所谓的重复课税问题。

4.3.3　存在定向增发的税务处理

对于上市公司的重组交易来说，以定向发行股票作为支付对价的方式是比较常见的现象。为此，如图 4-4 所示，假定 A 公司是我国境内的上市公司，B 公司是 N 公司 100% 的控股股东，其全部股权的账面价值和计税基础为 820 万元，公允价值为 1000 万元。A 公司拟收购 B 公司持有的 N 公司全部股权，采取向 B 公司定向发行 100 万股股票作为支付对价的方式，发行价为 10 元/股，并且该重组业务符合特殊性税务处理的其他相关规定。未来某一时点，A 公司和 B 公司分别将获得的全部股权和股票对外转让，转让价均为 1000 万元。

(1) 现行规定下的税务处理

如果进行一般性税务处理，B 公司应立即确认股权转让所得 180 万元，即 1000 - 820（万元），并按照公允价值 1000 万元作为其取得的 A 公司股票的计税基础；A 公司取得 N 公司股权的计税基础为公允价值 1000 万元。将来 A 公司和 B 公司分别将获得的全部股权和股票对外转让时，转让所得均为 0，即 1000 - 1000（万元）。

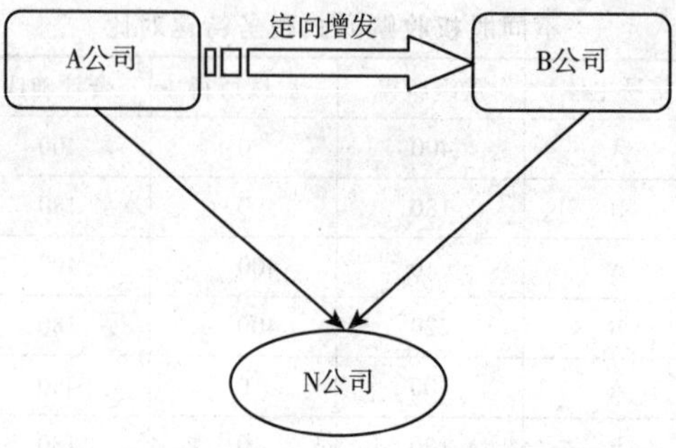

图 4-4　定向增发方式下的股权收购

如果进行特殊性税务处理，B 公司暂不需要确认股权转让所得，并按照转让股权的原计税基础 820 万元作为取得的 A 公司股票的计税基础；A 公司取得 N 公司股权的计税基础仍为该股权的原计税基础 820 万元。将来 A 公司转让取得的股权时应确认股权转让所得 180 万元，即 1000－820（万元）；B 公司转让取得的股票时也应确认转让所得 180 万元，即 1000－820（万元）。

如表 4-5 所示，通过对比分析可以看到，在股权收购条件完全相同的情况下，与一般性税务处理相比，如果双方选择进行特殊性税务处理，A 公司在发生后续股权交易时会多确认 180 万元的股权转让所得。这种情况所带来的直接影响是，对于 A 公司而言，希望增加收购股权的计税基础，以减轻后续交易的税收负担，因此更倾向于选择进行一般性税务处理；但对于 B 公司而言，为了获得股权转让所得递延纳税的待遇，故而更倾向于选择进行特殊性税务处理。由于税法要求重组各方必须采取"一致性"的税务处理，即双方要么都进行一般性税务处理，要么都进行特殊性税务处理，其最终结果往往取决于股权收购双方之间的博弈和妥协，有时候甚至会因为税务处理上的重大分歧而阻碍股权收购的顺利进行。

表 4-5　　　　　　　　定向增发方式下股权收购的税务处理

处理方式	交易主体	重组所得	后续所得	合计确认	A、B 合计确认
一般处理	A	0	0	0	180
	B	180	0	180	
特殊处理	A	0	180	180	360
	B	0	180	180	

究其原因，和前面例子中收购方以控股公司股权作为支付对价相比，A 公司以定向增发股票方式来收购股权时，难以准确界定其增发的股票是否存在计税基础以及如何确认其计税基础。受此困扰，现行税收政策规定回避了股权收购方就其定向增发股票方式收购股权的行为是否需要确认所得或损失的问题，进而对 A 公司股权收购及后续交易的企业所得税待遇产生了直接而重大的影响。

（2）假定考虑增发股份的计税基础

为了更为深入地研究以定向增发方式收购股权的税务处理及其存在的主要问题，现假定 A 公司定向增发股票的计税基础为 X。如果进行一般性税务处理，B 公司应立即确认股权转让所得 180 万元，所取得的 A 公司股票的计税基础为公允价值 1000 万元；此时 A 公司所取得的 B 公司股权的计税基础为公允价值 1000 万元，A 公司应就其取得股权的计税基础和定向增发股票计税基础的差额，确认应税所得或损失（1000 - X）万元；将来转让所取得的股权和股票时，A 公司和 B 公司的转让所得均为 0。

如果进行特殊性税务处理，则 B 公司暂不需要确认股权转让所得，其取得的 A 公司股票的计税基础仍为转让股权的原计税基础 820 万元；A 公司取得的 B 公司股权的计税基础仍为该股权的原计税基础 820 万元，同时应将取得股权计税基础与定向增发股票计税基础的差额，确认为应税所得或损失（820 - X）万元；将来 A 公司转让 N 公司股权时应确认转让所得 180 万元，即 1000 - 820（万元），B 公司也应确认股票转让所得 180 万元，即 1000 - 820（万元），其所得确认过程和最终结果如表 4 - 6 所示。

表 4 - 6　　　　　　　　考虑定向增发计税基础时的税务处理

处理方式	交易主体	重组所得	后续所得	合计确认	A、B 合计确认
一般处理	A	1000 - X	0	1000 - X	1180 - X
	B	180	0	180	
特殊处理	A	820 - X	180	1000 - X	1180 - X
	B	0	180	180	

由此可见，如果承认定向增发股票存在一定的计税基础，那么无论是选择适用一般性税务处理还是特殊性税务处理，A 公司整个股权收购和后续股权交易合计确认的应税所得均为（1000 - X）万元；B 公司整个股权收购和后续股权交易合计确认的应税所得均为 180 万元；A 公司和 B 公司股权收购前后合计确认应税所得总额均为（1180 - X）万元，这一结论和前面案例中以控股公司股权作为支付对价方式下的股权收购完全一致。如此一来，就可以合理解释以定向增发作为股权收购对价时可能导致对并购方的"重复征税"问题。

然而，理论和实践表明，定向增发股票的计税基础是比较难以准确计量的。其原因主要有两点。其一，企业所得税中的股权转让行为和应税所得的判定都是基于已有股权的情形。相比较而言，收购方支付的控股公司股权是已经存在的股权投资，而定向增发的股票是新增的股东权益。其二，基于公司法和会计核算角度，股权转让只是导致投资主体的改变，其原有计税基础是确定的；而定向增发行为所增加的是股权收购方的实收资本和资本公积，实质上属于"企业花钱，股东买单"，导致其计税基础难以量化和确认。

需要强调的是，难以确定定向增发股票的计税基础，并不意味着其初始计税基础为 0。实际上，上市公司的定向增发行为是基于现有资产、负债、权益和收益状况而综合确定的，并且在增发股票的过程中也会发生一些必要的开支和费用。因此，如果简单地把定向增发股票看作是收购企业的"空手套白狼"，并将其计税基础确定为 0，既不符合资本市场的实际情况，也不利于上市公司重组业务的开展。基于税收公平原则，可以明确在以定向增发作为股权收购对价的情况下，如果进行特殊性税务处理，收购方取得被收购企业股权的计税基础和一般性税务处理一样按照公允价值予以确认,则既回避了确定增发股票计税基础的难题,又可以彻底解决目前对股权收购方可能存在的重复课税问题,并且体现了税收公平原则,可谓是一举三得。

4.3.4 混合支付重组的税务处理

按照税法规定,重组业务适用特殊性税务处理的重要前提条件之一是股权支付的金额不低于交易支付总额85%。前面已经分析了完全采取股权支付时股权收购的税务处理,那么,对于同时存在股权支付和非股权支付特别是货币支付的情况下,股权转让方已经具备了一定的纳税能力。如果满足重组比例要求和其他相关条件,股权转让方可以暂不确认股权支付部分对应的转让所得或损失,但是应在当期确认非股权支付部分对应的转让所得或损失,并相应调整收购股权的计税基础。

假定B公司是C公司100%的控股母公司,A公司拟收购B公司所持有的C公司全部股权,该股权的公允价值为10000万元,账面价值和计税基础均为6000万元。A公司向B公司支付的对价包括定向增发850万股股票,发行价为10元/股,另外支付银行存款1500万元。另假定符合特殊性税务处理的其他条件,且在将来某一时点,A公司以15000万元的价格转让C公司的股权,B公司以12000万元的价格转让A公司的全部股票。

如果双方协商一致进行一般性税务处理,则B公司应立即确认全部股权转让所得4000万元,即10000-6000(万元),B公司按照公允价值8500万元确认其取得的A公司股票的计税基础;同时A公司按照公允价值10000万元确认取得的C公司股权的计税基础。未来转让股权和股票时,A公司应确认股权转让所得5000万元,即15000-10000(万元);B公司应确认股票转让所得3500万元,即12000-8500(万元)。

如果双方选择进行特殊性税务处理,则B公司暂不需要确认全部股权转让所得,但仍需要确认非股权支付对应的股权转让所得为

(10000-6000)×1500/10000=600(万元)

根据企业所得税对等原理,存在如下逻辑关系

B公司股权原计税基础+股权转让所得=B公司取得股票计税基础+银行存款

由此可以得出

B公司取得股票的计税基础=B公司股权原计税基础+股权转让所得-银行存款
$$=6000+600-1500=5100(万元)$$

也可以采取简便算法,即

B公司取得股票的计税基础=转让股权的原计税基础×股权支付的占比
$$=6000×8500/10000=5100(万元)$$

据此可得,A公司取得C公司股权的计税基础为6000+600=6600(万元)。将来发生后续股权和股票转让时,A公司应确认股权转让所得8400万元,即15000-6600(万元);B公司应确认股票转让所得6900万元,即12000-5100(万元)。两种处理方式下的结果和对比如表4-7所示。

表 4-7　　　　　　　　　同时存在股权与非股权支付时的税务处理

处理方式	交易主体	重组所得	后续所得	合计确认
一般处理	A	0	5000	5000
	B	4000	3500	7500
特殊处理	A	0	8400	8400
	B	600	6900	7500

由表 4-7 可以看出，对于同一个股权收购事件，无论是采取一般性税务处理，还是特殊性税务处理，在存在后续股权交易的情况下，B 公司作为股权转让方，虽然前后两次交易确认的应税所得金额不相等，但是累积确认的应税所得总额是完全相等的。但是对于 A 公司而言，在重组要件完全一样的情况下，采取特殊性税务处理需要多确认应税所得 3400 万元，即 8400-5000（万元）；而 3400 万元应税所得的差异恰恰源于一般性税务处理时取得 C 公司股权计税基础 10000 万元和特殊性税务处理时取得 C 公司股权计税基础 6600 万元之间的差异。根据前面的分析，对定向增发情况下采取特殊性税务处理的股权收购方，如果规定其取得股权的计税基础为公允价值 10000 万元，则将来 A 公司以 15000 万元转让 C 公司股权的应税所得为 5000 万元，这样就和一般性税务处理的结果保持了完全一致。

4.3.5　对重组方纳税能力的考量

量能负担是税收公平原则的重要体现，也是税收政策设计的一个基本原则。现行税法对符合条件的企业重组交易允许进行特殊性税务处理并准予递延确认重组应税所得，充分考量了重组企业的纳税能力，一定程度上体现了量能负担的原则。为了进一步考察现行政策规定的应纳税额和重组企业纳税能力的匹配度，仍然沿用上一节的股权收购案例。根据前面的分析，如果采取一般性税务处理，B 公司应确认全部股权转让所得 4000 万元，当期应缴纳企业所得税 4000×25% = 1000（万元）。由于 B 企业获得了 1500 万元的银行存款，B 公司完全具备一次性完税的能力。而如果进行特殊性税务处理，B 公司只需要确认非股权支付对应的所得（10000-6000）×1500/10000 = 600（万元），当期只需要缴纳企业所得税 600×25% = 150（万元），远远低于 B 公司所获得的 1500 万元的银行存款。

当然，如果重组业务中股权转让的增值比例相对较大，且非股权支付特别是货币支付比例较低的情况下，也可能存在股权转让方纳税能力相对不足的情形。在上例中，如果拟收购股权的账面价值和计税基础为 2000 万元，公允价值仍为 10000 万元，A 公司支付的对价包括定向增发 900 万股股票，每股发行价仍为 10 元/股，另外以非股权方式支付 1000 万元，其他条件保持不变。如果进行一般性税务处理，B 公司应确认全部的股权转让所得 8000 万元，当期应缴纳企业所得税 8000×25% = 2000（万元）。如果进行特殊性税务处理，B 公司只需确认非股权支付对应的股权转让所得（10000-2000）×1000/10000 = 800（万元），当期只需要缴纳企业所得税 800×25% = 200（万元）。显然，此时如果 B 公司获得的非股权支付是 1000 万元银行存款，用来支付特殊性税务处理时应缴纳的 200 万元税款绰绰有余，但是却无法足额支付一般性税务处理时 2000 万元的企业所得税款;如果 B 公司获得的非股权支付是价值 1000 万元的存货,除非立即将该存货变卖,否则 B 公司在完成股权转让后并不具备相对应的纳税能力。

由此可见,即使在特殊性税务处理的情况下,股权转让方同样可能存在纳税能力富余或不足的问题。具体分析,在股权转让所得一定的情况下,股权支付的比例越低,非股权支付比例特别是货币支付的比例越高,股权转让方的纳税能力就越强,进行特殊性税务处理并对应税所得进行递延的实际意义就越小,不仅影响重组税款的及时足额入库,后续税收征管的压力也越大。而在股权支付比例一定的情况下,如果股权转让所得相对越大,股权转让方的应纳税额就越高,纳税人就越容易存在纳税能力不足的问题,此时进行特殊性税务处理并对应税所得进行递延的实际意义也就越大。总而言之,如果单纯从股权支付比例的角度进行"一刀切"的硬性规定,而不考虑对价支付的具体类型和股权增值的相对大小等影响因素,仍然会出现重组当期应纳税款和纳税能力不匹配的情况。

4.3.6 重组事项不同税收待遇的选择

由于重组类型的多样性和相互关联性,不同的税收优惠待遇之间是存在一定交叉的。比如,企业将非货币性资产对外投资,如果符合税法规定的相关条件,既可以适用不超过 5 年的递延纳税政策,也可以选择适用暂不确认所得的特殊性税务处理;又如,在股权收购业务中,如果收购方以非货币性资产作为支付对价,也可以看作是一项非货币性资产投资行为并选择适用相应税务处理;再如,在资产收购业务中,如果收购方采取的是股权支付,同样也可以选择适用非货币性资产投资的税务处理,等等。

举例而言,M 公司以某项固定资产对 N 公司投资,并取得 N 公司 20% 的股权,假定该固定资产的计税基础为 10000 万元,公允价值为 15000 万元,且占 M 公司全部资产的比重为 60%。对于 M 公司的该项固定资产投资行为,也可以看作 N 公司以股权支付的方式对 M 公司实施了资产收购,假定符合企业重组特殊性税务处理的其他相关条件,则双方也可以选择进行特殊性税务处理。

如果双方选择适用非货币性资产投资的税务处理,即采取 5 年分期确认所得的方式,且不考虑其他税费因素,则 M 公司固定资产转让所得为 5000 万元,计入当期的应税所得为 1000 万元,重组当期应将取得 N 公司股权的计税基础在 10000 万元的基础上调整为 11000 万元;第二年,M 公司仍需再确认应税所得 1000 万元,同时要将持有 N 公司股权的计税基础由 11000 万元调整为 12000 万元;直到第五年,M 公司已确认全部固定资产投资所得 5000 万元,此时持有 N 公司股权的计税基础已同步调整为 15000 万元。对 N 公司而言,在投资行为发生时,其取得 M 公司固定资产的计税基础为公允价值 15000 万元。而如果双方选择按照资产收购进行特殊性税务处理,则 M 公司可以暂不确认固定资产的转让所得,其取得的 N 公司股权的计税基础仍为原计税基础 10000 万元;同时 N 公司取得该固定资产的计税基础仍为原计税基础 10000 万元。

上述情况下,虽然两种税收待遇之间存在相互交叉和选择性适用,但是在具体税务处理上既存在共同之处,也存在明显区别。对 M 公司而言,如果选择适用非货币性资产投资的税务处理,需要在最长 5 年期限内就固定资产转让所得分期均匀确认所得并计算缴纳企业所得税,其取得股权的计税基础在 5 年内逐年调整到位。假设 M 公司在交易发生后的第二年将持有的 N 公司股权以 18000 万元的价格转让出去,由于 M 公司第一年已确认 1000 万元的固定资产转让所得,按照税法规定,此时应一次性确认剩余的 4000 万元固定资产转让所得,并将持有的 N 公司股权的计税基础一次性调整为 15000 万元,同时应再确认股权转让所得 3000 万元,M 公司在交易前后共确认所得 1000 + 4000 + 3000 = 8000(万元)。如果双方采取资产收购特殊性税务处理的方式,M 公司暂不需要确认该项固定资产的转让所得,其取得的 N 公司股权的计税基础同样为 10000 万元,后续发生股权转让时应确认股权转让所得 8000 万元,整个交易前后共确认应税所得为 8000 万元。由此可见,对 M 公司而言选择不同的税务处理方式只是存在应税所得确认上的时间性差异。

对于 N 公司而言,如果适用非货币性资产投资的税务处理,其取得的固定资产计税基础为公允价值 15000 万元;而采取特殊性税务处理的方式,其取得固定资产的计税基础仍却为 10000 万元,这是一种永久性差异。有学者认为,既然非货币性资产的投资方所取得股权的计税基础是逐年进行调整的,被投资方取得非货币性资产的计税基础不应该按公允价值确定,这实际上是一种误解,原因有两点。第一,M 公司只是"分期确认"了非货币性资产转让所得,并没有不确认或少确认应税所得,这是确定性事件;第二,在特殊性税务处理情况下,M 公司暂时没有确认固定资产的转让所得,并且其取得的股权后续是否转让、何时转让、转让价多少是不确定的。因此,企业完全可以根据重组目的、企业实际和后续交易预期,协商一致并选择适用最有利的税务处理方式,这也符合税法规定和政策意图。

4.3.7 企业重组税收风险管理

企业重组特殊性税务处理的核心内容在于对重组当期实现的应纳税所得额予以合理递延而不是永久豁免,并且这种递延会直接影响到重组相关方后续交易的企业所得税处理。必须说明的是,根据税法原理和计税原则,企业所得税应纳税所得额的递延和应纳税款的递延是存在本质区别的。对于应纳税所得额的递延来讲,其对应的递延税款是不确定的,如果交易主体的税收待遇包括名义税率、盈亏状况和税收优惠等保持不变,则所得递延不会对后续税款造成影响,这种情形下和税款递延的结果是一样的;但如果交易主体的税收待遇发生了改变,比如申请认定成为高新技术企业,或者发生了经营性亏损,则会出现在递延的应纳税所得额保持不变的情况下,由于企业实际税负的变化而直接影响到后续税款金额的大小。就重组企业而言,由于外部环境、税制改革、经营决策和生产经营的不确定性,增加了税款递延特别是所得递延的不确定性风险。

相比较而言,应纳税款的递延是在某项交易发生时就要计算确定递延缴纳税款的确定金额,因此递延的税款不会因为交易主体税收待遇的变化而改变。也就是说,无论税制是否变化，交易主体是否享受了新的税收优惠，或者出现了经营性亏损等情形，都不会对此前递延的税款产生影响，后续的税收风险比较小而且基本可控。鉴于目前特殊性税务处理采取了所得递延而非税款递延的方式，由于重组各方本身就可能存在税收待遇方面的显著差别，并且选择进行特殊性税务处理后企业的税收待遇特别是实际税负很可能会发生改变，这为企业利用重组交易中的特殊性税务处理来开展税务筹划，甚至进行恶意避税提供了可能，近年来的重组实践中也确实出现了这样的情况。

不仅如此，企业重组的特殊性税务处理是税法层面的规定，会计准则并不存在与之对应的概念以及"暂不确认重组收益"的会计处理。加之会计准则和税法规定之间本身就对企业资产、负债和股权存在核算上的差别，导致重组业务往往存在显著的会计和税法差异。以企业合并为例，如图4-5所示，横坐标表示税务处理方式，ST（Special Treat）表示特殊性税务处理，CT（Common Treat）表示一般性税务处理；纵坐标表示会计核算方式，SC 代表同一控制下的企业合并（Business Combinations under the Same Control），NC 代表非同一控制下的企业合并（Business Combinations not under the Same Control）。图中深灰色部分表示税法对重组资产的计量方式，浅灰色部分表示会计对重组资产的计量方式。显然，在重组资产的计量方面，税法与会计之间差异性大于一致性，并且这种计量差异既会影响当期重组所得的核算，更会对后续交易的税务处理产生重大不确定性影响。如果税务部门对于重组业务的后续管理存在薄弱环节甚至真空地带，缺乏对重组相关方取得重组资产及股权的计税基础进行跟踪管理和动态监控，很有可能会造成后续交易的税款流失，也有悖于税收公平原则。

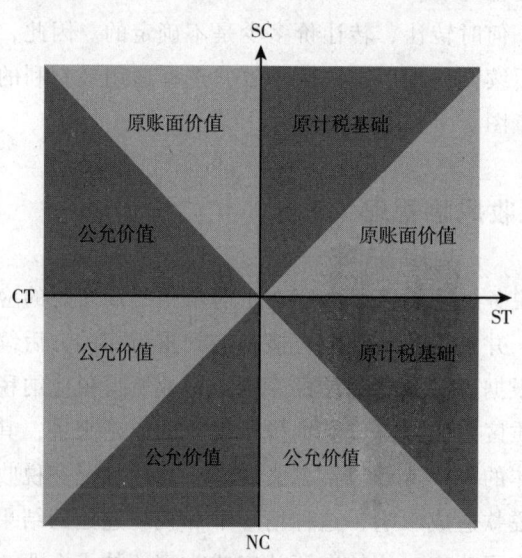

图4-5 特殊性税务处理的税会差异

基于此，税法明确要求企业在进行特殊性税务处理的重组备案时，要对企业重组的合理商业目进行必要的说明，但是现行相关规定过于简略和笼统，没有给出明确具体的判定原则、认定标准和否定条款。这不仅导致税务机关对重组认定的自由裁量权过大，存在权力寻租空间，而且引发了企业和税务机关在特殊性税务处理的适用上出现不必要的分歧和争议。与此同时,国家税务总局近年来也多次下发通知,要求各级税务部门切实加强对企业重组特别是进行特殊性税务处理的重组业务的后续管理,但仍缺乏行之有效的工作机制和操作流程。此外,很多地方纷纷出台关于重组业务的区域性、补充性税务规定,这些规定良莠不齐、瑕瑜互见,影响了税法的统一性和规范性,既增加了税收管理上的难度,也不利于跨地区重组事项的开展和税收营商环境的改善。

4.4 企业重组税收政策的总体评价

改革开放以来,我国企业重组税收政策经历了探索、建立、磨合、成型和完善五个阶段的不断发展和完善,目前已经建立起以企业所得税为主体,其他税种相互配合的较为完备的企业重组税收政策体系。总体来看,我国企业重组税收政策具有四大基本特征,即综合采取多种税收优惠政策、重组税收政策结构有所失衡、相关税收政策层级偏低和企业重组税收管理弱化,仍存在不少问题短板和进一步改进提升的空间。

4.4.1 采取多种税收优惠支持企业重组

基于我国所处的发展阶段和企业重组的重要作用,现行税收制度对企业重组采取了积极支持引导的政策导向,并针对企业重组的具体情况综合采取了多种税收优惠方式,如图4-6灰色部分标识所示。这些关于企业重组的税收优惠体现在多个税种的具体政策规定中,既相互联系,又有所区别,对各类企业重组的开展起到了不同程度的促进作用。

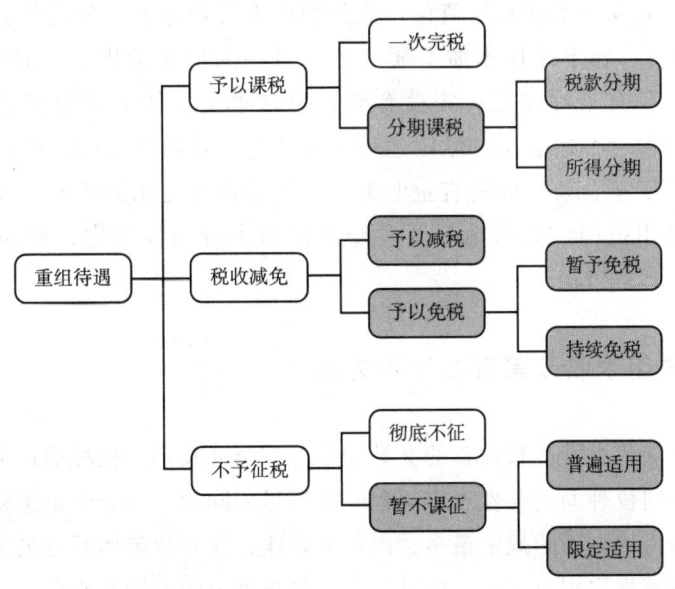

图4-6 企业重组的差别化税收待遇

(1) 对某些重组所得予以分期纳税

企业重组的税收待遇可以归结为三大类，即予以课税、税收减免和不予征税。其中在予以课税的情形中，除了正常的一次性完税的情形之外，现行税收政策规定了对符合条件的重组事项予以分期课税的优惠待遇，以有效缓解重组交易发生当期重组个体暂时纳税能力不足的问题。分期课税主要体现在企业所得税和个人所得税对重组业务中非货币性资产投资的税务处理上，前者规定法人企业可以在不超过5年的期限内分期均匀计入相应年度的企业所得税应纳税所得额，属于应税所得的递延；后者规定投资的自然人可以在不超过5个公历年度内分期缴纳个人所得税，则属于应纳税款的递延。不仅如此，税法对于分期纳税的时限，规定了一定的政策弹性，重组方可以根据情况选择适用是否进行分期纳税，并可以在政策允许范围内合理确定分期纳税的具体时限乃至额度。

(2) 对特定重组交易实行税收减免

对特定企业重组交易实行税收减免的情形主要体现在财产行为税的相关政策规定中，既有予以减税的条款，也有完全免除重组纳税义务的规定。比如关于重组业务涉及的土地和房屋权属变更，既有减半征收契税的规定，也有免征契税的待遇。其中，对于重组业务中的暂予免税待遇，主要是基于国家宏观调控以及特定区域或产业政策的需要，出台的某一时期或者某个阶段的暂时性或过渡性的政策规定，与法定的免税相比，这种临时性的免税政策可能会根据具体情况的变化而动态调整或取消。

(3) 对特殊重组所得递延确认

在不予征税的待遇中，具体又包括不属于课税范围和暂不征税两种情形。前者是指某项重组行为不属于相关税种的征税范围，也没有发生相应的纳税义务，因此本质上并不属于重组业务的税收优惠。以增值税为例，税法规定企业产权的整体转移不属于增值税的征税范围，不征收增值税；此外纳税人转让非上市公司的股权也不征收增值税。[①] 相对而言，暂不征税本质上属于相关税种的应税范围，只是基于特定目的，对应税所得进行了有条件递延，并没有彻底免除重组主体的纳税义务。需要说明的是，暂不征税又包含普遍适用和限定适用两种情况，重组业务的特殊性税务处理下的所得递延，适用于符合条件的所有企业类型，属于普遍适用的情形；而土地增值税关于暂不征税的适用范围，对房地产开发企业作出了排他性规定，则属于限定适用的情形。

4.4.2 企业重组税收政策存在结构失衡

企业重组伴随各类资产和权益的交易和变更，会涉及多个税种的税务处理。在企业重组实践中，不同税种的重要性和影响程度是不尽相同的。从企业重组税收政策的具体构成看，企业所得税方面的规定最多，内容最具体，而且政策体系也最为完备；其他税种关于重组的政策规定相对偏少，而且存在一些政策上的模糊和空白。

---

① 《关于全面推开营业税改征增值税试点的通知》（财税〔2016〕36号）。

(1) 具体税种重组政策构成失衡

从颁布的有关企业重组的税收政策数量上看，如图4-7所示，企业所得税政策占比接近40%，是出台重组业务政策数量最多的税种；其次是个人所得税，占比约为20%，重组业务的所得税政策占比加起来大约占到六成，构成了企业重组税收政策的主体。再次是契税，涉及重组的政策占比为17%左右，但是很多关于重组事项的契税政策都是阶段性的，大部分都已经到期失效。排在第四位的是增值税，占比仅为13%，如果考虑营改增过程中对营业税重组政策的替代，则这一比例为15%。然后是土地增值税，比重为4%，另外还有少量涉及多个税种的综合性重组政策规定。结合我国现行的税制结构和具体税种对企业重组的影响程度，目前关于企业重组的个人所得税和增值税规定明显偏少，而且政策规定较为简略，在一定程度上影响和制约了企业重组的正常开展。

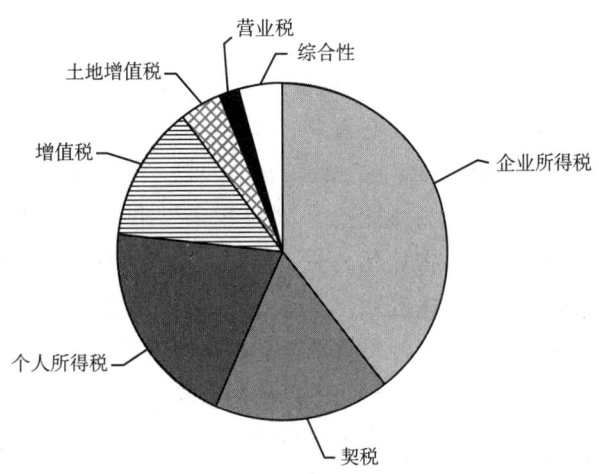

图4-7　具体税种企业重组政策构成

(2) 重组税收政策完备程度分化

从企业重组税收政策的质量和完备程度看，企业所得税也是最为系统和完备的税种。目前重组的企业所得税政策不仅基本涵盖了重组交易的所有类型，而且覆盖了从重组实施、后续交易到破产清算的全过程；既明确了股权收购、资产收购、合并分立、债务重组等核心事项的税收待遇，也规定了与重组交易密切相关的增资扩股、撤资减资、转增股本、分红派息等事项的税务处理。不仅如此，企业所得税还专门在年度汇算清缴申报表[①]针对重组业务设计了具体填报表单，并给出了配套的填表说明。

相比较而言，关于重组业务的个人所得税政策仍存在比较明显的欠缺，很多规定散见于一般性的个人所得税通知文件中，截至目前仍然没有关于重组事项个人所得税处理的综合性规定，特别是没有所谓的"免税"重组或特殊性处理的个人所得税待遇。此外，为数不多的重组增值税政策主要是框架性、原则性的规定，条款过于简单和笼统，

---

① 国家税务总局关于发布《中华人民共和国企业所得税年度纳税申报表（A类，2014年版）》的公告（税务总局公告2014年第63号），A105100：企业重组纳税调整明细表。

判断标准不够具体明确,政策的完备性方面存在一定的欠缺。总体来看,个人所得税、增值税、土地增值税、契税等税种的重组政策质量和企业所得税之间存在明显的落差,在政策的完备程度上差异明显。

4.4.3 企业重组税收政策层级整体偏低

回顾近年来我国颁布实施的一系列企业重组税收政策,其中一个极为显著的特征就是政策层级明显偏低,既没有制定专门性的重组税收法律,在各个税法或单行条例中也很少有关于企业重组的具体条款规定,同时也没有关于重组事项的部门规章,影响了企业重组税收政策的权威性,而且政策变动较为频繁,政策制定存在一定的随意性,影响了政策效果的发挥。

(1) 政策规定以规范性文件为主

如图4-8所示,我国关于企业重组的政策规定绝大部分都是以财政部、国家税务总局联合或单独制发的税收规范性文件为主。就具体政策类型来说,财政部和国家税务总局联合发布的文件规定数量较多,占比约四成,反映了财政部在重组政策制定上的主导地位①。但是就颁布单位来说,"国税发""国税函"和"国家税务总局公告"都是由税务部门发布的,总量最多,占比约六成,主要是对财税文件的进一步细化和解释,也包括一些管理性的文件规定。这其中"国税函"属于国家税务总局对各地税务局个案请示问题的答复,并不公开透明,严格意义上也不具有普遍的政策约束力,实践中却经常作为正式的通知规定加以执行,影响了税法的公正性和严肃性。近年来随着国家大力推进政务公开,税务部门进一步加强了规范性文件的管理,以"国家税务总局公告"形式颁布的企业重组类文件开始增多,并且所有公告都配发了官方解读,增强了企业重组税收政策的透明度和确定性。

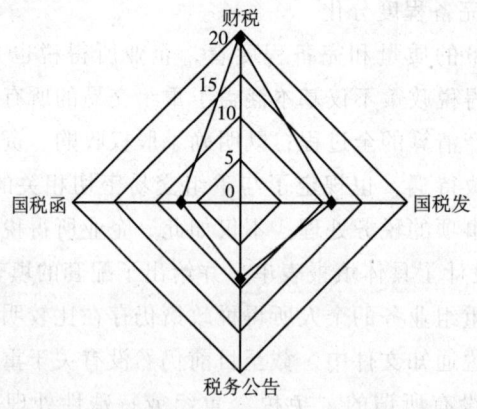

图4-8 我国企业重组税收政策的具体类型

---

① 《税收规范性文件制定管理办法》(国家税务总局令第41号)第五条规定,税收规范性文件不得设定税收开征、停征、减税、免税、退税、补税事项,不得设定行政许可、行政处罚、行政强制、行政事业性收费以及其他不得由税收规范性文件设定的事项。经国务院批准的设定减税、免税等事项除外。

（2）政策变动较为频繁

由于政策规定的层级不高，财税部门有权制发、废止和修改企业重组的税收政策规定，导致政策变动较为频繁，造成新旧政策的衔接不够紧密顺畅。以企业所得税为例，《关于促进企业重组有关企业所得税处理问题的通知》将股权收购和资产收购特殊性税务处理的最低比例要求从75%下调至50%，该政策明文规定从2014年1月1日起实施，但是文件的颁布时间却是2014年12月25日，既没有做到文件的有序衔接，也没有做到提前合理引导预期。文件颁布时很多企业已经重组完毕了，再反过来向前追溯适用，实践中难以操作，此外，一些政策的频繁变动调整增加了重组企业政策适用上的不确定性。以契税为例，2008—2012年，关于重组的契税政策前后一共颁布了4个，几乎每年一变化，政策制定缺乏前瞻性和系统性，影响了企业重组税收政策的实际效果。

4.4.4　企业重组税收管理相对弱化

企业重组的税收政策，应该既包括具体重组事项的税务处理，也包括重组交易的税收管理，这是一个问题的两个方面，两者相互关联，不可偏废。一直以来，我国关于企业重组的税收管理性规定数量偏少，而且在管理理念和管理手段上仍然存在一些不容忽视的问题，缺乏对企业重组全流程的管理和监督，既影响了税收公平原则，也容易导致税款流失。

（1）企业重组税收管理规定偏少

如图4-9所示，汇总梳理已有的企业重组税收政策，其中侧重于企业税务处理方面的政策性、实体性规定占比高达82%；而对于政策执行和后续事项的操作性、管理性文件相对明显偏少，只占到18%。目前来看，除了企业所得税还有一些关于重组业务的管理性规定之外，其他税种几乎都是关于重组事项的实体性规定，而且为数不多的管理性规定也不够全面和具体。以个人所得税为例，关于重组事项的管理性规定只有两个，分别是《股权转让所得个人所得税管理办法（试行）》和《关于个人非货币性资产投资有关个人所得税征管问题的公告》，既没有涵盖重组业务中可能涉及的自然人主要事项的税收管理，也没有与重组业务企业所得税管理办法中的相关规定协调一致。而增值税、土地增值税则没有专门针对重组事项的管理性规范。

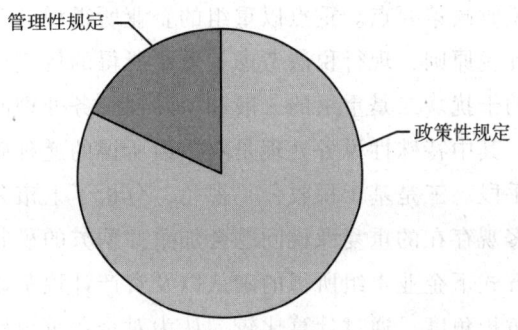

图4-9　我国企业重组税收政策属性及构成

（2）企业重组税收监管不力

对企业重组的税收监管不力，反映了我国重税收政策制定、轻税收管理监督的现状，具体表现为三个方面。一是对企业实施重组前的情况缺乏必要的了解，难以准确把握企业重组的真实动机，也使参与重组的经济主体对于财税部门的企业重组管理要求、必备要件和管理措施缺乏准确合理的预期。二是企业实施重组时，主管税务部门缺乏及时有效获取重组信息的便利渠道，对具体重组事项的税务处理缺少过程监督，存在信息不对称的税收风险。三是在重组交易完成后，相应的后续税务管理弱化，特别是对享受了递延纳税和税收优惠的重组事项缺少动态持续的跟踪管理。由于重组后续交易的不确定性和重组主体的流动性，很可能出现违背重组规定的情形，从而导致税款的流失，既违背了企业重组税收政策的初衷，也使政策效果打了折扣。

4.5　本章小结

本章主要对我国企业重组的税收政策进行总结和评价，包括四个部分，即企业重组的税收待遇、企业重组税收政策的发展演变、企业重组税收政策要点以及对现行企业重组税收政策的总体评价。

第一，关于企业重组的税收待遇。企业重组涉及多个税种，一方面，在重组所得的主体上，法人涉及企业所得税处理，自然人涉及个人所得税处理；另一方面，根据重组资产的具体类型，需要视情况进行增值税、消费税、土地增值税和契税等税种的处理。由于企业重组是有别于一般性商品和服务贸易的重大特殊交易，税法在不同税种中给予了企业重组必要的税收优惠待遇，以支持和引导企业重组的开展。

第二，我国企业重组税收政策的发展演变。结合若干重要时点和企业重组实践，将我国企业重组税制划分为探索（1984—1991年）、起步（1992—2000年）、磨合（2001—2007年）、成型（2008—2013年）和完善（2014年至今）五大阶段。其中，2008年以后我国税制改革步伐加快，颁布的重要重组税收政策最多，政策体系基本成型；自2014年开始，我国进一步加大了对企业重组的支持力度，降低了重组的企业所得税政策门槛并扩大了税收优惠范围，企业重组税收政策体系趋于完善。

第三，企业重组税收政策要点。重点以重组的企业所得税处理为例，分析了七大问题。一是重组所得的计税原则，现行税法考虑了重组所得的构成和纳税能力强弱，力图避免税收对正常重组的干扰。二是重组的一般和特殊性税务处理问题，对比分析了两者间的异同和内在关联，其中特殊性税务处理是对重组所得的递延确认，是税收支持企业重组较为科学有效的手段。三是基于税收公平视角，分析了上市公司定向增发实现重组交易的情况，指出了客观存在的重复课税问题会加重并购方的税收负担。四是分析了同时存在多种对价支付方式下企业重组所得的确认以及资产计税基础的计量，使研究更具代表性。五是从量能负担角度，通过计算比较，认为对企业重组所得的确认标准与其纳税能力状况的匹配度之间仍存在改进的空间。六是从政策适用角度，分析了在面临不同的税收待遇时，重组企业可以从税收筹划的角度进行选择和取舍。七是立足税收征管，剖析了特殊性税务处理情况下对重组所得的"不确定"递延存在较大的税收风险，会增加税收监管难度并导致税收流失。

第四，对现行企业重组税收政策的总体评价。主要有四点基本结论：一是我国综合采取了多种税收优惠方式支持企业重组，包括对重组收益的分期纳税、特定的重组税收减免和重组所得的递延，减轻了重组企业的税收负担；二是税收政策结构存在失衡，企业所得税的重组规定数量最多而且较为完备，而个人所得税仍然没有关于重组业务的专门性规定，重组增值税政策较为原则和笼统，影响了政策的完备性和实际效果；三是重组税收政策层级偏低，绝大部分都是财税部门的规范性文件，缺乏权威性并且政策变动较为频繁，不利于企业重组的开展；四是企业重组税收管理弱化，重视企业重组实体性政策规定，忽视了对高风险重组事项的持续性动态化的税收监管。

第 5 章
企业重组税收政策效果的实证检验

税收是影响企业重组的诸多重要因素之一,准确界定影响企业重组的主要因素并准确测度税收对企业重组的影响程度,是科学评价企业重组税收政策效果的关键。为此,既要尽量全面地分析考察可能对企业重组产生一定影响的相关因素,又要避免考虑次要和无关影响因素过多而"稀释"或"扭曲"主要因素对企业重组的影响。本章运用因子分析法对影响企业重组决策的因素进行降维,对相关影响因子进行合并,在此基础上对我国企业重组税收政策的效果进行实证分析。为了提高实证研究的可比性和严谨性,选取的样本既有实施了重组的企业,也有未实施重组行为的配对企业。针对样本企业的数据特征,运用 logistic 模型对企业重组的主要影响因子进行实证检验,重点分析税收政策对企业重组的实际影响,并对我国支持企业重组的税收政策实施效果进行评价。

5.1 实证研究假设

结合对企业重组税收政策的相关文献梳理、作用机理分析和税收政策评述,针对近年来我国企业重组的实践特点和税收政策特征,在进行企业重组税收政策实证检验之前,需要科学分析并合理确定实证研究的若干基本假设。

首先,企业重组税收政策主要通过名义税率、税收优惠、资产折旧、费用扣除、亏损弥补等具体的税制要素规定来影响重组相关方的实际税负,进而对企业重组行为产生一定的激励或者约束作用。可以说,重组企业的实际税负水平是现行税收制度和重组税收政策综合作用的结果。通常而言,重组交易会直接涉及目标公司和收购公司。一方面,对于目标公司而言,如果其税负水平较低,比如享受了特定的税收优惠、存在经营性亏损等情形,会形成低税负的"税收洼地",从而对收购公司产生减轻税收负担的重组预期;另一方面,对于收购公司而言,如果其税收负担较低,往往意味着税后利润较多、资金较为充沛,通常重组的主观意愿和客观条件相对比较强。同时,考虑到一项重组交易从战略规划、决策酝酿到具体实施是一个持续的过程,而实际税负又是一个时段概念,因此以重组实施上一期的实际税负作为实证研究指标。考虑到数据的公开性和完整性,确定以上市公司作为研究样本。

由此,现提出实证研究的假设 1。

H1:上一期的实际税负越低,上市公司实施重组的概率越高。

其次，从外部环境看，政府主导和行政推动一直是我国企业特别是国有企业实施重组的显著特征。随着我国市场经济体制的逐步完善和国有企业法人治理的不断健全，虽然国有企业重组的自主性有所增强，但具体的重组决策仍然需要政府和主管部门的批准。从内在的重组动机分析，国有企业的股权集中度高，且管理层多由政府直接任命，其服务国计民生的功能定位和价格管制、利润上缴及税利合一的考核方式，导致国有企业对税收激励的敏感程度可能不如民营企业。某些情况下，国有企业甚至甘愿主动承担更多的税收。同时，由于重组行为存在比较高的风险，国有企业管理层会出现"不求有功，但求无过"的保守心理，导致在同等的税收激励因素下，国有企业实施重组的意愿不如民营企业强烈。

由此，进一步提出实证研究的假设2。

H2：与国有企业相比，重组税收政策对民营企业更为有效。

最后，无论是理论分析还是企业重组实践都表明，2014年应该是我国企业重组发展过程中的一个重要"拐点"。一方面，供给侧结构性改革从酝酿到付诸实施，党中央、国务院出台了一系列支持企业做大做强的文件，先后发布了进一步完善资本市场①和支持企业重组②的两个"国九条"文件，从体制机制和宏观政策层面来全方位支持有条件的企业进行市场化的重组并购。另一方面，2014年底，财政部、国家税务总局联合发布通知③，较大幅度地降低了特殊性税务处理的门槛并扩大了政策适用范围，为有重组意向的企业提供了力度更大的政策支持和更多的政策选择。因此，初步判断在2014年之后，上市公司在实施重组交易时，对税收政策的调整特别是税收负担的变动应该更为敏感。

由此，进一步提出实证研究的假设3。

H3：2014年重组税收政策门槛降低后，企业实施重组的意愿有所增强。

5.2 基于上市公司重组的实证检验

对实证研究进行科学合理的设计是实证检验的逻辑起点。为提高实证研究的稳健性，在样本选择上需要考虑重组制度环境的稳定性和涉税数据获取的可行性，并对研究的时间跨度和重组主体进行合理界定。由于影响企业重组因素的复杂性和不确定性，需要借助必要的检验方法来筛查主要影响因素，并确定其对重组行为的影响程度。

5.2.1 样本企业与数据来源

考虑到研究对象的可比性和涉税数据的透明度，样本企业来源于国泰安经济金融数

---

① 《国务院关于进一步促进资本市场健康发展的若干意见》（国发〔2014〕17号）。
② 《国务院关于进一步优化企业兼并重组市场环境的意见》（国发〔2014〕14号）。
③ 《关于促进企业重组有关企业所得税处理问题的通知》（财税〔2014〕109号）。

据库中的并购重组数据库。鉴于现行企业所得税法是从 2008 年 1 月 1 日起开始实施，之前我国实行的是内外资企业区别对待的所得税制度，税收政策不具有统一性。此外，2009 年 4 月 30 日，财政部、国家税务总局联合发布了《关于企业重组业务企业所得税处理若干问题的通知》，该通知虽明文规定自 2008 年 1 月 1 日起实施，但实践中重组企业难以向前追溯调整适用。基于此，研究样本选择 2009 年 1 月 1 日至 2017 年 12 月 31 日期间的上市公司作为初步的研究样本。根据研究需要，对上述样本按照以下条件分两步进行了筛选和剔除：

第一步，为了确保样本企业间的同质性和涉税数据的完整性，剔除了以下企业：

（1）具有显著不同财务特征的金融业上市公司；

（2）关键性涉税数据存在明显缺失的上市公司。

在此基础上，再以发布重组公告的 A 股上市公司作为目标，将研究样本进一步锁定为实施了重组交易的上市公司。

第二步，考虑到研究样本应具有一定的代表性，同时要兼顾重组交易的完整性，进一步剔除了以下两类企业：

（3）重组金额小于 100 万元的样本公司；

（4）仅披露首次公告日期但未披露完成重组公告的样本。

经过上述两轮数据筛选和样本剔除，最终获得 13978 个符合条件的样本，其中 5762 个重组公司样本，8216 个作为配对样本。由于企业财务数据对外发布的滞后性，因此实际上选取了样本公司 2008 年 1 月 1 日至 2018 年 12 月 31 日发布的相关财务和税收数据作为研究对象。

通过对 2009—2017 年度目标公司与配对公司的样本数量按照年度进行分类统计，如表 5-1 所示，2009 年的重组公司样本为 210 个，占当年样本的比重为 18.18%；2010 年的重组公司样本为 205 个，占当年样本的比重为 18.06%，较 2009 年有略微下降。自 2011 年开始到 2015 年，重组公司样本数量和占比逐年上升。特别是以 2014 年为转折点，重组公司样本数量大幅跃升到了 1100 个以上，占总样本的比例则达到了 65.08%，重组公司样本在随后几年持续保持在 1000 个之上，初步验证了前面的研究假设。

表 5-1　　　　　　　　　重组企业样本时间分布表

样本年度	目标企业样本		配对企业样本		合计
	样本数（个）	比例（%）	样本数（个）	比例（%）	样本数
2009	210	18.18	945	81.82	1155
2010	205	18.06	930	81.94	1135
2011	244	20.37	954	79.63	1198
2012	338	24.83	1023	75.17	1361
2013	636	37.00	1083	63.00	1719

续表

样本年度	目标企业样本		配对企业样本		合计
	样本数（个）	比例（%）	样本数（个）	比例（%）	样本数
2014	797	43.06	1054	56.94	1851
2015	1193	65.08	640	34.92	1833
2016	1090	59.34	747	40.66	1837
2017	1049	55.53	840	44.47	1889

数据来源：国泰安经济金融数据库之并购重组数据库。

5.2.2 研究思路与方法

重组业务是一项关乎企业整体利益和长远发展的重大交易事项。由于企业重组的动机不同，加之不同属性、不同行业以及不同区域企业的重组环境也存在差异，导致影响企业重组的因素比较多，并且不同因素对企业重组的影响程度也不尽相同。为了尽可能比较全面地分析和考察可能对企业重组产生一定影响的因素，同时又要避免考虑次要和无关影响因素过多，反而"稀释"或"扭曲"主要因素对企业重组的影响程度，考虑先运用因子分析法来确定对企业重组产生影响的潜在因子，并进一步确定影响重组的主要因子。在此基础上，结合理论分析和重组企业的实际情况，分别加入重组企业所属的行业（参照证监会的行业分类标准划分）、所在地区的经济发展水平（对样本公司所处地区的GDP统计指标取自然对数）、重组年度（以上市公司公告开始重组的时点确定）和企业产权性质（是否为国有企业）等作为控制变量。

为了提高实证研究的可比性和严谨性，样本公司中既有成功实施了重组的目标公司，也有没有实施重组行为的配对公司作为对照组。企业重组的相关变量中，有些是连续变量，有些则是非连续变量，另外还存在一些虚拟变量。结合数据特征和下一步研究的需要，为了准确判别企业重组的主要影响因素及其对企业重组的影响程度，考虑在利用因子分析法确定企业重组的主要影响因子的基础上，根据企业重组税收政策的作用机理和我国企业重组税收政策的主要特征，针对样本企业的涉税数据，运用logistic模型对企业重组的影响因素特别是税收政策因素进行实证检验。

5.2.3 变量设定及内涵

近年来，我国企业重组面临的外部环境发生了深刻变化，税收政策也进行了动态调整完善，企业重组的形式和内容也日益呈现出新的特点。根据前面的分析，借鉴参考已有文献（Stuart，2010；潘红波等，2008；傅顾等，2014；韩洁等，2014；樊勇、王蔚，2014；王凤荣、苗妙，2015；逯东等，2019）的相关研究成果，对实证检验部分所涉及的主要变量作如下具体界定和解释说明，具体如表5-2所示。在选取变量的过程中，一方面考虑了理论上对企业重组特别是上市公司重组产生影响的具有较强相关性和确定性的指标，舍弃了次要的和弱关联性的指标；另一方面也适当考虑了变量获取和指标测度的可行性，尽可能全面和客观地反映影响企业重组的相关因素。

表 5-2　　　　　　　　　　变量定义与说明

理论依据	变量名称	变量代码	变量说明
财务协同效应	净资产收益率	ROE	净利润/所有者权益
	资产净利率	ROA	净利润/总资产
	托宾 Q	tobinQ	市值/总资产
自由现金流假说	自由现金流	Cash	自由现金流/总资产
	流动资产比率	flua	流动资产/总资产
过度自信理论	公司规模	size	上一年公司总市值的自然对数
债务税盾效应	资产负债率	RDA	总负债/总资产
股票市场驱动理论	股票收益率	EPS	每股税后利润
	市盈率	PE	每股市价/每股收益
效率理论	成长性	growth	主营收入增长率
大股东掏空理论	管理层持股	RGLC	高管持股数量/总股数
	股权集中度1	H	第一大股东持股比例
	股权集中度2	H_5	Herfindahl_5 指数，公司前5位大股东持股比例的平方和
委托代理理论	高管薪酬	SALARY	董事、监事及高管前三名薪酬总额的自然对数
税收协同效应	上一期有效税率	ETR	所得税费用/息税前利润
其他	行业	ind	行业虚拟变量
	年度	year	年度虚拟变量

5.2.4　描述性统计分析

确定了主要研究变量之后，表 5-3 针对样本的总体情况和数据特征进行了描述性统计。其中，税收因素变量 TAX 的最大值为 12192.736，最小值为 -27926.340，标准差为 286.558，说明样本企业间的实际税收负担指标差距较大。从代表企业盈利能力指标的 ROE 与 ROA 来看，样本企业间的净资产收益率的差距也比较大。而从股权集中度（H 与 H_5）和管理层控股（RGLC）等变量来看，样本企业间的差距则相对较小。综合多方面因素，将样本公司分为重组样本和非重组样本并进行对照分析，进而研究考察主要变量的基本特征，可能更有理论价值和实际意义。

在表 5-3 的基础上，还需要对目标公司样本与配对公司样本的主要统计量进行进一步的统计分析，如表 5-4 所示。在全部样本公司中，重组公司样本为 5762 个，非重组公司样本为 8216 个，从数据特征看，目标公司与配对公司样本之间既有一定的共通性，也存在较为显著的区别。具体来说，一方面，目标公司与配对公司样本在净资产收益率（ROE）、资产净利率（ROA）、股票收益率（EPS）、市盈率（PE）、成长性（growth）、税收负担（TAX）等变量上并未表现出统计口径上的显著差异性；另一方面，两者在托宾Q（tobinQ）、自由现金流（Cash）、流动资产比率（flua）、公司规模（size）、资产负债率（RDA）、第一大股东持股比例（H）和高管薪酬（SALARY）等变量之间，则存在比较显著的统计上的差异性。

表5-3 主要变量描述性统计

变量	最小值	最大值	平均值	标准差
TAX	-27926.340	12192.736	1.3030	286.558
ROE	-176.383	14.775	.036	1.754
ROA	-6.776	4.8367	.036	.106
tobinQ	.083	121.483	2.209	2.774
flua	.009	1.000	.548	.211
size	16.757	28.509	22.050	1.296
RDA	.007	8.612	.466	.245
EPS	-51.471	781.780	.208	6.886
PE	-129431.313	420284.625	116.358	3852.140
growth	-9.951	4500.016	1.507	46.101
RGLC	.000	.892	.089	.166
H	.000	.810	.143	.120
H_5	.000	.810	.159	.118
SALARY	10.43700	17.869	14.306	.735
GY	0	1	.22	.413
Cash	-5.697	12.122	-.001	.169

值得一提的是，如表5-4所示，单纯从统计指标来看，目标公司样本的TAX变量均值并不高，并且是负值，为-1.162。由于TAX变量是企业的所得税费用和同期息税前利润的比值，这也从总体上直观反映出不仅目标公司样本的实际税负水平不高，而且不少上市公司存在企业所得税或会计口径上的经营性亏损，并且一些企业的亏损金额还比较大，显著拉低了样本税负指标的均值，根据前面的理论分析和研究假设，这些企业发生重组行为的概率也比较大。与之形成鲜明对照的是，配对样本公司的TAX变量均值是正数，为4.818，明显高于样本公司TAX变量的数值，说明配对样本的实际税负相对较高，发生重组行为的概率比较小。不过，从初步的实证检验情况看，这一判断并没有通过统计上的显著性检验，原因可能在于税收因素只是影响企业重组的重要变量之一，但并不是决定性变量，具体还要结合后续实证研究的结论进一步加以综合分析判断。

表 5-4　　　　　　　　　目标公司与配对公司样本数据特征

变量	总样本均值	目标样本均值	配对样本均值	T值
TAX	1.3030	-1.162	4.818	-5.980
ROE	.036	0.030	0.046	-0.016
ROA	.036	0.036	0.037	-0.001
tobinQ	2.209	1.914	2.629	-0.715***
flua	.548	0.539	0.560	-0.021***
size	22.050	22.148	21.911	0.237***
RDA	.466	0.489	0.432	0.056***
EPS	.208	0.166	0.267	-0.101
PE	116.358	82.825	164.170	-81.345
growth	1.507	1.173	1.982	-0.808
RGLC	.089	0.056	0.137	-0.081***
H	.143	0.158	0.121	0.037***
H_5	.159	0.173	0.139	0.035***
SALARY	14.306	14.251	14.385	-0.133***
GY	.22	0.243	0.184	0.059***
Cash	-.001	0.002	-0.005	0.007**
样本数	13978	5762	8216	—

注：*、**、*** 分别表示在10%、5%和1%的水平上显著。

5.3　影响企业重组的因子分析

因子分析可以准确锁定影响企业重组的主要因素，是进行影响程度测度的前提。为此，需要通过适用性检验来对前面列举的企业重组相关影响因子进行综合判定。在这个过程中，需要借助合适的统计分析方法来对影响因子进行不同角度的检验和判断，并进行必要的分析和处理，以确保实证检验的严谨性和客观性。

5.3.1　因子分析适应性检验

结合前面的分析，在影响企业重组的多个因素中，既有经营管理方面的因素，也有财务核算的因素，还有税收政策等因素。实际情况是，这些因素可能存在内部关联、交叉渗透和相互影响，因此需要进行相关性检验。表 5-5 为初始变量的 pearson 相关性检验。根据检验结果，显示多个变量之间确实存在比较显著的相关性，这也说明确有必要进行因子分析。

表 5 – 5　　Pearson 相关性检验

	TAX	ROE	ROA	tobinQ	flua	size	RDA	EPS	PE	growth	RGLC	H	H_5	SALARY	Cash
TAX	1														
ROE	-0.002	1													
ROA	0.003	0.114***	1												
tobinQ	-0.024***	0.010	0.106***	1											
flua	0.005	0.021**	0.087***	0.088***	1										
size	0.005	0.011	-0.016**	-0.440***	-0.121***	1									
RDA	-0.011	-0.021***	-0.198***	0.022***	-0.004	0.160***	1								
EPS	0	0.001	0.001	-0.00300	0.003	-0.004	-0.008	1							
PE	-0.001	0	-0.005	-0.046***	0	-0.008	0	-0.00100	1						
growth	-0.001	0.003	0.003	0	0.019***	-0.050***	0.0110	0	0	1					
RGLC	0.001	0.011	0.070***	0.150***	0.158***	-0.274***	-0.165***	0.019**	-0.001	-0.011	1				
H	0.003	0.001	0.050***	-0.097***	-0.023***	0.259***	0.041***	0.002	-0.007	0.007	-0.128***	1			
H_5	0.004	0.001	0.059***	-0.093***	-0.028***	0.275***	0.032***	0.002	-0.006	0.008	-0.093***	0.982***	1		
SALARY	-0.002	0.033***	0.139***	-0.099***	0.092***	0.453***	-0.003	0	-0.009	-0.017**	-0.042**	0.032***	0.053***	1	
Cash	0.012	-0.011	0.082***	-0.016**	-0.116***	0.048***	0.028***	0	-0.003	-0.011	0.022**	0.048***	0.051***	0.034***	1

注：*、**、*** 分别表示在 10%、5% 和 1% 的水平上显著。

表 5-6 显示了 KMO[①] 和巴特利特检验[②]的结果。一般来说，KMO 统计量超过 0.9 时效果最好，如果低于 0.5 则通常不宜进行因子分析。重组样本数据的 KMO 取值为 0.725，较为适合进行因子分析。同时，巴特利特球形检验统计量的近似卡方值较大，并且显著性 sig＜0.01，据此可以否定相关矩阵为单位阵的零假设，即各变量之间存在着比较显著的相关性，这与表 5-2 所示的 Pearson 相关性检验得出的结论是一致的，因此适合进行进一步的因子分析。

表 5-6　　　　　　　　　KMO 和巴特利特检验

KMO 取样适切性量数		0.527
巴特利特球形度检验	近似卡方	63444.844
	自由度	105
	显著性	.000

为进一步观察企业重组的主要影响因子，需进行公因子方差分析，主要目的是反映公因子方差的累计贡献率。具体而言，公因子方差的累计贡献率越高，说明提取的公因子对于原始变量的代表性程度和解释率就越高，整体的效果也就越好；反之，则说明提取的公因子代表性程度和解释率越差，效果也就越差。

表 5-7 所示的公因子方差实际上是变量的共同度，其提取列表示变量共同度的取值，且共同度的取值范围为 [0, 1]。比如，以 TAX 变量的共同度为例，取值为 0.875，可以理解为 7 个公共因子可以解释 TAX 变量方差的 87.5%；而 ROE 变量的共同度为 0.392，则表示 7 个公共因子能够解释其方差的 39.2%，其余变量可以此类推。

表 5-7　　　　　　　　　公因子方差

原始变量	初始	提取	原始变量	初始	提取
TAX	1.000	.875	PE	1.000	.856
ROE	1.000	.392	growth	1.000	.241
ROA	1.000	.624	RGLC	1.000	.380
tobinQ	1.000	.466	H	1.000	.985
Flua	1.000	.653	H_5	1.000	.984
Size	1.000	.786	SALARY	1.000	.707
RDA	1.000	.619	Cash	1.000	.461
EPS	1.000	.594			

提取方法：主成分分析法。

---

① KMO（Kaiser-Meyer-Olkin）检验统计量是用于比较变量间简单相关系数和偏相关系数的指标，主要应用于多元统计的因子分析。KMO 统计量的取值在 0 和 1 之间。

② 巴特利特球形检验是一种检验各个变量之间相关性程度的检验方法。一般在做因子分析之前都要进行巴特利特球形检验，用于判断变量是否适合用于做因子分析。

在因子分析中，通常将特征值大于 1 的因子作为主成分，如表 5-8 所示，一共有 15 个成分。特征值大于 1 的因子有 7 项，表示能够解释的方差大小。结合表 5-5，前 7 个特征值的累计方差贡献率达到了 64.165%，即可以解释原有变量的 64.165%。表 5-8 第三列"提取载荷平方和"表示未经旋转时，被提取的七个公共因子各自的方差贡献信息与第一列中的三项取值相同，亦说明前七个公因子可以解释总方差的 64.165%。最后一列"旋转载荷平方和"，表示经过因子旋转后得到的新公因子的方差贡献值、方差贡献率和累积方差贡献率。可以看出，和未经旋转前相比，每个因子的方差贡献值虽然有所变化，但是最终的累计方差贡献率仍保持不变。

表 5-8 总方差解释

成分	初始特征值			提取载荷平方和			旋转载荷平方和		
	总计	方差百分比	累积（%）	总计	方差百分比	累积（%）	总计	方差百分比	累积（%）
1	2.423	16.156	16.156	2.423	16.156	16.156	2.037	13.582	13.582
2	1.656	11.039	27.195	1.656	11.039	27.195	1.741	11.603	25.185
3	1.369	9.128	36.323	1.369	9.128	36.323	1.627	10.847	36.032
4	1.150	7.669	43.992	1.150	7.669	43.992	1.185	7.901	43.933
5	1.013	6.751	50.743	1.013	6.751	50.743	1.015	6.766	50.699
6	1.012	6.746	57.488	1.012	6.746	57.488	1.015	6.765	57.463
7	1.001	6.676	64.165	1.001	6.676	64.165	1.005	6.701	64.165
8	.994	6.628	70.792						
9	.986	6.573	77.365						
10	.904	6.026	83.392						
11	.842	5.613	89.005						
12	.754	5.026	94.030						
13	.555	3.701	97.731						
14	.324	2.160	99.892						
15	.016	.108	100.000						

提取方法：主成分分析法。

为进一步验证表 5-8 的结论，考虑用碎石图进行主成分分析。图 5-1 为初始特征值即方差贡献度的碎石图。由碎石图可以比较直观清楚地观测到，曲线出现了明显的弯折（clear bent），并且在第 7 个公因子后特征值的变化开始趋于平缓。这也比较充分地验证了拟选取 7 个公因子进行实证研究，是比较恰当和契合实际的。

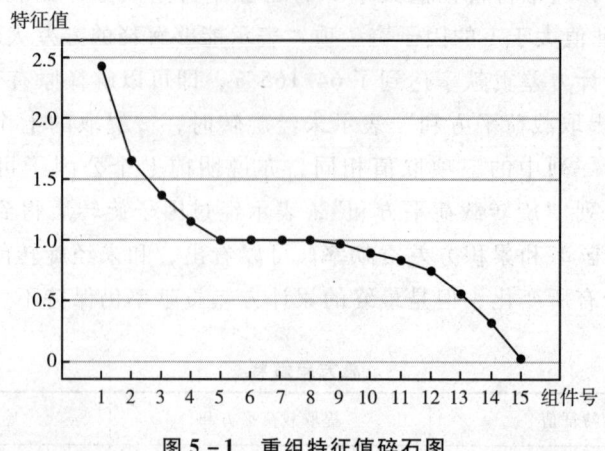

图 5-1　重组特征值碎石图

5.3.2　影响因子识别

表 5-9 是初始的未经旋转的因子载荷矩阵，表 5-10 为经过旋转后的因子载荷矩阵。显然，旋转后每个公因子上的载荷分配更为清晰，从而能够更加直观地解释各因子的实际意义。

表 5-9　　　　　　　　　　　　因子载荷矩阵

	成分						
	1	2	3	4	5	6	7
H_5	.782	.552	-.246	.078	.025	-.014	-.008
H	.779	.546	-.270	.082	.018	-.008	-.006
Size	.728	-.305	.399	-.017	.004	-.052	-.021
tobinQ	-.471	.404	-.161	.113	-.159	-.131	-.010
RGLC	-.399	.325	.112	.098	.242	-.182	-.035
RDA	.400	-.591	-.221	.237	-.052	-.048	.002
ROA	-.076	.540	.535	-.150	-.076	.111	.021
Salary	.310	-.080	.749	.146	.023	-.147	-.009
Flua	-.140	.135	.225	.733	.125	-.099	.045
Cash	.102	.075	.117	-.636	.052	-.143	.056
EPS	-.009	.031	.011	.009	.532	-.284	-.478
PE	.001	-.038	-.007	-.038	.565	.706	-.188
ROE	-.012	.131	.271	.014	-.306	.452	-.055
Growth	-.008	.028	-.058	.259	-.077	.322	.245
TAX	.011	.004	.024	-.065	.445	-.070	.816

提取方法：主成分分析法，提取了 7 个成分。

表 5-10　　　　　　　　　旋转后因子载荷矩阵

	成分						
	1	2	3	4	5	6	7
H	.989	.074	-.015	-.020	-.003	-.009	.001
H_5	.988	.093	.003	-.021	-.004	-.001	.003
Size	.228	.816	-.234	-.114	-.007	-.012	-.020
Salary	-.042	.781	.233	.164	-.110	.049	.000
tobinQ	-.050	-.514	.329	.185	-.228	.013	-.068
ROA	.074	.173	.754	-.043	.002	-.129	-.044
RDA	.039	.258	-.734	.092	-.033	-.036	-.025
RGLC	-.122	-.221	.412	.219	-.026	.290	.116
Flua	-.021	.084	.143	.782	-.064	.066	.075
Cash	.023	.109	.194	-.613	-.064	.124	.125
PE	-.012	-.004	.022	.015	.925	.015	.018
EPS	.029	.039	.032	.066	.192	.736	-.091
ROE1	-.026	.118	.264	.024	.168	-.448	-.279
Growth	.047	-.072	-.043	.243	.139	-.377	.106
TAX	-.001	.036	.031	-.018	.038	-.078	.930

提取方法：主成分分析法，旋转方法：凯撒正态化最大方差法。a. 旋转在 7 次迭代后已收敛。

对于一个变量来说，因子载荷是变量与公共因子的相关系数，因子载荷绝对值越大，则表示因子与该变量的关系越密切，从而更能代表这个变量。根据表 5-7，第一公因子更能代表 H（第一大股东持股比例）和 H_5（前 5 位大股东持股比例的平方和）两个变量因素；第二公因子更能代表 Size（企业规模）和 Salary（高管薪酬）两个变量；第三公因子则更适合代表 ROA（资产净利率）和 RDA（资产负债率）两个变量；第四公因子则较好地代表了 Flua（自由现金流）和 Cash（流动资产比率）两个变量；第五公因子可以代表 PE（市盈率）；第六公因子较好地代表了 EPS（股票收益率）、ROE（净资产收益率）及 Growth（主营收入增长率）这三个指标；第七公因子则代表了 TAX（上一期有效税率）。

（1）第一公因子及作用分析

就第一公因子来说，H（第一大股东持股比例）和 H_5（前 5 位大股东持股比例的平方和）代表了股权集中度。股权集中度越高，越容易在信息不对称的条件下进行决策，也更有可能形成合谋，并实现对公司和中小股东利益的"掏空"。因此，这是比 RGLC（管理层持股）更为集中和起决定性作用的关键变量，往往对企业重组起到至关重要的影响和反制作用。不仅如此，企业重组本身就是为了实现对目标企业的实际控制，而我国税法先后规定了股权收购占比至少要达到 75% 和 50% 的特殊性税务处理的门槛。由此，由于大股东的高持股比例，亦可以直接阻碍重组交易的实施，并对特殊性税务处理进行"一票否决"。实践表明，股权集中度比较高的企业发生重组的概率相对较低一些,而股权较为分散的上市公司则更容易发生重组甚至恶意重组并购。

(2) 第二公因子及作用分析

根据过度自信理论(Overconfidence Theory),企业管理层倾向于把 Size(企业规模)的不断扩大归结于自身的管理能力和决策水平,并逐渐形成过高的自我评价与估计。此外,企业高管的 Salary(高管薪酬)既与企业的规模存在较强的关联,反过来薪酬水平的提高又会在一定程度上进一步固化企业管理层对自己水平能力的过高估计,从而使其更加"自信"。其结果是,企业管理者既有可能在委托方授权代理的情况下,通过企业重组和资本运作寻求更大的企业规模和高管薪酬,也有可能因为过度自信和盲目导致重组中止或失败,其具体影响要通过进一步的实证检验来加以判断。

(3) 第三公因子及作用分析

就第三公因子来说,一方面,根据财务协同效应理论(Finance Synergy Effects Theory),企业通过重组行为,可以将低成本的内部资金用于投资被收购企业的更高收益的项目,从而提高企业整体资金使用效益特别是 ROA(资产净利率),并且在相同条件下,资产净利率越高,所形成的财务协同效应也就越显著。另一方面,根据债务税盾效应理论(Tax Shield from Debt),利息费用和 RDA(资产负债率)密切相关,对于重组业务中的收购方而言,资产负债率越高,重组过程中可在税前扣除的财务费用也就越多。此外,对于被收购方来说,取决于重组交易中对于负债的约定及处理方式,其资产负债率状况还会对重组交易价格产生直接或间接的影响。

(4) 第四公因子及作用分析

根据自由现金流理论(Free Cash Flow Theory),Flua(自由现金流)是企业经营活动产生的现金流量扣除资本性支出(Capital Expenditures)后的差额。自由现金流和 Cash(流动资产比率)密切相关,既充分考虑了股东的股权投资成本,也反映了在不影响公司持续发展的前提下,将这部分由企业核心收益产生的现金流自由分配给股东和债权人的经营红利。这意味着,良好的自由现金流代表企业还本付息的能力较强、流动资产比率合理、生产经营状况良好,因此实施重组并购的可能性也就越大。

(5) 第五公因子及作用分析

根据股票市场驱动理论(Security Market Drive Acquisition Theory),我国属于新兴市场经济国家,与发达国家成熟的资本市场相比,我国大部分上市公司的规模有限,股票价格波动较大,并且市场定价不够科学,PE(市盈率)差别比较显著,而这些情况和特征恰恰成为市场驱动重组并购的催化剂。一般认为,在一定时期内公司的市场价格和真实价值及盈利水平之间存在程度不等的偏离,当市盈率偏高时,往往意味着公司股价被高估,该公司更有可能成为重组并购的实施方;而当 PE(市盈率)偏低时,表示公司股价被低估,则该公司更容易成为被重组并购的对象。

(6) 第六公因子及作用分析

第六公因子主要是效率理论(Efficiency Theory)的直观反映。其基本逻辑是,由于经营管理等方面的原因,导致企业之间存在程度不等的效率差异,主要表现为 EPS(股票收益率)、ROE(净资产收益率)及 Growth(主营收入增长率)等指标之间的差别。

通过重组后的企业制度融合和管理能力提升,经营管理效率较低的公司会通过学习和磨合逐步接近效率较高公司的管理水平。与此同时,通过规模经济、成本节约和业绩改善,实现1+1>2的效果,从而带来收入的增长和企业收益率的提升。

(7) 第七公因子及作用分析

第七公因子代表了TAX(上一期有效税率),其理论依据、作用机理和主要影响在前面章节特别是假设1中已经进行了较为充分的论述和分析,此处不再赘述。

根据表5-11显示的成分得分系数矩阵表,分别用F_1、F_2、F_3,……,F_7表示7个因子的各自得分,各因子可以用如下公式表示:

$F_1 = -0.004\text{TAX} - 0.028\text{ROE} + 0.029\text{ROA} + \cdots - 0.021\text{Cash}$

$F_2 = 0.028\text{TAX} + 0.083\text{ROE} + 0.158\text{ROA} + \cdots + 0.063\text{Cash}$

$F_3 = 0.026\text{TAX} + 0.182\text{ROE} + 0.497\text{ROA} + \cdots + 0.159\text{Cash}$

$F_4 = -0.010\text{TAX} + 0.010\text{ROE} - 0.063\text{ROA} + \cdots - 0.528\text{Cash}$

$F_5 = 0.035\text{TAX} + 0.170\text{ROE} + 0.016\text{ROA} + \cdots - 0.067\text{Cash}$

$F_6 = -0.081\text{TAX} - 0.440\text{ROE} - 0.127\text{ROA} + \cdots + 0.121\text{Cash}$

$F_7 = 0.926\text{TAX} - 0.275\text{ROE} - 0.041\text{ROA} + \cdots + 0.121\text{Cash}$

鉴于本章研究的重点是企业重组税收政策的实施效果,需要重点测度税收因素对企业重组的影响程度,故需要特别指出决定因子F_7的主要变量为TAX,即代表了影响企业重组的税收因素。后续所做的Logistic回归分析,主要是结合前面的理论分析和若干假设,重点围绕因子F_7及其对企业重组的实际影响来展开。

表5-11 成分得分系数矩阵

	成分						
	1	2	3	4	5	6	7
TAX	-.004	.028	.026	-.010	.035	-.081	.926
ROE1	-.028	.083	.182	.010	.170	-.440	-.275
ROA1	.029	.158	.497	-.063	.016	-.127	-.041
tobinQ1	.045	-.273	.149	.119	-.211	-.003	-.069
Flua	.018	.099	.059	.665	-.053	.068	.080
Size	.019	.452	-.068	-.047	-.021	.015	-.015
RDA	-.018	.093	-.447	.124	-.051	-.022	-.024
EPS	.026	.043	.020	.062	.191	.729	-.094
PE	-.004	-.008	.033	.021	.913	.015	.016
Growth	.036	-.055	-.038	.210	.138	-.373	.108
RGLC	-.016	-.070	.227	.157	-.012	.276	.114
H	.501	-.065	.016	.029	-.003	.009	.003
H_5	.498	-.051	.029	.028	-.004	.018	.006
SALARY	-.095	.514	.204	.156	-.110	.068	.006
Cash	-.021	.063	.159	-.528	-.067	.121	.121

提取方法:主成分分析法,旋转方法:凯撒正态化最大方差法。

5.4 模型构建与实证研究结论

模型构建是实证研究的重点,也是验证前述三大基本假设的关键。结合理论分析、研究假设和样本特征,由于三大假设之间存在逻辑上的递进关系,需要构建相应的模型来对重组成功的企业以及对照样本进行政策效果的实证检验和结果分析,在此基础上考察产权性质对企业重组税收政策效应的影响,再进一步验证重组税收政策调整的情况下相关假设和研究结论是否成立。

5.4.1 模型构建

为对前述分析结论和研究假设进行实证检验,现用企业的重组行为(TC)作为模型的因变量:

$$\begin{cases} TC = 1, \text{if 样本企业为重组成功的样本} \\ TC = 0, \text{if 样本企业为非重组成功样本} \end{cases}$$

对于因变量取值为 1 或 0 的情况,运用 Logistic 回归模型对假设 1 进行检验,具体如下:

$$\ln \frac{P}{1-P} = \alpha_0 + \alpha_i F_i + \varepsilon$$

其中,F_i($i=1\cdots\cdots 7$)为前面用因子分析法锁定的 7 个主要影响因子。为了更加准确全面客观地检验税收政策对企业重组的实际影响,用原始变量 TAX 替换为因子变量 F_7,并参照证监会的行业分类划分标准,加入样本企业所属的行业作为虚拟变量,其中制造业细分到两位数,共计有 45 个行业,并将其作为模型的控制变量。

在此基础上,为对假设 2 进行检验,将全部样本分为国有企业组和非国有企业组,并分别检验样本为国有企业和非国有企业时,税收因素对其重组行为的实际影响。此外,为进一步检验 2014 年我国调整加大对企业重组税收政策支持力度对上市公司重组行为的影响,拟将样本分为前后两个阶段进行实证检验,其中 2009—2013 年为重组税收政策调整前的阶段,2014—2018 年为政策调整后的阶段。

5.4.2 Logistic 模型检验

(1)税收因素对上市公司重组的影响

首先,在(1)式中加入除代表税收因素的影响因子 F_7 以外的 $F_1 \sim F_6$ 等主要影响因子以及控制变量,构建二元 Logistic 模型 I;同时为了进一步检验税收因素对企业并购目标选择的影响,再构建二元 Logistic 模型 II。为提高检验结果的稳健性,进行随机效应 Logistic 的极大似然估计,分别得到模型 I – Re 和模型 II – Re。表 5 – 12 报告了这四个模型的估计结果。

在模型 I 中，暂时没有考虑税收因素影响因子。结果显示，除代表市盈率指标的 F_5 以外，股权集中度影响因子 F_1、代表企业规模和高管薪酬变量的影响因子 F_2、代表资产净利率和资产负债率变量的影响因子 F_3、代表公司现金流量的影响因子的 F_4 以及代表公司盈利状况的影响因子 F_6 均通过了 1% 水平上的显著性检验。而在随机效应 Logistic 估计中，六个影响因子的系数与模型 I 完全相同，并且显著性水平也与模型 I 相同。在模型 I 和模型 I-Re 中，影响因子 F_1、F_2 的系数均显著为负，表明股权集中度越高、企业规模越大、高管薪酬越高，发生重组行为的概率越低；影响因子 F_3、F_4、F_6 的系数均显著为正，说明现金持有水平越高、资产负债率越高、盈利情况越好的公司越有可能发生重组行为，上述回归结果和前面因子分析的理论预判和初步结论保持了基本一致。

表 5-12　　　　　　　　　Logistic 模型的估计结果

变量	模型 I	模型 I-Re	模型 II	模型 II-Re
F_1	-0.304 *** (0.0206)	-0.400 *** (0.0302)	-0.302 *** (0.0206)	-0.392 *** (0.0300)
F_2	-0.00619 (0.0194)	0.0984 *** (0.0282)	-0.0228 (0.0195)	0.0646 ** (0.0281)
F_3	0.316 *** (0.0248)	0.333 *** (0.0308)	0.315 *** (0.0247)	0.329 *** (0.0305)
F_4	0.174 *** (0.0219)	0.204 *** (0.0286)	0.171 *** (0.0221)	0.198 *** (0.0285)
F_5	-0.00274 (0.0206)	-0.0215 (0.0203)	-0.00144 (0.0211)	-0.0200 (0.0203)
F_6	0.339 *** (0.0498)	0.214 *** (0.0371)	0.299 *** (0.0485)	0.195 *** (0.0366)
TAX			-0.0712 *** (0.00809)	-0.0655 *** (0.00865)
常数项	-0.370 *** (0.142)	-0.332 (0.237)		-0.312 (0.234)
行业	控制	控制	控制	控制
伪 R^2	0.064		0.0687	
样本数	13978	13978	13978	13978

注：括号中为标准差，***、**、* 分别表示在 1%、5%、10% 的水平上显著。

进一步加入税收影响因子的模型 II 和 II-Re 的回归结果显示，上一期实际税负的系数为负，且通过了 1% 的显著性检验，说明上一期实际税负越低的上市公司，其发生重组行为的概率越高，验证了本章的假设 H1。这一结论至少可以从两个角度进行解释。

其一，对于盈利企业而言，企业的实际税负越低，通常说明公司的整体管理水平特别是财务状况良好并且有着规范科学的税务规划和明确的中长期发展战略，同时也有很多企业享受了区域性或行业性等税收优惠政策。如果进行重组，可以通过协同效应来提升公司竞争力，降低重组相关方的税收负担，实现更大的税收收益。其二，对于没有实现盈利的企业而言，上一期实际税负越低，意味着企业存在较大的可以在税前弥补的亏损。按照税法规定，符合条件的重组业务比如吸收合并下的特殊性税务处理，被合并企业的亏损可以由合并方结转弥补①，而且未对亏损企业吸收合并盈利企业的亏损弥补作出限制，因此重组企业既存在税务筹划的空间，也有主观上进行避税的动机。近年来上市公司的重组实践中，也出现过多例上市公司合并亏损企业的情况。②

（2）税收因素对不同产权性质上市公司重组的影响

考虑到我国公有制为主体、多种所有制经济共同发展的基本国情和各地上市公司开展重组的实际情况，为了更深入地考察税收因素对不同所有权性质上市公司重组行为的影响，现将样本公司分为国有企业样本和非国有企业样本两大类，通过对模型 II 和模型 II – Re 的估计，检验假设 H2 是否成立，其结果见表 5 – 13。

表 5 – 13　　　　　不同产权性质下税收因素对重组行为的影响

变量	模型 II		模型 II – Re	
	国有企业样本	非国有企业样本	国有企业样本	非国有企业样本
F_1	-0.224*** (0.0430)	-0.321*** (0.0238)	-0.247*** (0.0527)	-0.448*** (0.0354)
F_2	0.106** (0.0462)	-0.0416* (0.0223)	0.116** (0.0561)	0.0271 (0.0322)
F_3	0.295*** (0.0618)	0.311*** (0.0282)	0.306*** (0.0715)	0.357*** (0.0351)
F_4	0.153*** (0.0486)	0.167*** (0.0247)	0.176*** (0.0577)	0.179*** (0.0322)
F_5	0.717*** (0.270)	-0.0108 (0.0192)	0.609** (0.301)	-0.0252 (0.0206)
F_6	0.291*** (0.112)	0.391*** (0.0582)	0.270** (0.126)	0.251*** (0.0468)

---

① 现行税法规定，在特殊性企业所得税处理的条件下，可由合并企业弥补的被合并企业亏损的限额 = 被合并企业净资产公允价值 × 截至合并业务发生当年年末国家发行的最长期限的国债利率。

② 2015 年，湖北楚天高速公路股份有限公司（股票代码 600035，公告编号：2015 – 25）发布了关于公司吸收合并子公司适用特殊性税务处理的公告，湖北楚天高速公路吸收合并鄂北公司符合特殊性重组要求，可按照特殊性重组进行税务处理。吸收合并前鄂北公司未弥补的亏损额为 442846237.56 元（其中 2011 年度亏损 64562000.46 元，2012 年度亏损 150191378.70 元，2013 年度亏损 127025777.80 元，2014 年度亏损 101067080.60 元），可由湖北楚天高速公路股份有限公司按照税法规定予以弥补。

续表

变量	模型 II		模型 II - Re	
	国有企业样本	非国有企业样本	国有企业样本	非国有企业样本
TAX	-0.0448*** (0.0133)	-0.0827*** (0.0103)	-0.0448*** (0.0143)	-0.0802*** (0.0111)
常数项	-0.699* (0.376)	-0.260* (0.155)	-0.879* (0.474)	-0.246 (0.259)
行业	控制	控制	控制	控制
伪 R^2	0.0591	0.1462		
样本数	3047	10918	3047	10918

注：括号中为标准差，***、**、*分别表示在1%、5%、10%的水平上显著。

可见，产权性质对我国上市公司的重组行为确实产生了差别化的影响。在国有企业样本组中，重组行为主要受到股权集中度、资产负债率、资产净利率、盈利情况等因素的影响，除个别影响因素外，模型 II 与 II - Re 的检验结果基本一致。而与之对应的非国有企业组，除代表市盈率指标的影响因子 F_5 以外，其他因子均对上市公司的重组行为产生显著影响。更为重要的是，通过比较税收因素对国有企业和非国有企业样本组的影响程度，发现上一期实际税负对两类上市公司的重组行为均产生了显著的负向影响，但无论是模型 II 还是模型 II - Re 的检验结果都显示，税收因素对非国有企业重组行为影响的绝对值约为国有企业的 2 倍，显然非国有上市公司对于企业重组的税收政策更为敏感，这一结论比较充分地验证了假设 2。究其原因，除了前面的理论分析之外，在对上市公司进行产权分类、数据整理和政策分析的过程中，又进一步发现了可能导致国有企业对重组税收政策的敏感性不如非国有企业的两方面主要原因。

其一，国有企业更容易获取各级政府针对重组交易的各类"排他性"政策优惠包括税收优惠，导致其对实际税负和普遍适用的重组税收政策不如非国有企业敏感。具体而言，很多国有上市公司在重组或改制过程中，不仅可以获得土地划拨、财政补贴、无息借款、人员安置等优惠待遇，而且还有可能获得财政部、国家税务总局以及地方政府的税收优惠和个案批复等各种"特殊照顾"。比如按照税法规定，对国有企业在重组改制上市过程中发生的资产评估增值应缴纳的企业所得税不征收入库，直接转为国有资本金，且对上述经过评估的资产，企业可按评估后的资产价值计提折旧或摊销，并在企业所得税税前扣除[①]。由于非国有企业通常难以享受这些"超特殊"的各种优惠待遇，导致其对税收政策和税收优惠的反应比国有企业更为敏感。

其二，根据很多国有上市公司的所发布的重组公告，很多重组行为是由国资委决定

---

① 个案批复如《关于中国水利水电建设集团公司重组改制上市资产评估增值有关企业所得税政策问题的通知》（财税〔2010〕48号），普遍性的规定如《关于企业改制上市资产评估增值企业所得税处理政策的通知》（财税〔2015〕65号），等等。

直接采取资产或股权行政划转的方式①。在这一过程中,与市场化的非国有企业相比,国有上市公司缺少自主决策权,也无法根据实际情况来选择重组方式及相应的税务处理。与此同时,在这类重组过程中,国有企业既不需要确认应税所得,也不改变资产、股权的原有计税基础,通常也没有对价支付或者货币形式的补偿②,税收政策难以通过重组所得递延、改变资产计税基础、融资费用扣除或亏损结转弥补等政策效应来发挥作用。相对来说,非国有企业由于具有较大的经营自主权和重组决策权,可以根据自身情况和重组目的,选择更为有利的重组方式并进行最优的税务处理,因此对税收因素和重组税收政策的反应也更为敏感和强烈。

5.4.3 降低税收政策门槛的实证检验

为了动态考察税收政策变动对企业重组的实际影响,需要进一步对2014年我国降低税收政策门槛即重组税收政策调整的效应进行实证检验。为此,将样本分为两个阶段,即2009—2013年为税收政策调整前的阶段,2014—2018年为政策调整后的阶段,分别检验税收因素对不同阶段企业重组行为的影响,检验结果如表5-14所示。

表 5 – 14　　　　　　重组税收政策调整对企业重组的影响

变量	模型 II		模型 II - Re	
	2009—2013 年	2014—2017 年	2009—2013 年	2014—2018 年
F_1	-0.226*** (0.0330)	-0.321*** (0.0238)	-0.247*** (0.0394)	-0.379*** (0.0391)
F_2	-0.183*** (0.0335)	-0.0416* (0.0223)	-0.189*** (0.0405)	-0.107*** (0.0368)
F_3	0.237*** (0.0332)	0.311*** (0.0282)	0.249*** (0.0386)	0.249*** (0.0456)
F_4	0.260*** (0.0362)	0.167*** (0.0247)	0.268*** (0.0418)	0.121*** (0.0354)
F_5	0.104 (0.129)	-0.0108 (0.0192)	0.0497 (0.139)	0.00102 (0.0301)
F_6	0.158*** (0.0553)	0.391*** (0.0582)	0.136** (0.0594)	0.395*** (0.0971)

---

① 《上海建工集团股份有限公司关于国有股份无偿划转的提示性公告》(股票代码:600170,公告编号:临2015-004)显示,上海建工(集团)总公司拟将其持有的上海建工集团股份有限公司1325793945股股份无偿划转予上海市国有资产监督管理委员会之全资子公司上海国盛(集团)有限公司。

② 《湖南江南红箭股份有限公司简式权益变动报告书》(股票代码000519)显示,中兵投资是兵器集团的全资子公司,2015年5月中兵投资通过股权无偿划转划入兵器集团持有的江南红箭56318207股股份。

续表

变量	模型 II		模型 II - Re	
	2009—2013 年	2014—2017 年	2009—2013 年	2014—2018 年
TAX	-0.0232*** (0.00823)	-0.0827*** (0.0103)	-0.0252*** (0.00875)	-0.0946* (0.0504)
常数项	-1.588*** (0.262)	-0.260* (0.155)	-1.735*** (0.319)	0.415 (0.286)
行业	控制	控制	控制	控制
伪 R^2	0.0486	0.0611		
样本数	6563	7410	6563	7410

注：括号中为标准差，***、**、*分别表示在1%、5%、10%的水平上显著。

由表 5 - 14 可以非常直观地看出，加入税收因素的模型 II 与 II - Re 的检验结果在 2014 年前后两个时间段产生了非常明显的差异。降低税收政策门槛前，税收因素对上市公司重组行为的影响系数分别为 -0.0232 和 -0.0252，且通过了 1% 水平上的显著性检验，可以理解为实际税负每降低 1 个百分点，可以促使上市公司重组成功的概率分别提高 0.0232 和 0.0252 个百分点；而降低税收政策门槛后，税收因素对上市公司重组的影响大幅提高到 -0.0827 和 -0.0946，即实际税率每降低 1 个百分点，上市公司重组成功的概率分别提高了 0.0827 和 0.0946 个百分点，比重组税收政策调整前分别提高了 0.0595 和 0.0694，相对分别提高了 2.56 倍和 2.75 倍，充分说明了企业重组税收政策条件放宽后上市公司对税收因素的敏感度显著提高，重组税收政策更加有效，更有利于企业重组的开展。至此，本章提出的三个基本假设都得到了比较好的重组样本数据支撑、实证检验结果支持和理论实践相互印证。

当然，因子分析和 Logistic 模型在动态测度企业重组税收政策变化的实际影响方面还存在一些局限性，为深入细致地研究判定税收政策在某一时点变化后对企业重组的实际影响，下一章将运用断点回归的方法进行进一步的测度分析。

5.5 本章小结

本章筛选 2008 年 1 月 1 日至 2018 年 12 月 31 日期间发布重组公告的约 1.4 万家（件）上市公司重组实例作为研究对象，运用因子分析法确定影响企业重组的因素，并借助 logistic 模型对企业重组的主要影响因子进行实证检验，从而对我国企业重组税收政策的实施效果进行评价。实证研究结论主要有三点：

第一，税收对企业重组存在显著影响，集中表现为实际税负越低的企业，发生重组的概率越高。原因主要有两个方面：一方面，对于盈利企业，实际税负越低通常意味着企业整体管理水平较高，同时很多企业享受了行业或区域性等税收优惠，通过重组的协同效应能给重组企业带来更多收益。另一方面，对于非盈利的企业，实际税负越低代表着企业亏损的金额越大，通过企业重组可以结转更多的亏损以降低税收负担，也更容易实施重组行为。这表明，合理降低企业税负、扩大重组税收优惠，有助于支持企业重组的开展。

第二，税收政策对非国有企业的重组行为影响更为显著，其影响系数大约是国有企业的 2 倍。原因主要有三个方面：其一，国有企业更容易获取政府针对重组交易的各种优惠待遇包括税收优惠，导致其对税收因素不如非国有企业敏感；其二，很多国有上市公司的重组行为由政府及国资部门决定，并直接采取了资产或股权行政划转的方式，重组各方自主决策权有限，难以选择期望的重组方式及税收待遇；其三，非国有企业具有较大的经营自主权和重组决策权，可以根据自身情况选择更为有利的重组方式和最优化的税务处理，对税收政策也的反应也更为强烈。这表明，应提高重组税收政策的公平性和透明度，重组税收政策应更多地考虑和反映非国有企业的合理诉求。

第三，2014 年我国对企业重组税收政策进行调整优化后，上市公司对税收因素的敏感度显著提高，税收政策效果进一步显现。原因在于，2014 年的重组税收政策调整进一步加大了对企业重组的支持力度，不仅降低了特殊性税务处理的比例要求，而且扩大了重组税收政策的适用范围。这表明，为了提高企业重组税收政策的效果，可以考虑进一步改革完善企业重组税收政策，适度加大税收对企业重组的支持力度。

第 6 章
企业重组税收政策调整的断点回归

实践中企业重组是不断向前发展的,我国企业重组的税收政策也在不断适时调整并呈现出阶段性变化的特征,需要进行细致深入地动态考察和对比分析,以客观反映企业重组税收政策的实施效果。考虑到近年来我国对企业重组税收政策最大的一次调整发生在 2014 年,主要是通过降低递延重组所得的条件和扩大特殊性税务处理的范围来更好地支持企业重组的开展。为此,本章利用断点回归的方法,针对制度断点并设置不同带宽,来动态考察企业重组税收政策调整的实际效果。

6.1 断点回归思路设计

6.1.1 断点回归的现实背景

就企业重组的税收环境而言,一方面,从大的税制架构看,我国 2008 年实现了内外资企业所得税法合并,企业所得税的法定税率统一调整为 25%,并一直持续至今;另一方面,从具体税收政策规定看,《关于企业重组业务企业所得税处理若干问题的通知》从 2008 年 1 月 1 日开始实施,此后重组业务的企业所得税待遇一直保持相对稳定,为断点回归提供了一个总体可比的制度基础和政策框架。

近年来,企业重组税收待遇最为显著的变化发生在 2014 年底。为进一步支持企业重组,按照国务院部署[1],2014 年 12 月,财政部、国家税务总局联合下发了《关于促进企业重组有关企业所得税处理问题的通知》,规定自 2014 年 1 月 1 日起,将特殊性税务处理中对股权和资产转让的最低比例要求由 75% 大幅下调为 50%,并给予符合条件的股权和资产划转以特殊性税务处理的待遇。也就是说,在重组业务适用的税收原理和税务处理方式保持不变的情况下,企业重组优惠待遇的前提条件和政策门槛在这一时点出现了显著的"跳跃",如图 6-1 所示,从而外生地改变了企业重组的税收政策环境和发生概率,出现了税收政策上的"断点"。

---

[1] 《国务院关于进一步优化企业兼并重组市场环境的意见》(国发〔2014〕14 号)。

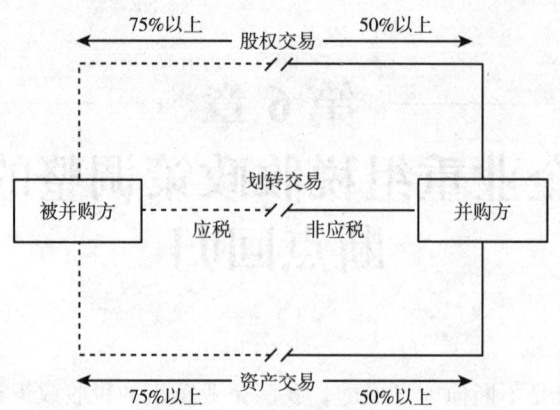

图 6－1　2014 年我国企业重组税收政策变动

6.1.2　断点回归方法选择

断点回归（Regression Discontinuity Design）是一种拟随机实验。理论研究表明，在因果关系分析的实证方法中，随机实验是最优的选择。由于主客观因素的制约，在现实中随机实验的实施往往受到诸多条件的限制，而断点回归方法既可以比较好地避免参数估计的内生性问题，从而更加真实客观地反映出变量之间的因果关系，其实证结果也最接近随机实验结论。与双重差分法和工具变量法相比，断点回归也更加接近于随机试验，可以说是更好的因果识别方法。

实践中，断点回归通常利用制度特点或政策规则的变动，来观测相关经济个体是否受到相应的"处理"（treatment）。Lee（2008）认为，在难以进行随机实验的情况下，断点回归不仅可以避免参数估计的内生性问题，而且能够把变量之间的因果关系更为真实地反映出来。具体而言，断点回归包括精确断点回归（Sharp RD）和模糊断点回归（Fuzzy RD）这两种分析方法。其中，在精确断点回归分析里，个体在断点处得到处理的概率从 0 跳跃到 1；而在模糊断点回归分析中，个体只是在断点处发生了一个概率性的跳跃，但并不完全是从 0 跳跃至 1。

可见，给定某个协变量，其处理状态的概率或者期望值如果发生的是不连续的变化，则适合进行模糊断点回归分析。这种情况下，不连续性可以作为进行因果识别设计时处理状态的工具变量。站在这个角度，2014 年我国对企业重组税收政策的大幅度调整，非常适合采用断点回归设计来研究税收政策变化对企业重组行为的影响和政策效应。考虑到此次重组税收政策调整文件的颁布日期是 2014 年 12 月 25 日，同时又允许向前追溯至 2014 年 1 月 1 日起实施，由于企业重组需要持续一定的时间，改变既定的重组方案也存在一定的难度和风险。在此期间虽然有部分重组企业选择适用新的政策规定，也有很多企业仍按照旧的规定进行了税务处理，即并不是所有重组企业都在同一时间点转为按照新规定进行税务处理，因此采用模糊断点回归的分析方法更为科学合理。

通常情况下，模糊断点回归估计可以通过非参 IV 估计或参数两阶段最小二乘法两种方式来实现，并且两者是等价的。在此过程中，一般会将样本限制在断点附近，并适当放松对具体函数形式的要求。与此同时，在进行模糊断点回归分析时，需要确定合理的带宽，即根据研究需要和具体情况合理选取设定样本与断点的距离。一般认为，带宽越窄，对函数形式和控制变量的要求就越小，但会损失更多的样本观测值，进而影响估计的精度。为此，拟在后续断点回归分析部分采用多个带宽设定，以确保断点回归结果的稳定性。

6.2 断点回归模型设定

6.2.1 断点回归变量设定

断点回归虽然早在 1960 年就被提出，但是直到 20 世纪 90 年代末之后才被尝试并逐步应用于经济学范畴的实证研究。对于模糊断点回归的研究设计，具有代表性的如 Angrist 和 Lavy (1999) 针对以色列班级规模变化的制度断点，就班级规模对学生考试成绩的影响进行了实证研究；Klaauw (2002) 利用断点回归分析估计了高校设置的大学生奖学金制度对大学入学率的影响程度。国内学者如雷晓燕 (2010) 以中国退休制度的变化为断点，考察了退休制度对于员工健康的实际影响。张川川、John Giles、赵耀辉 (2014) 和刘西国、刘晓慧等 (2017) 采用断点回归和双重差分识别策略，估计了"新农保"对农村老年人收入、贫困、消费、主观福利和劳动供给的综合影响。在财税领域，毛捷、汪德华、白重恩 (2012) 利用中国国家级贫困县的制度变化，深入研究了我国贫困县政策对财政支出结构的影响。贾俊雪等 (2014) 利用断点回归方法考察了 1992—2011 年间我国财政和货币政策变动在促进房地产价格和实际汇率稳定中的作用。马光荣、郭庆旺等 (2016) 基于 1997—2009 年我国县级层面数据和中央对国家级贫困县资格的划分，采用断点回归方法估计了一般性转移支付和专项转移支付对地方经济增长的影响。此外，田彬彬等 (2017) 结合 1998—2007 年中国工业企业微观数据，利用我国在 2002 年进行的企业所得税分享改革的时间节点，运用模糊断点回归考察了税制改革对企业行为和经营绩效的实际影响。

参考借鉴上述学者的研究思路，结合前面章节的理论分析和实证研究结论，针对 2014 年我国企业重组税收政策的调整情况和实施时间，设置如下两个基本模型：

$$\text{Tax}_{it} = \alpha + f(\text{assigment}_{it}) + \gamma X_{it} + \varepsilon_{it} \tag{1}$$

$$Y_{it} = \partial + \varphi \widehat{\text{Tax}}_{it} + f(\text{assigment}_{it}) + \rho X_{it} + \varepsilon_{it} \tag{2}$$

模型 (1) 中的因变量为企业上一期的实际税负，$\widehat{\text{Tax}}_{it}$ 则为第一阶段回归的被解释变量拟合值，其系数 φ 是企业税负对于企业重组行为的局部平均处理效应 (Local Average Treatment Effect)。一般认为，在模糊断点回归中，两阶段最小二乘法 (2SLS) 是进行参数估计的标准做法。从过程来看，模糊断点回归可以分两个步骤进行。第一步是将解释变量对工具变量进行回归,从而得到解释变量的拟合值;第二步是将第一步得到的解释变量拟合值代入方程,并对被解释变量进行回归,进而得到两阶段最小二乘法的回归结果。

具体来说,在第一步的回归中,主要是依照模糊断点回归的基本原理和方法,将企业重组税收政策变量的工具变量设定为虚拟变量,即对成功实施重组的企业标记为1,重组失败的企业标记为0;驱动变量 assigment 表示距政策开始时点的距离,$f(assigment_{it})$则是驱动变量的多项式,考虑到税收政策可能存在一定的时滞和企业重组的实际情况,assigment 为企业重组发生时间与2015年之间的差值。在前面章节已经采用因子分析法和 Logistic 模型验证了对企业重组有显著影响的因子,X 为控制变量,具体包括企业规模、企业第一大股东的持股比例以及企业是否为国有企业。与此同时,为了保证断点回归因果推断的一致性,防止控制变量的加入对结果的影响,在基本回归中仅控制了年份、省份和行业的虚拟变量。模型(2)中 Tax 为模型(1)的估计结果。

表6-1给出了主要变量的描述性统计。第一列是具体的变量,第二列是对变量的定义和描述,第三列显示了各个变量的样本数量,第四列是变量的均值,第五列则为变量的标准差。同时,为尽量避免出现多重共线性问题,对模型变量进行了方差膨胀因子(VIF)检验,检验结果显示 VIF 低于10,说明变量之间不存在共线性。

表6-1 主要变量的描述性统计分析

变量名	变量定义	样本数	均值	标准差
Success(是否重组成功)	0-1虚拟变量	132000	.104	.306
Tax(实际税负)	所得税费用/总资产	131000	.138	3.3
Shrhfd(第一大股东持股比)	股份数/总股本	116000	.15	.124
Size(企业规模)	企业总资产对数	117000	22.041	1.378
GY(是否国有)	0-1虚拟变量	117000	.323	.468

6.2.2 断点回归有效性检验

断点回归的系数通常取决于在断点附近很小范围的领域内对局部平均处理效应的估计。受此影响,回归系数的一致性和无偏性可能会受到一些样本对于驱动变量操纵的干扰,甚至会影响到断点回归结果的准确性。为了保证因果推断的客观性和有效性,实施断点回归需要满足一定的前提条件,首要的就是确定驱动变量在制度断点附近是否连续分布,也就是需要判断在断点附近是否存在样本企业操纵驱动变量的问题。

(1)驱动变量是否连续分布

根据前面的模型设定,驱动变量是企业发生重组的时间。在此前提下,需要进一步甄别并考虑,为了能够适用企业重组新的税收政策规定和更大的优惠待遇,是否有样本企业人为改变原定重组时间的可能。而现实情况是,我国改变企业重组税收政策前提条件和适用范围的政策规定是2014年12月25日发布的,既没有自发布之日起开始实施①,也没有在发布 30 日②后实施,而是基于有利追溯的原则,作出了向前追溯至 2014 年 1 月 1 日起开始实施的规定③。从这个角度讲,新的企业重组税收政策规定比原规定更加优惠,企业主观上不可能为了规避更加优惠的税收待遇而提前实施重组行为;另一方面,由于重组税收政策的制定过程是严格保密的,并且政策颁布时作出了向前追溯实施的规定,企业客观上也没有必要推迟重组的实施时间以适用新的重组政策规定。

为了进一步验证驱动变量是否连续分布,如图 6-2 所示,从我国上市公司重组行为发生的年份分布看,无论是每年 A 股上市公司重组企业的绝对数量,还是实施重组企业占全部 A 股上市公司的相对比重,企业重组的数量分布在 2014—2015 年附近并不存在明显的跳跃或大的波动。与此同时,为了更加严格地检验驱动变量在断点附近的连续性,对企业成立时间的分布进行了 McCrary 检验,检验结果也表明,在断点附近,企业成立时间的分布差异并不显著,适合进行断点回归分析。

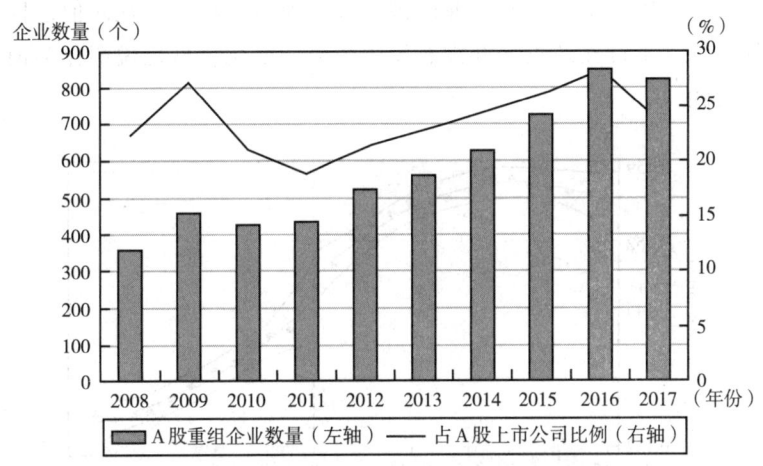

图 6-2 A 股上市公司重组年份分布图

(2) 前定变量的连续性

除了要确认驱动变量的连续分布之外,还要进一步确定前定变量是否连续,这也是断点回归结果是否稳健的重要基础。而运用图形来分析相关因素是否连续,是断点回归分析的常用方法。图 6-3 是样本企业第一大股东持股比例的断点图,时间单位为季度。可以看出,第一大股东持股比例总体保持稳定,介于 21.7%—22.4% 之间,呈现出略微上升趋势,并且在断点处没有发生明显的变化,说明作为前定变量之一的第一大股东持股比例是连续的。

---

① 《国家税务总局关于修改〈税收规范性文件制定管理办法〉的决定》(税务总局令第 50 号)第十四条规定,税收规范性文件应当自公布之日起 30 日后施行。税收规范性文件发布后不立即施行有碍执行的,可以自发布之日起施行。与法律、法规、规章或者上级机关决定配套实施的税务规范性文件,其施行日期要与上述文件保持一致的,不受本条第一款、第二款时限规定的限制。

② 《财政部规范性文件制定管理办法》(财办〔2013〕42 号)第三十条规定,规范性文件应当自公布之日起 30 日后施行,但公布后不立即施行将有碍规范性文件执行的,可以自公布之日起施行。

③ 《中华人民共和国立法法》第九十三条规定,法律、行政法规、地方性法规、自治条例和单行条例、规章不溯及既往,但为了更好地保护公民、法人和其他组织的权利和利益而作的特别规定除外。

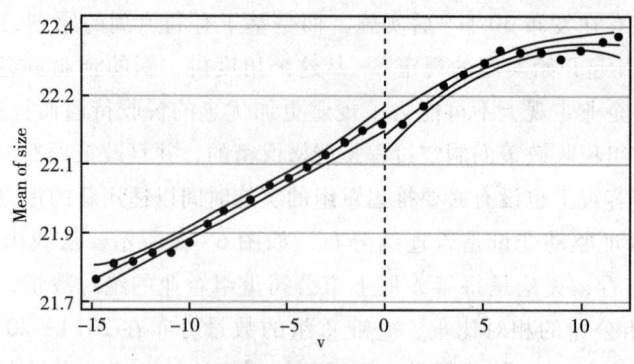

图6-3 样本企业第一大股东持股比例

图6-4是样本企业规模的断点图,具体采用企业总资产的对数值来衡量,时间单位仍为季度。同样可以看出,样本企业的规模基本保持了稳定,观测值总体上呈现出规模有所缩小的趋势,不过在断点处并没有发生明显的变化,这也说明作为前定变量的企业规模也是连续的。

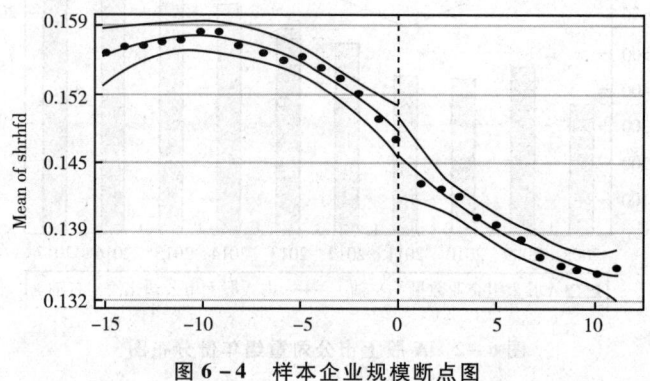

图6-4 样本企业规模断点图

最后一个前定变量是样本企业的产权性质是否为国有。图6-5反映了样本企业是否为国有企业的情况,时间单位仍为季度。可以比较清晰地看出,断点附近样本企业的产权属性是基本稳定的,观测值介于0.17和0.18之间,而且在断点处也没有发生明显

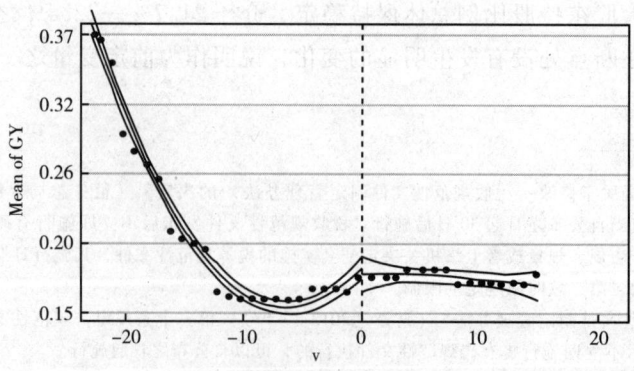

图6-5 样本是否为国有企业断点图

的变化,总体上保持了连贯和稳定的趋势,这亦说明包括企业产权属性在内的所有前定变量都是连续的,适合进一步进行模糊断点回归的测度。

(3) 样本跳跃与处置效应的存在性

在保证所有前定变量连续的同时,实施模糊断点回归还要求存在一个真实有效的一阶段。为了直观清楚地观测临界值附近的样本点是否存在跳跃,可以在坐标系中将样本点和决定处置的关键变量即实际税负描述出来。如果样本点没有出现相应的跳跃,则说明断点回归在模型设计和识别方面可能存在一些问题;反之,如果样本点存在跳跃,说明确实存在前面所说的处置效应,可以进行后续的模糊断点回归。图 6-6 为样本企业实际税负与年限的断点图,从中可以很直观地观察到,在企业重组税收政策发生变动的断点附近,企业的实际税负出现了比较明显的跳跃,再次验证了运用模糊断点回归分析的方法是切实可行的。

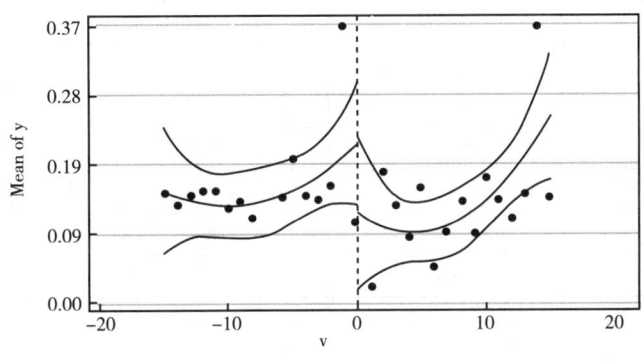

图 6-6 样本企业实际税负断点图

6.3 重组断点回归及稳健性检验

6.3.1 模糊断点回归

首先进行基于最小二乘法 (OLS) 的回归,并控制了年份、省份和行业的固定效应,以便与后续断点回归的结果进行比较。为此,分别以样本是否为国有企业、第一大股东持股比例和企业规模来观测企业重组的实际变化,并以企业的实际税负为解释变量进行回归。为了使系数具有更强的可比性,在样本企业的范围控制上,拟参照断点回归的基本思路,分别对企业重组税收政策调整前后 3 个季度、6 个季度和 9 个季度这三个不同的带宽进行回归分析,逐步从断点两侧扩大样本企业的范围,具体结果如表 6-2 所示。

从初步回归结果来看,对于不同的带宽设定,企业的实际税负对于重组事项的成功率均具有一定的负向影响作用,即企业税负的下降会在一定程度上提高企业重组的概率和成功率。随着带宽逐步放大到 9 个月,企业实际税负的负向影响作用明显扩大,但是总体上并不显著。结合前面对样本企业实际税负断点图的分析，考虑到企业的实际税负在断点处存在明显的跳跃，而普通 OLS 方法可能存在内生性，反向因果关系的存在可能低估了企业实际税负对企业重组的真实影响，对此需要作进一步的测度和分析。

表 6-2　　　　　　　　　不同带宽断点回归结果

被解释变量	是否成功并购		
带宽（季度）	±3	±6	±9
实际税负	-0.0004 (-0.17)	-0.0004 (-0.17)	-0.0009 (-0.35)
是否国有	-0.1208*** (-3.82)	-0.1579*** (-6.66)	-0.1426*** (-7.16)
第一大股东持股比例	-0.9839*** (-8.16)	-1.1409*** (-12.44)	-1.2080*** (-15.43)
企业规模	-0.0533*** (-4.53)	-0.0509*** (-5.81)	-0.0431*** (-5.86)
行业固定效应	控制	控制	控制
省份固定效应	控制	控制	控制
年份固定效应	控制	控制	控制
样本量	22651	41831	60743

注：括号中为标准差，***、**、* 分别表示在 1%、5%、10% 的水平上显著。

而在控制变量中，是否为国有性质对企业重组的成功率也具有比较显著的负向影响作用，这表明与非国有企业相比，国有企业重组的频率和概率相对更低一些，同时也从另一个侧面反映和验证了国有企业对于实际税负变动的敏感性较低。此外，第一大股东持股比例对企业重组也表现出十分显著的负向影响，说明股权集中度越高的企业，其发生重组的难度相对更大一些。企业规模对重组成功率也表现为比较显著的负向影响，表明随着规模的增加，企业重组的审慎性和复杂性也有所增加，发生重组的概率相对更低一些，但是其影响程度比企业性质和股权集中度要弱一些。从理论上看，在断点附近较小带宽范围内的企业面临大致相同的外部环境；结合实际情况分析，由于基本排除了企业人为操纵重组行为的可能性，那么断点附近两侧企业在重组行为上呈现出的差异性，可以主要归结为企业重组税收政策调整所带来的影响。

在此基础上，再进行模糊断点回归，表 6-3 显示了基于模糊断点回归设计的最终回归结果。从中可以非常直观和真切地观测到两点基本结论。其一，企业实际税负对重组行为表现出十分显著的负向影响，不同带宽的回归系数呈明显增大的特征，而且都通过了敏感性检验；其二，企业是否为国有企业、股权集中度和企业规模对重组概率的影响都出现了程度不等的下降，通过与前面的 OLS 结果进行对比可以发现，由于 OLS 回归中内生性的存在，低估了实际税负对企业重组的真实影响，而借助模糊断点回归则较为真实地还原和反映了税收政策调整对企业重组的实际影响。

表 6-3 模糊断点回归结果

被解释变量	是否成功并购		
带宽（季度）	±3	±6	±9
实际税负	-0.1544*** (-82.52)	-0.1975*** (-68.95)	-0.2287*** (-59.83)
是否国有	-0.0347* (-1.66)	-0.0497*** (-2.85)	-0.0498*** (-3.31)
第一大股东持股比例	-0.1417 (-1.47)	-0.2149** (-2.37)	-0.2557*** (-2.84)
企业规模	-0.0109 (-1.36)	-0.0131** (-2.07)	-0.0098* (-1.85)
行业固定效应	控制	控制	控制
省份固定效应	控制	控制	控制
年份固定效应	控制	控制	控制
样本量	16326	30147	43830

注：括号中为标准差，***、**、*分别表示在1%、5%、10%的水平上显著。

6.3.2 断点回归稳健性检验

断点回归对于模型的设定有着比较严格的要求。一般情况下，模糊断点回归结果的显著性严格来源于模型的某种特殊设定，从而对结论的可信度产生一定程度的影响。理论研究和实证检验表明，其中带宽的设定和驱动变量多项式的选择是两个比较关键的因素。

由于研究对象的特征和企业重组税收政策变动效应持续的时间不同，不同的带宽设定对于跳跃识别准确性的影响并不完全一致。在前面的模糊断点回归中，分别设计了3个季度、6个季度和9个季度的带宽，模糊断点回归结果显示，由于存在一定的时滞，带宽越大，企业重组税收政策的效果越明显。为了进一步检验模糊断点回归结果的稳健性，在此基础上进一步改变并放大带宽设定为4个季度、8个季度和10个季度。需要说明的是，在前面的模糊断点回归中，采用的是驱动变量的一阶多项式。通常认为，在样本量有限时，可以采取尽量低阶的多项式。出于稳健性的考虑，加之本研究中选取的企业重组样本数量相对比较充足，除了适当改变并放大带宽设定来进行断点回归之外，拟采用二阶多项式进行必要的控制。

改变带宽的稳定性检验结果如表6-4所示，一方面，从定性角度即影响方向上来看，实际税负对于企业重组行为仍表现为比较显著的负向影响，即降低税收负担有助于提高企业重组的概率和成功率。另一方面，从定量角度即影响程度来看，如图6-7所示，在断点前后的一定范围，不同的带宽设定下均表现出随着带宽的逐步放大，实际税负对于企业重组的概率和成功率因企业重组税收政策调整效应的释放而不断增大。更为重要的是，这两点基本结论既和前面断点回归的结论完全一致，也和上一章的实证研究结论相吻合，充分印证和说明整个模糊断点回归的结果是稳健的，得出的结论是真实可靠的。

表6-4　　　　　　　　　　改变带宽设定的稳定性检验

被解释变量	是否成功并购		
带宽（季度）	±4	±8	±10
实际税负	-0.1688*** (-78.36)	-0.2177*** (-63.54)	-0.2355*** (-57.62)
是否国有	-0.0416** (-2.13)	-0.0507*** (-3.20)	-0.0484*** (-3.33)
第一大股东持股比例	-0.1732* (-1.89)	-0.2438*** (-2.65)	-0.2918*** (-3.27)
企业规模	-0.0120* (-1.69)	-0.0117** (-2.01)	-0.0080 (-1.58)
行业固定效应	控制	控制	控制
省份固定效应	控制	控制	控制
年份固定效应	控制	控制	控制
样本量	29333	54928	77081

注：括号中为标准差，***、**、*分别表示在1%、5%、10%的水平上显著。

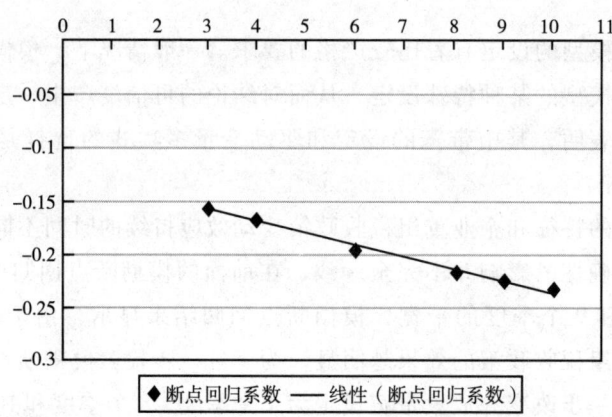

图6-7　不同带宽下税收政策对企业重组影响系数散点图

6.4　断点回归结论剖析

6.4.1　不同带宽断点回归结论

具体来看，通过设置断点前后3个季度的带宽，断点回归结果显示企业实际税负每降低一个单位,企业重组成功率会提高15.44%;如果把带宽设置为断点前后6个季度,结果显示实际税负每降低一个单位,企业重组成功率会进一步提高到19.75%;再通过把带宽设置为断点前后9个季度,结果则显示实际税负每降低一个单位,企业重组成功率会再次提高到22.87%,在一定范围内总体上呈现出带宽越长,实际税负对企业重组成功率的影响越显著的情形,这一重要结论对于带宽为4季度、8季度和10季度时也同样成立。这反映出企业重组税收政策调整后,其政策效果是逐渐发挥作用的,即存在一定的时滞,具体原因主要有如图6-8所示的四个方面,即存在程度不等的政策时滞、学习时滞、决策时滞和实施时滞。

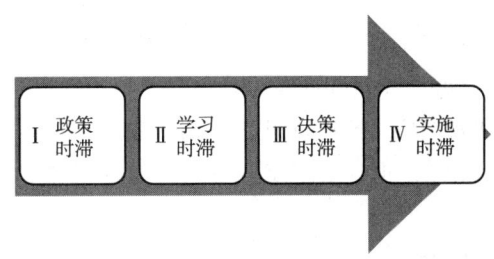

图6-8 影响断点回归时滞的主要因素

(1) 政策时滞

2014年我国对企业重组税收政策的调整,第一份政策文件的颁布时间是2014年12月25日。随后,国家税务总局又补充颁布了两个管理性和操作性的公告①,其中《关于资产(股权)划转企业所得税征管问题的公告》的颁布时间是2015年5月27日,而《关于企业重组业务企业所得税征收管理若干问题的公告》的颁布时间是2015年6月24日,这三个政策文件的发布时间前后跨度整整半年,共同构成了此次企业重组税收政策调整调整的主要内容。可以说,企业重组税收政策在研究、颁布、生效等环节本身就存在一定的时滞,影响了政策的完整性和时效性。

(2) 学习时滞

重组业务是企业的重大特殊交易事项,重组事项的具体类型和方式繁多,不同主体和利益关系相互交织,税收政策规定十分复杂,决定了其税收待遇和一般性的商品购销和服务往来存在非常大的差别。因此,既使重组税收政策一次性及时调整到位,对于有重组意向的企业来说,其学习和准确掌握新的重组税收政策的核心要点、具体规定和操作程序仍需要一定的时间,而难以在政策发布后就可以立即利用新的规定来实施重组并进行相应的税务处理,即客观上存在一定的学习时滞。

(3) 决策时滞

重组事项会对企业的管理架构、股权结构、营运模式和长远发展产生重大影响,决策者通常会采取比较审慎的态度对重组事项进行通盘谋划并权衡利弊。在具体实践

---

① 《关于资产(股权)划转企业所得税征管问题的公告国家税务总局公告》(税务总局公告2015年第40号),《关于企业重组业务企业所得税征收管理若干问题的公告》(税务总局公告2015年第48号)。

中，重组企业通常会结合自身经营发展战略进行综合分析研判，对重组方式步骤进行规划设计和反复推演，评估资产并考虑可能的对价支付金额，选择最优的企业重组方式，讨论拟定具体的重组方案并经管理层批准后对外发布公告。对于国有企业而言，其重组业务还需要层报上级主管部分审核同意，这也需要一个过程。

(4) 实施时滞

参照法定程序和重组具体情况，即使进入正式的重组实施阶段，一般情况下也会经历资产盘点、第三方估值、分红派息、企业清算、股权变更、不动产交割、股权与非股权支付等一系列事项，整个重组过程的实施可能会持续数月甚至更长时间，这也是影响不同带宽下税收政策效果的主要原因。近年来，为了防范因信息不对称导致的重组后目标公司在经营业绩等方面的不确定性，降低重组风险，很多企业在重组过程中引入了"对赌"协议（Valuation Adjustment Mechanism，VAM）条款[1]，相应的税收待遇往往需要主管税务机关的认可或批复[2]，导致重组各方的收益和成本存在较大的不确定性，客观上拉长了重组的实施过程[3]，也延长了企业重组的实施时滞。

6.4.2 断点回归结论剖析

对于整个断点回归过程及其基本结论，可以从重组税收政策变化、重组税收程序简化和重组税收环境优化三个方面进行解释。

(1) 重组税收政策变化降低了重组交易的税收负担

企业重组税收政策的变化主要是适用条件放宽，实际上相当于有针对性地降低了重组交易的税收负担。一方面，对于重组交易中股权和资产收购比例介于50%—75%之间的企业，重组税收政策调整前只能进行一般性税务处理，即需要在重组发生当期就股权和资产转让所得一次性计算缴纳企业所得税；在重组税收政策调整后则可以进行特殊性税务处理，如图6-9所示，企业重组特殊性税务处理在区域A的基础上增加了区域B，可以实现更大范围的重组所得的递延，从而有效降低了重组企业当期的税收负担。另一方面，对于实施股权和资产划转的企业，在税收政策调整前只能按照一般的股权和资产转让一次性缴纳企业所得税，而税收政策放宽后可以不确认应税所得，实际上是比照特殊性税务处理实现了应纳税所得额的递延，同样降低了这部分企业重组当期的税收负担。

---

[1] 对赌协议是指重组各方在达成重组协议时，对于未来不确定的情况所进行的一种约定。如果出现约定的情形，重组一方可以行使一种权利；而如果没出现约定的条件，重组另一方则可以行使另一种权利。如北京华宇软件股份有限公司（股票代码300271）发布《北京华宇软件股份有限公司关于使用超募资金支付收购上海浦东中软科技发展有限公司股权部分现金对价的公告》（公告编号：2014-103），采取"双向对赌"的方式实施了股权收购，重组各方就未来3年的业绩承诺及盈利补偿安排达成了一致意见。

[2] 海南航空在2014年的重组交易中拟定了对赌条款，并获得了原海南省地方税务局的批复。《关于对赌协议利润补偿企业所得税相关问题的复函》（琼地税函〔2014〕198号）规定，公司在该对赌协议中取得的利润补偿可以视为对最初受让股权的定价调整，即收到利润补偿当年调整相应长期股权投资的初始投资成本。

[3] 《股权转让所得个人所得税管理办法（试行）》（税务总局公告2014年第67号）第九条规定，纳税人按照合同约定，在满足约定条件后取得的后续收入，应当作为股权转让收入计算缴纳个人所得税。

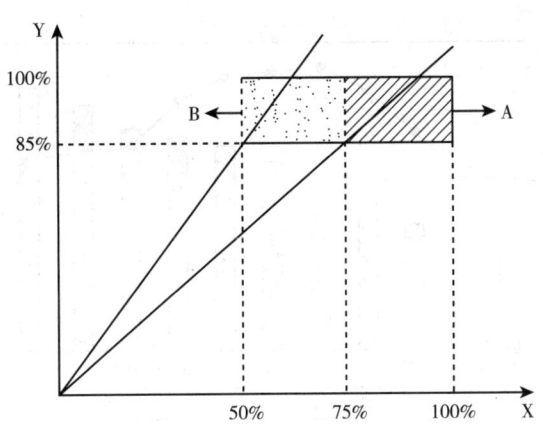

图 6-9 2014 年企业重组税收政策变动区域

（2）重组税收程序简化降低了企业重组的交易费用

自 2008 年以来，为了加强对企业重组的管理，税务部门对选择适用特殊性税务处理的重组业务采取了事先核准的税收管理方式。随着我国"放管服"改革的不断推进，为体现转变职能、简政放权、放管结合的要求，2015 年国务院发文取消了"企业符合特殊性税务处理规定条件业务的核准"这项非行政许可审批事项①，税务部门随后将企业重组适用特殊性税务处理的管理方式，改为在年度汇算清缴时进行申报并提交相关资料，不再需要进行事先核准，简化了重组的税收程序，优化了征管服务流程，有效降低了重组各方的交易费用，进一步支持了企业重组的顺利开展。

（3）税制改革优化了企业重组的税收环境

近年来，以大规模减税降费为导向的税制改革有效降低了各类企业的税收负担。在此过程中，我国从 2012 年 1 月 1 日起开始"营改增"试点，并分六步②于 2015 年 5 月 1 日全面实现了增值税对货物和服务的全覆盖，而这一时间段和 2007—2018 年实证研究及断点回归的时间跨度有所重合，而且覆盖了 2014 年的重组税收政策断点。分步实施的"营改增"逐步打通了货物和服务的抵扣链条，减少了重复课税；2018 年 5 月 1 日和 2019 年 4 月 1 日我国先后两次较大幅度降低和简并了增值税的税率，客观上降低了包括重组企业在内的所有企业的宏观税负。据统计，自 2012 年我国开始实施"营改增"试点，截至 2018 年底也就是本章实证研究的截止日期，全国累计减税超过 2 万亿元③，直接带动了我国整体宏观税负从 2014 年开始呈现明显的下降趋势，如图 6-10 所示，这在一定程度上配合了企业重组税收政策的调整和实施，并刺激了企业的重组意愿。

---

① 《国务院关于取消非行政许可审批事项的决定》（国发〔2015〕27 号）。

② 第一步，2012 年 1 月 1 日在上海市针对交通运输业和部分现代服务业两个行业启动了营改增试点；第二步，2012 年 8 月 1 日至 12 月 1 日将两个行业试点分批扩大至北京等 11 个省市；第三步，2013 年 8 月 1 日将两个行业的试点在全国推开；第四步，2014 年 1 月 1 日，将铁路运输和邮政业纳入试点；第五步，2014 年 6 月 1 日，将电信业纳入试点；第六步，2016 年 5 月 1 日，全面推开营改增试点，实现增值税对货物服务的全覆盖。

③ 数据来自 2018 年 1 月、2019 年 1 月召开的全国税务工作会议上，国家税务总局王军局长所作的工作报告。

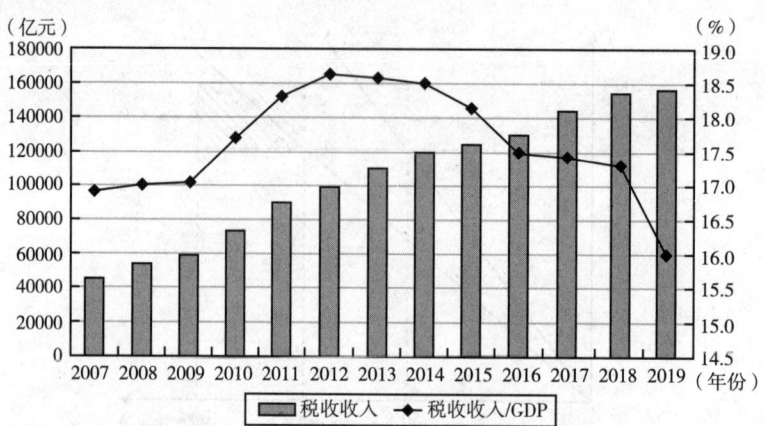

图 6-10 实证研究对应年份我国宏观税负变动

6.5 本章小结

本章主要对 2014 年我国企业重组税收政策的重大调整进行断点回归,以动态考查企业反应及政策效果。2014 年我国将特殊性税务处理对股权和资产收购的最低比例要求由 75% 大幅下调为 50%,并给予符合条件的股权和资产划转以不予课税的优惠待遇,出现了重组税制上的"跳跃"。断点回归既可以避免参数估计的内生性问题,又能更加真实客观地反映出变量之间因果关系。考虑到此次税收政策调整的公布日期是 2014 年 12 月 25 日,并追溯至 2014 年 1 月 1 日起实施,故采用模糊断点回归的方法进行分析。鉴于重组税收政策调整可能存在时滞,在进行模糊断点回归时设定了多个带宽,以确保断点回归结果的稳定性。

断点回归结果显示,在设置断点前后 3 个季度的带宽时,企业实际税负每降低一个单位,重组成功率会提高 15.44%;把带宽设置为断点前后 6 个季度,结果显示实际税负每降低一个单位,重组成功率会提高 19.75%;再把带宽设置为断点前后的 9 个季度,结果显示实际税负每降低一个单位,重组成功率则会进一步提高 22.87%,表现出在一定时期内带宽越长,税收政策对企业重组成功率的影响越显著。这一重要结论在改变带宽设定为 4 个季度、8 个季度和 10 个季度时依然严格成立,表明企业重组税收政策调整是积极有效并逐渐发挥作用的。

对于断点回归反映出的积极效果,可以从三个方面解释。第一是政策变化,对股权和资产重组比例介于 50%—75% 之间的企业,此前需要在当期一次性完税,而重组税收政策调整后可以进行特殊性税务处理并递延重组应税所得;对实施股权和资产划转的企业,政策放宽后当期不需要确认应税所得,有效降低了重组企业的税收负担。第二是程序简化,2015 年我国取消了"企业符合特殊性税务处理规定条件业务的核准",改为事后备案,重组事项的税收办理程序大幅简化,降低了重组各方的交易费用。第三是税制优化，近年来我国实施的大规模减税降费有效降低了各类企业的宏观税负，契合了企业重组税收政策的调整，提升了企业的重组意愿。这表明，降低企业重组税收政策门槛，扩大重组事项的税收优惠范围，简化企业重组的办税程序并降低企业的税收负担，有助于更好地支持企业重组的开展。

断点回归结果也显示我国企业重组税收政策存在明显的滞后性，总体效果还有进一步改进和提升的空间。一是政策时滞，对同一重组事项制定发布多个政策文件，且发布时间间隔较长，影响了企业重组政策适用的及时性。二是学习时滞，重组业务税收政策规定十分复杂，企业学习和掌握新的税收政策规定需要一定的时间。三是决策时滞，企业重组事关重大，决策者面对新的政策规定通常会采取比较审慎的态度，国有企业的重组事项还需要报送上级主管部门同意。四是实施时滞，实践中整个重组过程通常会持续数月甚至更长时间，对税收政策效果产生了滞后性影响。这表明，及时颁布修订企业重组的税收政策，加强政策辅导和纳税服务，提高税收政策的确定性和透明度，有利于优化企业重组的税收环境，进一步提升企业重组税收政策的实施效果。

第7章
企业重组税收政策的国际（或地区）比较

发达国家和地区企业重组的发展历程相对较长，积累了比较丰富的实践管理经验，其企业重组税收制度更为健全完备，税收政策更加科学有效，税务管理也更加规范和严格。在经济全球化深入推进的大背景下，不同国家和地区之间的经济交往和制度融合进一步加快，跨国（境）的企业重组日益频繁，有必要对企业重组的税收政策进行比较研究。为此，通过选取在企业重组税制建设方面具有较强代表性的美国、日本、德国和我国台湾省的企业重组税收政策进行介绍和比较，从中可以得出对完善企业重组税收政策的有益启示和借鉴。

7.1 美国企业重组税收政策

19世纪末至今，美国先后出现了五次大的重组浪潮，在重组特征上经历了从横向重组到纵向重组再到混合重组，由杠杆重组再升级拓展到跨国重组这五大发展阶段，并日益呈现出新的时代特征。在此期间，美国企业重组的税收制度和税收政策经过不断的发展、演进和完善，树立了支持正常企业重组和防范避税交易的鲜明政策导向，逐步形成了十分健全、完备和详尽的企业重组税收政策体系，堪称是当今最为成熟、严谨和规范的重组税制安排。

7.1.1 美国企业重组税收政策框架

（1）政策历史渊源

美国企业重组的税收待遇始于1918年的《国内税收法典》（Internal Revenue Code），其核心思想是，如果重组交易中目标企业只是接受了新的股票或债券以代替原有的股票或债券，在价值上并没有实质性地增加，故不用确认重组收益和损失的发生。以此为起点，美国企业重组的税制安排随后经历了多次修订，如1934年税收法案对"重组"概念的重新界定，1964年税收法案加大了针对重组交易的税收优惠，1986年税收改革法案对税收中性原则的回归和重组反避税规定的强化，以及2017年至今美国实施的新一轮税制改革降低了企业重组的实际税率，从而对不同阶段的企业重组起到了较好的激励和纠偏作用。

(2) 重组法律形式

美国企业重组税收制度主要有四种法定形式,即成文的税法典条款、具体的判例法规则、财政规章和双边税收协定。其中,凡是一般性、原则性或关键性的税收问题基本都通过成文的税法典条款或具体的判例法来规制;财政规章一般是财政部与国内收入署根据国会的立法授权,针对税法典条款或判例法规则的具体适用问题而制订的具体操作规则。对于跨境和涉及非居民纳税人的重组事项,则视情况适用相关税收协定条款。另外,美国还有一些具有一定适用范围的辅助性规定,包括国内收入署颁布的相关税收程序、针对特定纳税人具体重组交易做出的税收裁决以及技术咨询备忘录。

(3) 重组基本类型

美国税法把企业重组分为两大类,即应税重组和免税重组,前者包括应税资产收购和应税股权收购,后者则包括免税资产收购和免税股权收购,并在此基础上进行了进一步的细化,如表7-1所示。

表7-1 美国税法对企业重组的分类

应税重组	应税资产收购	直接资产收购
		法定兼并
		前向三角兼并
		联邦税制中第338条中的资产收购
	应税股权收购	直接股票收购
		反向法定兼并
		反向三角兼并
免税重组	免税资产收购	A型重组
		E型重组(前向三角并购重组)
		C型重组
		收购型D型重组
	免税股权收购	B型重组
		F型重组(反向三角并购重组)
		G型重组

表7-2将美国税法中对重组类型的界定与中国的重组类型进行了比较。可以看出,中美两国在重组类型之间存在较为明确的对应关系,并存在一定的交叉。这其中,A型重组相当于中国的企业合并,B型重组相当于中国的股权收购。C型重组和D型重组中的收购型重组则相当于中国的资产收购;而D型重组中的分裂型重组则相当于中国的企业分立。比较复杂的是美国的E型重组和F型重组,相当于中国税法中分步实施的股权收购和资产收购的组合。此外,G型重组则大致对应了中国税法中的债务重组,以及企业法律形式的改变。

表7-2 美国与中国重组类型的比较

美国重组税制		中国重组税制
A 型重组		合并
B 型重组		股权收购
C 型重组		资产收购
D 型重组	收购型重组	
	分裂型重组	分立
E 型重组		股权与资产收购组合
F 型重组		
G 型重组		债务重组
		企业法律形式的改变

7.1.2 应税重组的税务处理

按照美国税法规定，企业重组虽然包括很多具体类型，但归结起来主要是处置实质性的资产或大额股权。据此，美国将应税重组划分为应税资产并购和应税股权并购两大类。在应税重组中，并购企业通常以银行存款、债券或其他非权益资产作为交易对价。相应地，美国重组税制中应税重组税务处理的基本原则，就是对重组交易中涉及的资产转让或股权交易所形成的应税收益立即予以确认，这和中国企业重组待遇中的企业所得税一般性税务处理的原则是基本一致的。

（1）应税资产收购

由于美国的资本利得与普通所得适用的税率不同，导致税法对重组交易中各种资产转让的税收待遇存在明显的差别。因此，在应税资产收购的税务处理中，美国税法要求必须将交易价格合理分摊给各项重组资产。基于自身利益的考虑，被收购企业倾向于将对价支付多分配给土地、商誉等资本性资产，从而能够适用长期资本利得的优惠税率；而并购方则倾向于将对价支付多分配给存货、固定资产和无形资产，从而可以增加折旧与摊销扣除额以减轻税收负担。为公平起见，美国税法规定要按照剩余分摊法将资产收购价格也就是对价支付分摊给各项被收购资产。按照这一方法，结合资产实际价值确定的难易程度，具体将收购资产分为四大类，并按照从易到难的先后顺序依次分摊给现金类资产、有价证券类资产、除商誉或继续经营价值以外的其他资产以及商誉与继续经营价值。剩余分摊法保证了收购资产价值分摊的合理性和收益计算的公平性，有利于应税资产收购的正常开展。

（2）应税股权收购

应税股权收购的交易对象为被并购企业的股东，股权收购完成后并购企业将获得被并购企业的控制权，通常情况下并不直接涉及被收购企业本身的税务处理。因此，在应税股权收购中，被收购企业股东发生了股权转让，需要按照处置股权的相关要求进行税务处理。表7-3对美国税法规定的应税资产收购和应税股权收购的基本税收待遇进行了总结和比较。

表 7-3　　美国应税重组基本税务规定

重组主体	重组类型	基本税收待遇
收购企业	资产收购	1. 若支付对价为现金或自行发行的债券或股票，不需要确认收益或损失 2. 若支付对价是上述对价之外的非现金资产，收购企业要确认相应的收益或损失 3. 若涉及多项资产，应将收购总额参照各项资产的公允价值按照合理方法进行分配
收购企业	股权收购	1. 若支付对价为现金或自行发行的债券或股票，不需要确认收益或损失 2. 若支付对价是上述对价之外的非现金资产，收购企业要确认相应的收益或损失 3. 收购企业取得股权的计税基础按照公平市场价值予以确定
被收购企业	资产收购	1. 按照处置资产进行税务处理，需要确认重组收益或损失 2. 若被收购企业重组后注销解散，视为处置资产并确认收益或损失 3. 若向股东分配非现金资产，需要按照处置资产确认收益或损失
被收购企业	股权收购	1. 若被收购企业独立纳税资格不受影响，则被收购企业不确认收益或损失 2. 若重组交易后企业注销解散，其向股东分配的非现金资产需要确认收益或损失
被收购企业股东	资产收购	1. 如果被收购企业存续，一般不涉及被收购企业股东的税务处理 2. 如果被收购企业清算解散，股东获得分配的剩余资产，应确认收益或损失，并按公平市场价值确定资产计税基础
被收购企业股东	股权收购	1. 被收购企业股东按照所获对价的市场价值去除股份原值确认收益或损失 2. 其取得作为对价资产的计税基础按照公平市场价值予以确认

（3）不同税务处理方式的转换

为了体现税收中性原则，美国税法规定了重组企业对应税资产收购和应税股权收购税收待遇的"选择权"。其基本考虑是，应税资产收购与应税股权收购都可以实现对目标企业的有效控制，从而实现资本集中和扩大规模的目标。如前所述，在应税资产收购中，收购企业可以实现对被收购企业增值资产的税法认可；而在应税股权收购中，收购企业虽然支付了增值资产对应股权几乎同等的对价，却不能得到资产增值的税法认可。为了消除差别化的税收待遇可能对企业选择重组方式的扭曲，美国税法规定，如果在 12 个月内企业通过购买股权获得了目标公司 80% 以上的控制权，此时收购方可以选择将应税股权收购视为应税资产收购并进行相应的税务处理，即目标企业被视为按照市场价格向收购企业出售了全部资产，从而在税法上"一视同仁"地认可两类重组交易所形成的资产增值。

7.1.3　免税重组的税务处理

考虑到在很多情况下重组企业可能不具备"即时"完税的能力，美国税法对符合条件的重组交易中相关方实现的重组收益给予了递延纳税待遇，其享受免税重组的条件包括一般性条件和专门性条件。一项重组交易要想适用免税重组的特殊待遇，必须同时符合一般性条件和相应的专门性条件。

（1）免税重组的一般性条件

一般性条件主要包括股东利益持续性、企业经营持续性和重组目的合理性。关于股东利益持续性要求,一方面,美国税法通过重组规章及税收判例,明确了"多步骤交易原则",即如果重组前后所发生的两个或多个交易是完成重组必要的环节,并且难以相互分离,则这些交易通常被视为整体交易的一部分;另一方面,税务部门会审核重组企业股东在重组交易之前出售、购买企业股权的行为以及重组后5年内出售所收购股权的行为,以综合判定是否符合股东利益持续性的要求。企业经营持续性也包括两个方面,即营业持续和资产持续,其中前者关注的是目标公司在重组交易后是否继续从事"历史性业务"即重组前所从事的主要业务;后者则要求重组后目标公司的关键性资产或大部分资产仍将继续被使用。此外,美国税法还以判例法的形式强调了重组目的的合理性,主要涉及五个方面的问题,即重组方在转让过程中意识到了税收利益吗?被收购企业在并购后确实有持续经营吗?将重组的经济效益与税收利益相比较的结果是什么?在重组不发生的情况下纳税人也可以运用这些税收利益吗?纳税人选择的交易方式是获得既定目标最经济可行的方式吗?通过上述标准,结合经济实质原则,当一项重组交易的非税收利益大于或等于其交易成本时,才能证明该重组具有合理商业目的,从而避免企业滥用免税重组待遇以获取非正常的税收利益。

(2)免税重组的专门性条件

关于免税重组的专门性条件,美国税法对适用免税待遇的重组类型做出了非常详细的划分和界定,具体包括A型、B型、C型、D型、E型、F型和G型共七大类,并对相应的适用条件进行了严密的规定。具体而言,A型重组是按照美国相关法律规定进行的正常企业合并,即只要不违反美国联邦或所在州的法律规定即可实施相应的重组行为。B型重组是指用本企业或控股企业具有表决权的股份实施的股权收购,且要求收购之后需持有被收购企业80%以上的股份。C型重组则是指一家企业用本企业或控股企业具有表决权的股份作为支付对价,收购其他企业70%以上的总资产或90%以上净资产的交易。D型重组是指收购企业受让被收购企业几乎全部的资产,收购企业不仅可以立即控制被收购企业,而且在重组完成时收购企业至少持有被收购企业50%的股权,并在资产转移之后,被收购企业将收取的对价和未转移的资产一并分配给公司股东。E型重组又叫"前向三角并购重组",其形式是并购企业先设立一家收购子企业,并以该子公司实现对目标公司的收购,重组完成后,子公司至少拥有目标公司总资产的70%与净资产的90%,并且不得以该子公司的股权来支付对价。F型重组又叫"反向三角并购重组",同样是由并购企业先设立一家子公司,然后由目标公司来并购该子公司,其中目标公司股东将至少80%的股权置换为该子公司的表决权股权,并且重组发生后目标公司与设立的子公司形成关联企业并进行合并纳税。G型重组一般是指在破产清算时,按照法院批准的重组计划,并购企业以股份或其他对价支付方式获取被并购企业几乎所有的资产,随后被并购企业清算并将剩余财产分配给股东或相关权益人。

(3)免税重组税务处理要点

美国免税重组税务处理的要点在于对因重组而实现的应税收益或损失的递延确认,以及对重组交易资产计税基础的确定。具体来说,在免税重组交易中,收购企业以其自身股权或资产交换被收购企业的股权或资产,被收购企业及股东在重组交易发生时并不需要确认全部收益或损失。在此过程中，如果被收购企业及其股东取得了非股权方式的对价，则应根据收取对价的市场价值，按照一定比例计算分配相应的收益或损失。需要说明的是，美国并不是将非股权支付额按比例分配到全部资产上，而是对全部非股权支付额予以课税，但最高不能超过重组交易实现的全部所得，即现金等非股权支付应优先用于交税。与此同时，由于美国长期资本利得的适用税率低于股息所得的适用税率，为了防止目标公司股东通过免税重组将股息所得转换成长期资本利得，美国税法规定目标公司股东必须根据具体情况将重组所得区分为资本利得与股息所得。此外，由于转让方没有确认重组收益或损失，收购企业获取的被收购企业股权或资产的计税基础原则上保持不变，并按照被收购企业股权或资产的原计税基础加上其确认的收益或损失金额予以调整确认。

（4）经营亏损结转

在免税重组中，收购企业可以继承被收购企业的经营亏损。为了防止企业通过收购亏损企业以达到避税的目的，美国税法对每个纳税年度的亏损结转额做出了限制性规定。具体来说，收购企业可以限额结转被收购企业的亏损，其年度结转亏损限额是被收购企业所有权发生变化时的市场公允价值与市场无风险投资收益率即美国联邦长期免税利率的乘积，该规定实际上引入了投资的机会成本概念。由于目前美国税法允许经营亏损无限期向后结转，因此并未限制目标企业亏损结转的总额。不仅如此，美国税法对重组过程中可能会涉及的资本亏损、税收优惠、外国税收抵免、投资收益抵免等一切有利税收属性的结转都规定了详尽的前提条件和具体税务处理方式。

此外，无论是应税重组还是免税重组，由于重组交易涉及的金额比较大，美国企业经常会采取杠杆收购的方式实现重组交易。为避免重组企业过度使用债务融资而引发财务风险，美国税法从三个方面对重组交易中的债务融资设定了较为严格的限制条件。一是对债务融资成本实行限额扣除，规定每个纳税年度内重组企业发生的债务融资利息支出允许税前扣除的上限为500万美元；二是对因实施重组交易而发行的高收益债券所支付的利息，在税前扣除方面予以必要限制；三是对因税前扣除杠杆收购债务融资的利息费用而引起的亏损，不得向以后年度结转。

7.2　日本企业重组税收政策

7.2.1　日本企业重组税收政策框架

（1）重组税制概况

总的来看，由于日本独特的企业文化理念以及此前一直对重组行为予以正常课税的税制设计，导致日本企业重组交易的规模和数量与其经济体量并不相称。随着20世纪90年代日本经济泡沫的破灭和经济全球化进程的加快，日本政府开始通过调整税收政策来支持引导企业重组的开展。2001年日本首次引入了免税重组并购的概念，并颁布了《公司并购免税重组规则》，明确了只要没有现金交易的重组并购就可以被认定适用免税重组的税收待遇。日本企业重组税制总体上以所得税为主体，除了法人所得税以外也注重强调个人所得税的重组规定，近年来有效促进了日本企业重组并购的开展。

（2）日本企业重组类型

从重组类型看，日本将重组业务按照交易类型划分为收购与兼并两大类，并将收购进一步划分为资产收购和股权收购，这一点和中国对重组业务的划分存在相同之处。在此基础上，日本税法根据重组相关方在重组交易中的具体行为和实质要件来确定其应享有的税收待遇，具体体现在重组会计处理、应税所得确认、相应亏损处理、税收待遇承继、税收损益结转、纳税申报核算以及企业法人课税与自然人课税的衔接等多个方面，从而构建了较为全面和完善的重组业务税法框架，为各种类型的企业重组交易提供了税法指引和操作遵循。

（3）重组条件及税收待遇

从重组条件看，日本税法严格区分符合条件的重组行为（Qualifying Merger）和不符合条件的重组行为（Non-qualifying Merger），并据此确定不同的税收待遇。相比较而言，日本税法对于符合条件的重组的界定大体属于所谓的免税重组的范畴，相当于中国税法中的特殊性税务处理；而不符合条件的重组则属于应税重组的范畴，接近于中国的一般性税务处理。值得一提的是，日本税法对于一项重组交易是否符合税法条件的判定，并不局限于重组发生的这一时点，而是更侧重于全面考量重组交易后的持股比例、交易完成后企业的规模、交易过程中人员的安排以及其他综合性的量化指标，从而使得重组税收政策规定和具体适用更加科学和严谨，并能充分体现政府的政策导向。

7.2.2 应税重组的税务处理

（1）资产收购的税务处理

由于日本税法对于资本利得没有专门的规定，企业重组交易中实现的资本利得包含在普通应税所得中，适用正常公司所得税率计算纳税。对于资产收购，资产转让方按照交易价格与账面价值的差额确认资产转让所得或损失。对于资产收购方而言，一般情况下对取得的重组资产按照交易价格确定计税基础；如果资产收购方支付的对价明显超出该资产的账面价值，其差额作为商誉对待，资产收购方可以在不低于5年的期限内按照直线法予以摊销。在此过程中，以往累积的经营利润或亏损与资产收购所实现的所得或损失之间可以相互冲抵，资产收购方和资产转让方的税收属性保持不变。

（2）股权收购的税务处理

按照日本税法规定，在股权收购业务中，收购方按照公平的市场公允价格，对收购的股权进行合理估价，再加上收购过程中发生的相关费用，并据此确认取得股权的计税基础。就被收购企业股东而言，视为出售股权并确认转让收益或损失。在此过程中，如果被收购企业股东的股权出售价格明显低于公开市场价格，一般视为捐赠支出，并允许在计算企业法人所得税时限额扣除。对于个人股东，股权转让所得单独纳税，并且在同一年度内的转让所得和损失可以相互冲抵，但如果冲抵后仍有损失，不得向以后年度结转。在股权收购业务中，被收购企业并没有发生资产转移，其税收属性和税收待遇保持不变，一般不需要进行税务处理。

（3）兼并的税务处理

日本的企业兼并类似于中国的企业合并。在此过程中，兼并方视为按照市场价值购买被兼并企业的资产并接受相关的负债以及其他权益，并视情况接管兼并企业的员工。按照日本税法规定，兼并交易完成后，兼并方一般按照市场价格确认取得的资产、负债的价值。与此同时，被兼并企业应按照市场公允价值向兼并方转让资产、负债，并确认相关收益或损失。重组完成后，通常被兼并企业要进行解散和清算，被兼并企业股东对于接受的股权，按照公允价值减除初始成本后确认所得或损失。

7.2.3 免税重组的税务处理

（1）免税资产收购

关于免税资产收购的政策适用，日本税法规定的前提条件具有比较清晰的层次性和政策弹性。第一个层面，如果转让方将一个"经营单位"转移给一个新设立的或由其100%控制的子公司，并且获取的对价支付为股票或股权，则可以适用免税资产收购的税务待遇。第二个层面，如果转让方将一个"经营单位"转让给由其直接或间接地拥有低于100%但高于50%所有权的公司，且换取的对价支付为受让公司或其母公司的股票或股权，此时还需要满足三项附加条件才可以享受免税重组的待遇：一是受让企业继续从事该"经营单位"的原主要经营业务，二是该"经营单位"80%以上的雇员继续在受让企业从事原经营业务，三是该"经营单位"的相关资产和负债一并转移到受让公司。第三个层面，如果转让方将一个"经营单位"转让给由其直接或间接地拥有低于50%控制权的公司，也需要满足三项附加条件才可以适用免税重组的税收待遇：一是转让方原80%以上的股东必须继续持有收购公司的股权，二是转让的经营业务必须与收购方某一种经营业务密切相关，三是转让"经营单位"的营业额、雇员数等指标不得超过收购公司的5倍，否则转让方应至少派出一名管理层人员负责收购资产的管理。此外，对于资产投资事项，如果将实物资产投资于一个100%控制的公司，则单纯的转移资产就可以适用免税待遇；但如果将资产投资于非100%控股的公司，则必须转移一个相对完整的"经营单位"才可以适用免税规定。

（2）免税股票收购

免税股票收购具体包括两种类型，即股票互换和股票转让，且条件相对严格。其中，股票互换是指收购方通过向目标公司股东发行股票，置换其全部股份，从而成为目标公司的全资母公司；而股票转让是指将目标公司的股票全部转让给一个新成立的公司，收购方通过向目标公司的股东发行新股而成为目标公司的全资母公司。无论是免税股票互换还是股票转让，目标公司股东所获得的对价必须全部为收购公司的股票。在此过程中，如果收购公司采用了现金、债权和其他支付方式，则目标公司股东需要相应确认重组所得或损失，并对取得的相关资产重新估值入账。

（3）免税兼并

免税兼并是指重组交易中双方实现了法人主体资格的融合，被兼并企业的法律主体消亡，类似于中国适用特殊性税务处理下的吸收合并或新设合并。在免税兼并中，一般不确认重组所得或损失，兼并方按照账面价值而非市场价值确认所接受的资产、负债以及其他权益的计税基础。当满足一定条件时，兼并方可继承被兼并方的经营净亏损。不过，如果两个企业同属于一个集团公司，需经过必要的"联合业务测试"，其经营净亏损才可以结转弥补；而如果属于非关联方之间的兼并，则经营净损失的结转则较为宽松。需要说明的是，对于因临时性的销售、会计估计变更等原因所造成的亏损，日本税法对此规定了较为严格的限制条件，以避免企业利用亏损结转实现恶意避税的目的。

7.3 德国企业重组税收政策

7.3.1 德国企业重组税收政策框架

（1）重组税制概况

德国是高度发达的工业化国家，德国企业重组活动的规模和数量处于发达国家的领先水平。德国的重组税制的相关内容主要分布在《重组税收法令》、《公司所得税法》和《个人所得税法》等税收法律条文中。由于德国没有对资本利得专门的课税规定，只是对长期资本利得规定了相应的税收优惠，其重组所得通常情况下一并计入纳税人正常生产经营所得计算纳税。

（2）重组税收政策导向

德国对企业重组总体上采取了十分积极的态度，与其他发达国家相比，德国对国内企业间重组行为的税收政策的优惠力度较大。特别是近年来通过2001年和2007年先后两次较大规模的税制改革，德国政府陆续出台了一系列支持企业重组的税收政策，为德国企业重组市场的壮大和经济发展发挥了重要的推动作用。与此同时，德国税法在重组税收政策适用方面规定了严格的条件和界限，针对企业重组的反避税措施相较于其他国家也更为严格。

（3）重组基本税收待遇

具体来看，德国税法将企业重组划分为应税重组和免税重组，并利用企业重组税收政策对国民经济和产业结构进行必要的干预和引导，企业重组税收政策的行业倾向性较为明显。在德国，对于国家鼓励发展的特殊行业和特定领域，经申请审核后即可以享受相应的税收优惠；但是对于部分行业如交通、保险、银行以及水电等政府性公共行业的重组行为，政府通常情况下则不予鼓励。此外，德国政府十分注重保护中小企业的利益和发展，并对中小企业的重组和投资活动出台了具体可行的税收优惠政策。

7.3.2 应税重组的税务处理

（1）并购企业的处理

德国税法规定，并购企业可以按照被并购资产的公平市场价格确认入账。对于涉及多项资产的重组交易，应按照合理的方法将收购价格在各类重组资产之间进行分配。如果重组交易价格明显高于该资产的评估价格，则溢价部分通常被视为商誉，可以在15年内进行摊销，并且资产的使用年限和商誉的摊销年限需要经过主管税务机关的确认。

（2）被并购企业的处理

对于被并购企业而言，如果属于普通法人企业，其重组所得和经营所得一道正常课税。其中，对于居民企业出售已使用6年以上的固定资产、土地、建筑物和船只等，不仅在成本费用的扣除上有优惠规定，而且可以享受2年内延期纳税的优惠待遇。如果属于合伙企业的个人合伙人，则应按照税法规定征收个人所得税，并对55岁以上的居民个人减半征收。

（3）被并购企业股东的处理

对于被并购企业股东而言，自然人股东和法人股东受益于德国避免双重征税的税制安排，其重组所得的税收负担相对较轻。德国对股东取得的股息免征企业所得税，如果目标企业股东为居民企业，股东转让的股份是通过非重组并购方式取得的且持有超过1年，以及转让通过重组并购交易取得的持有超过7年的股份，都可以享受免征企业所得税的优惠。对于自然人股东，如果出售持有时间超过12个月的股份则免于征税，出售持有时间不超过12个月的股份，则全额纳税。

7.3.3 免税重组的税务处理

（1）免税重组的类型及处理

按照德国税法规定，免税重组分为免税股票并购、免税资产并购和免税合并三种基本类型。其中，免税股票并购是指并购方主要用本公司的股票收购目标公司50%以上表决权的股票，并且非股权支付的比例不得超过全部对价支付的10%。免税资产并购是将全部或者部分独立资产转让给并购企业，并获得受让方的股票支付，且非股权支付的比例不得超过全部对价支付的10%。免税合并则是通过吸收合并或新设合并以获得对目标企业的控制，同样要求非股权支付的比例不得超过全部对价支付的10%。除了上述基本形式之外，符合条件的企业资质和形式的变更也可以享受免税待遇，具体包括合伙企业内部的资产和股份转移，合伙企业与法人企业之间的转换，以及将公司的分支机构转变为子公司等。

（2）免税待遇的适用与放弃

为充分体现税收中性原则，在满足免税重组的条件下，德国税法赋予了重组当事人自主选择适用或放弃免税重组待遇的权利。具体来说，在重组各方达成一致意见的前提下，并购企业可以选择按照市场价值或者账面价值来核算重组资产或股权的计税价值。以此为前提，如果并购企业选择按照账面价值来核算重组资产或股权的计税基础，则转让方不需要确认重组所得或损失，这种情形属于选择适用免税重组下的处理方式；而如果并购企业选择按照市场价值来核算重组资产或股权的计税基础，则转让方需要就市场价值与账面价值的差额来确认重组所得或损失，这种情形则属于放弃免税重组待遇并进行应税重组的处理方式。

（3）经营亏损结转与弥补

德国税法规定，只有在免税合并情形下，并且要符合相关附加条件，才允许结转弥补被合并企业的经营亏损。根据《重组税收法案》，如果免税合并后的企业在合并后的 5 年内，在一个"可比规模"下继续经营原存在亏损的"经济业务"，则被合并企业的亏损可以由合并后的企业结转弥补。其中，"可比规模"由税务机关根据合并企业与被合并企业的资产总额、员工数量、销售收入等指标来综合确定，以确保亏损弥补与企业规模之间的配比；"经济业务"则基于经营连续性的考虑。此外，如果合并企业在 5 年内转让重组股份或资产，以及拓展注入新资产或业务超过 50% 的份额时，被合并企业的原亏损则不允许继续结转弥补。

（4）反避税及保护措施

为了防止企业利用免税重组达到避税的目的，德国税法规定企业进行免税重组后的 5 年内不得以分立等形式出售因免税重组而获得的股份；如果企业在免税重组后的 5 年出售了该股份，且出售股份的价值占公司股票价值的 20% 以上，则该交易将被认定为滥用免税重组条款，可能会面临补缴税款以及其他方面的税务处罚。为保护国内企业利益，近年来德国政府对于外国公司重组并购境内公司的警惕性有所提高，对于重组并购的税收优惠条款进行了更为严格的界定和审核，并废除了一些存在争议的税收优惠条款。实践表明，德国政府借助差别化的税收手段，在一定程度上限制外国公司对本国公司的重组并购，为国内企业特别是中小企业的发展形成了一道税收保护屏障。

7.4　中国台湾企业重组税收政策

7.4.1　企业重组税收政策框架

（1）重组税制概况

中国台湾省在 20 世纪 80 年代就开始有意识地支持和鼓励企业开展各种各样的重组，特别是为了应对岛内 2001 年的经济萧条，台湾省在 2002 年通过了《企业并购法》，并修订了《公平交易法》和《证券交易法》，这三部法律共同构成了台湾省企业重组的基本制度框架。其中，《企业并购法》不仅赋予特定重组交易可以享受的租税优惠，而且准予重组企业根据《促进产业升级条例》的规定申请"行政院"开发基金项目融资。

与此同时，为支持鼓励金融机构实现重组并购，台湾省还颁布实施了《金融机构合并法》，鼓励各类金融企业良性竞争和优胜劣汰，以支持引导银行业等金融机构做大做强。

（2）重组基本类型

台湾省关于重组并购的税收政策主要参照借鉴了美国的重组税制设计，其一般性税务规定主要体现在《营利事业所得税法》《综合事业所得税法》的相关具体条文中，而特殊性税务规定主要体现在《企业并购法》第三章的"租税措施"中。按照台湾省税法规定，企业的重组行为分为合并、收购和分割三种基本类型，具体内容如表7-4所示。可以看出，台湾省和中国内地在重组类型的界定上存在比较明确的对应关系，台湾省的合并相当于中国内地的吸收合并与新设合并，而收购则对应了中国内地的股权收购和资产收购，其对分割的界定则大致相当于中国内地税法中的新设分立和存续分立。

（3）重组政策导向

近年来，台湾省通过持续完善《公司法》《营利事业所得税法》《综合事业所得税法》等法律规定，进一步对重组并购的税务处理进行了明确，对企业重组制定了较为优惠的税收政策，持续优化了台湾省企业重组的制度环境。从政策实施效果来看，近年来台湾省企业重组的数量和规模迅速增加，不仅为本地企业提供了更为广阔和便利的发展机遇，而且吸引了很多外资企业投资台湾企业，对区域产业升级和经济发展起到了积极促进作用。

表7-4　　　　　　　　　中国台湾省与内地重组类型及比较

重组类型	中国台湾省	中国内地
合并	参与之其中一公司存续，由存续公司概括承受消灭公司之全部权利义务，并以存续或新设公司之股份，或其他公司之股份、现金或其他财产作为对价之行为	吸收合并
	法定合并参与之公司全部消灭，由新成立之公司概括承受消灭公司之全部权利义务	新设合并
收购	取得他公司之股份、营业或财产，并以股份、现金或其他财产作为对价之行为	股权收购
		资产收购
分割	公司依相关法律法规将其独立营运之一部或全部之营业让与既存或新设之他公司，作为既存公司或新设公司发行新股予该公司或该公司股东对价之行为	新设分立
		存续分立

7.4.2　应税重组的税务处理

（1）重组税收政策适用条件

台湾省在《企业并购法》第三章"租税措施"中明确了应税重组和免税重组的判定条件，即在收购财产或股份过程中，如果被收购企业转让的营业超过全部营业收入50%以上，或转移财产超过全部财产的50%以上，并且收购方股权支付的比重超过全部对价支付的 80%，可以适用免税重组的税收待遇，否则只能按照应税重组的规定进行相应的税务处理。

（2）应税重组的处理

在应税重组中，资产或股权收购方的税务处理包括两个方面。一方面，如果其支付的对价包括股份支付或其他非货币资产，必须在重组交易发生时确认相应的收益或损失；另一方面，对获取的重组资产和股权的计税基础按照公平市场价值来确定，如果涉及多项资产的，应将对应的收购价款按照各项资产的公允价值进行合理的分配。对于目标企业而言，视为有偿处置资产或股权，需要按照交易价格和初始成本的差额计算纳税；如果重组后不再存续，需要按照注销清算的有关规定进行相应的税务处理。

（3）商誉和重组费用的处理

通过借鉴国际通行做法，台湾省在《企业并购法》《公司法》《促进产业升级条例》以及《金融机构合并法》中对重组并购交易中形成的商誉作出了详细具体的税务处理规定，通常情况下可以在 15 年内平均摊销扣除。此外，台湾省税法规定，因重组并购而产生的相关费用，必须在 10 年内平均摊销，而不能在重组发生当期一次性在税前扣除。

7.4.3 免税重组的税务处理

（1）免税重组的所得税待遇

台湾省税法规定，对于符合前述免税重组条件的重组事项，对被收购企业产生的重组交易利得免征营利事业所得税，由此产生的重组损失亦不允许在税前扣除。与之相应地，重组资产和股权的计税价值原则上保持不变。在免税重组的税收待遇继承方面，如果满足相关附加条件，则被合并、收购、分割企业原本所享受的税收优惠、经营亏损等税收待遇可以由重组后的企业继承并继续享受。

（2）免税重组的其他税待遇

除了所得税之外，如果重组事项符合免税重组的条件，则该重组事项所涉及的印花税、契税、证券交易税全部予以免征。与此同时，如果重组交易涉及土地转让，在产权发生变更后，可依法将由原土地所有权人负担的土地增值税记存于并购企业名下，而不需要立即履行纳税义务，但同时要求完成土地转移登记日起 3 年内，并购企业转让股权的份额不得导致持有的股份低于原收购取得对价的 65%，否则原土地产权所有者应补缴记存的土地增值税；如果原产权所有者未缴清全部税款，则由并购公司负责代缴或补缴相应的土地增值税。

（3）免税重组的反避税安排

为了防范企业利用免税重组进行避税安排，台湾省税法规定，公司与其子公司之间，以及公司或其子公司与境内外其他个人、营利事业或教育、文化、公益、慈善机构或团体之间，在重组交易过程中如果对有关收入、成本、费用及损益的计量有不合交易常规的安排，以达到规避或减少纳税义务的，税务机关应予必要关注乃至启动调查。

对于利用股权收购、财产转移或其他重组安排，采用不恰当的方式为他人或自己规避或减少纳税义务的，主管税务机关有权按照交易常规或相关证据对重组交易价格予以必要调整，并否定其税收优惠待遇。

7.5 重要启示与借鉴

7.5.1 境外重组税制的总体特征

（1）服务经济发展的鲜明导向性

经济决定税收，税收反作用于经济。境外企业重组税收制度的建立和完善，无不体现了服务经济发展的鲜明导向。以美国重组税制为例，以1918年重组税制的建立为标志，100余年来历经了多次修订、扩充和完善的过程，实现了与美国历史上五次大的重组浪潮的互促共进和相得益彰，不仅支持了美国企业通过重组不断做大做强，而且科学高效严密的重组税制在促进美国产业结构升级和经济转型发展方面也起到了十分重要的作用。在此过程中，一些重组税制的制定和安排本身就是美国经济复兴与刺激的重要组成部分，如《1981年经济复兴税收法案（ERTA）》，以及始于2017年特朗普政府的税改法案，不仅优化了重组税收制度，更好地支持了各类重组活动的开展，而且有效刺激了美国经济的复苏与持续发展。

（2）与本经济体税制间的高度依存性

总体上看，美国、日本、德国及我国台湾省的企业重组税收制度设计与其税制模式、税制结构之间均呈现出高度的依存性。其中，美国有专门的资本利得税，而日本、德国和我国台湾省没有专门的资本利得税，导致美国在重组所得计量、资产价值分摊、重组费用确认方面与其他三个经济体之间存在明显的区别。对于日本而言，重组税收政策安排中对涉及法人与自然人政策衔接的规定，则受到其税法所遵循的虚拟法人学说的影响，以尽量做到避免重复课税。而由于德国采用的是部分"古典"公司所得税制，其对于纳税人转让股权以及取得股息红利的税收减免待遇，在重组税制规定中也有直接的体现，使得重组税制成为其整个税收制度的有机组成部分。

（3）不同政策手段的较强协同性

由于企业重组的多样性和复杂性，税收手段难以单方面发挥对重组行为的政策效应。因此，上述经济体非常注重综合利用税收、金融、财政、经济、法律等多种政策手段来增强对企业重组的支持和引导，并通过一揽子的规划和方案，实现了不同政策手段之间的协调配合。以我国台湾省为例，不仅出台了专门的《企业并购法》进行整体性规划，而且通过《公平交易法》《证券交易法》《促进产业升级条例》和《金融机构合并法》等，在市场环境、资本市场、产业布局、政府基金和金融政策等方面给予符合条件的企业重组以综合性的政策支持，增强了企业重组政策体系的整体性、系统性和协同性，有利于重组税收政策效果的充分发挥。

7.5.2 境外重组税收政策的发展趋势

（1）重组税制价值取向逐步明晰

纵览发达经济体企业重组税收制度的演变过程和趋势特征，大体上都经历了从"正常纳税"到予以"适当支持"，再逐步发展到"大力支持"，最后回归"理性支持"的发展脉络。这一点在美国重组税制的实践中有着非常直观地体现。美国第一次并购浪潮发生在1897—1904年，以横向并购为主，然而当时美国并未出台专门针对重组交易的税收政策；1916—1929年美国出现以纵向并购为主要特征的第二次企业重组浪潮，在此期间催生了1918年美国税收法案关于重组条款的具体规定；1965—1969年美国兴起以混合并购为特征的第三次重组浪潮，而美国1969年的税制改革对重组所得的延期纳税进行了修订完善，进一步加大了对企业重组的支持力度。随后，1981—1989年美国出现第四次重组浪潮，杠杠收购成为亮点，基于税收公平原则，1986年的税收改革法案取消了企业重组的一些税收优惠，并增加了一些限制条件；而在近年来以跨国并购为基本特征的第五次重组浪潮中，美国总结了前期的实践经验，修正完善了企业重组的税收政策和征管规定，对企业重组的态度更加客观理性。

（2）重组税收政策更加科学精细

受益于长期的企业重组历程和丰富的重组税制实践，发达经济体不断改革完善企业重组的税收政策规定，使之更加科学和精细。比如，美国将免税重组详细划分为A、B、C、D、E、F、G共七种类型，每种类型下面又有进一步的划分，而且规定了十分具体的判定条件和相应的税收待遇。又如，日本对于免税重组的适用条件，没有对股权和资产收购的比例进行"一刀切"式的硬性规定，而是区分不同情况做出了差别化的弹性制度安排；再如，德国注重在政策设计上尽量避免对重组交易的重复征税，而且注重法人和自然人在重组税收待遇上的衔接和协调，更好地满足了企业重组的实际需求。

（3）反避税及监管措施趋于严格

某种意义上讲，企业重组既是重组主体之间的一种动态博弈，也是重组纳税人和税务机关之间的多元博弈过程。近年来，境外对于重组业务的反避税和税收监管措施日趋严格和规范，尤其对于虚假交易和单纯以避税为目的的重组行为的反制更为有力。在具体措施和政策手段上，从之前对股东及经营连续性标准的测试逐渐拓展到对重组多步骤交易的实质性考察。在条件判定和监管时点上，从之前侧重于对重组交易当期和交易完成之后一定时间段的跟踪管理，进一步拓展延伸到对重组交易发生之前情况的追溯判定。在反避税及重组监管领域上，随着经济全球化程度的加快和税收竞争的加剧，包括美国、日本、德国以及我国台湾省在内的很多经济体，通过完善重组税制和修订税收协定，逐步加大了对跨境和跨国重组交易的税收监管。

7.5.3 主要启示与借鉴

(1) 增进重组税制与经济发展的契合度

从不同经济体企业重组税收制度的发展脉络来看，基本都体现出与相应经济发展水平的高度契合。特别是在经济发展的重要节点或关键阶段，都出现了企业重组税收制度与经济发展的相互影响和促进，这在我国企业重组税收政策实践中也有比较充分的体现。改革开放以来，我国企业重组税收制度已经历了探索、起步、磨合、成型和完善五大阶段，而距离上一次即2014年企业重组税收制度的大幅度调整已经过去了5年多。这5年多来，我国经济发展面临的内外部环境都发生了深刻变化，我国的经济总量、发展速度、增长动力和产业结构均呈现出不同以往的显著特征，企业重组的形式和内容也在发生深刻而复杂的改变。为此，企业重组税收制度应以推动经济高质量发展为目标，主动对接供给侧结构性改革，充分借鉴吸收发达经济体的好经验、好做法，积极回应经济发展的新要求和企业重组的新趋势，进一步改革完善企业重组税收政策框架和内容，打造企业重组税收政策的"升级版"。

(2) 适度加大税收对企业重组的支持度

从美国、日本、德国等发达国家以及中国台湾省的实际情况看，虽然近年来针对企业重组的税收优惠力度有所调整或收紧，但是在相应的发展阶段都出现过加大税收对企业重组政策支持的情况。与西方发达国家相比，我国企业的生产效率、管理水平和核心竞争力还存在一定的差距，国有企业的活力有待进一步释放，民营企业仍面临广阔的发展空间，企业重组的内在需求仍然比较旺盛，需要税收政策更加有力的支持。与此同时，全球范围内以减税为导向的税制改革正在持续推进，我国也正在实施大规模的减税降费。在这一背景下，如果继续保持现行企业重组税收政策力度，实际上相当于削弱了我国企业重组的税收待遇优势，甚至变相加大了重组企业的税收负担。因此，应考虑进一步降低企业重组特殊性税务处理的政策门槛，适当放宽重组亏损弥补和增值税留抵结转的条件，重点是加大对民营企业和中小企业重组的税收支持力度，打造企业重组税收政策的"加强版"。

(3) 提高重组税收政策设计的精准度

与发达经济体针对不同企业重组类型"面面俱到"的政策设计和关于具体重组事项"事无巨细"的详尽规定相比，我国企业重组税收政策无论是在条款数量还是具体表述上都显得较为原则和简略，增加了制度执行成本，不利于企业重组的顺利开展。具体来说，我国很多税种的重组规定都有待细化完善。企业所得税对于重组涉及的商誉处理几乎还是空白，特殊性税务处理中关于收购比例和对价支付的界定缺乏弹性且比较笼统，缺少过渡性规定和细化解释；个人所得税对重组交易中涉及合伙企业和自然人的规定不够具体清晰，与企业所得税的重组规定缺少必要的呼应和衔接；增值税关于重组征免的规定侧重于简单罗列重组内容，而没有明确引入"经营单位"的概念；土地增值税等税种关于企业重组的政策规定缺乏操作性等，迫切需要尽快加以解决，以提高企业重组税收政策的确定性和精准度,打造企业重组税收政策的"优化版"。

(4)强化重组税收政策监管的严密度

通过比较不难发现,对基于发展战略和正当诉求的企业重组予以必要支持、对出于财务舞弊和恶意避税的重组交易进行严厉管控是近年来国际上对于企业重组的鲜明态度。为此,应进一步强化对企业重组的税收监管。在监管对象上,要充分考察重组交易的主要动机,将适用优惠政策的重组事项、关联企业间的重组交易以及跨境重组交易纳入税收监管的重点对象。在监管标准上,要细化量化对特殊性税务处理适用条件的判定,明确引入股东连续性和经营持续性法则,并结合重组交易的商业目的和经济实质进行综合判定。在监管跨度上,在现有12个月的基础上可以进一步双向拓展,既要持续加强跟踪管理,也要对重组交易之前企业股东、会计核算和资产处置的情况进行追溯考察,并作为适用特定税收待遇的重要参考。与此同时,要借鉴国际经验,结合我国实际,税务部门会同金融、财政、证券、工商、公安等多部门联合出台针对企业重组的综合性监管规定,打造企业重组税收政策的"共治版"。

7.6 本章小结

本章是对企业重组税收政策的比较研究。通过对美国、日本、德国和我国台湾省的相关情况进行介绍和分析,从中把握境外企业重组税制的总体特征、发展趋势特别是对完善企业重组税收政策的重要启示和借鉴。

分国别和地区看,美国企业重组历史最长,形成了支持企业重组和防范避税交易的政策导向,并对免税重组作出了详细的划分和界定,其重组税制最为成熟、严谨和完备。日本根据重组内容和要件来确定相应的税收待遇,涵盖了收益确认、亏损处理、优惠继承、亏损结转、纳税申报以及法人与自然人衔接等方面,为重组交易提供了确定的税法遵循。德国对企业重组的税收支持力度较大,重组税收政策的行业倾向较为明显,反避税措施也相对严格。我国台湾省企业重组税收政策的法制化程度比较高,通过颁布和修订《企业并购法》等一系列法律规定,从多个层面对企业重组予以必要支持。

境外重组税制的基本特征主要有三个方面:一是服务经济发展的鲜明导向性,重组税收制度的建立和完善,都以服从服务于经济发展为主要目标;二是与本经济体税制间的高度依存性,企业重组税收政策充分体现了其税制特点、立法原则和监管模式;三是不同政策手段的较强协同性,注重利用税收、金融、财政、经济、法律等多种政策手段来增强对企业重组的支持和引导,实现了各种政策手段的协调配合。

境外重组税收政策发展趋势也有三个方面:一是重组税制价值取向逐步明晰,大体上经历了从"正常纳税"到予以"适当支持"再到"大力支持",最后逐步回归到"理性支持"的发展路径;二是重组税收政策更加科学精细,发达经济体立足长期的企业重组历程和丰富的重组税制实践,对企业重组税收政策进行了持续的完善和细化。三是反避税及监管措施趋于严格,通过加强对高风险重组事项的税务管理,对虚假交易和单纯以避税为目的的重组行为的反制措施更加有力。

启示与借鉴主要有四个方面:一是增进重组税制与经济发展的契合度,以推动经济高质量发展为目标,主动对接供给侧结构性改革,积极回应经济发展的新要求和企业重组的新趋势,打造企业重组税收政策的升级版;二是适度加大对企业重组的税收支持度,包括继续降低企业重组的政策门槛,适当放宽亏损弥补和增值税留抵结转的条件,加大对民营企业和中小企业重组的税收支持力度,打造企业重组税收政策的"加强版";三是提高重组税收政策设计的精准度,借鉴发达国家经验做法的尽快改变我国企业重组税收政策的短板和弱项,打造企业重组税收政策的"优化版"。四是强化重组税收政策监管的严密度,会同金融、财政、证券、工商、公安等形成全方位监管的合力,打造企业重组税收政策的"共治版"。

第 8 章
完善企业重组税收政策的建议

理论和实践表明，基于合理商业目的的企业重组，在微观层面有利于企业经济效益的提升，中观层面有助于产业结构的优化，宏观层面有益于整个社会福利的改进，具有积极的经济和社会效应，对此应予必要的政策支持。总体来看，现行企业重组税收政策对符合条件的重组事项给予了特殊性税务处理和一些税收优惠，但在政策的完备性和科学性方面还存在一些问题；基于大样本的实证研究及动态断点回归也表明，企业重组税收政策支持了企业重组的开展，不过实际效果仍有待进一步提升。为此，应明确理性支持企业重组的政策导向，改进完善现行企业重组的税收政策，建立健全企业重组税收监管机制，科学评估企业重组税收政策效应，从而全方位提升支持企业重组的税收政策的质效，为企业重组营造良好的税收环境。

8.1 明确理性支持企业重组的政策导向

8.1.1 正确认识企业重组税收政策的作用

一直以来，围绕企业重组及相应的税收政策，理论层面仍存在很多争议，在税收政策制定和具体实践中也存在一些认识误区，影响了企业重组税收政策的实际效果。为此，需要正确认识并准确定位企业重组税收政策的作用，科学把握税收介入和支持企业重组的方式方法。

（1）避免片面夸大或忽视重组税收政策作用

企业作为独立市场主体，追求利润及企业价值最大化是其实施重组行为的主要内在动因，而税收政策只影响是企业重组的外部因素之一。正常情况下，很少有企业完全出于税收方面的考虑而实施重组交易。实证研究结果也充分证明，税收政策只是企业重组的重要影响因素而非决定因素。因此，不能过分夸大重组税收政策的作用，必须结合宏观经济环境、国家产业政策、企业产权性质、经营发展战略、资产股权状况和企业盈利能力等因素综合考虑。单纯把企业重组的成败完全归咎于税收政策因素，本质上是"税收万能论"在企业重组领域的反映，① 既失之客观，也不够理性。与此同时，也不能忽

---

① 岳树民教授认为，并非任何情况下税收政策手段都是有效的，"税收万能"论是不现实的，也是有害的。税收调控经济运行在很多情况下取决于纳税人对税负增减变化的敏感程度，取决于经济环境是否形成对税收政策的应答机制，取决于经济运行中其他"干扰项"的影响程度和其他政策手段的配合程度。

视税收政策对于企业重组的实际作用,要充分考虑税收因素对于重组企业市场价值、重组交易价格、资产计税基础、交易费用扣除、亏损优惠继承特别是重组所得确认的重要影响,避免对重组税收政策认识上的越位、缺位和错位。

(2) 准确把握税收介入企业重组的方式和机理

税收政策对企业重组的影响需要通过一定的渠道和载体来实现。基于宏观调控和支持合理化企业重组的双重目的,通过税收政策设计明确不同重组方式的税收待遇,既给可能实施重组交易的企业以明确的政策预期,也赋予已经实施重组的企业以差别化的税收待遇。在此过程中,税收主要通过三个层面来支持引导企业重组的开展。其一,把企业重组与一般性经营行为的税收待遇区别开来。重组所得是对企业当期大额资产产权转让及未来预期收益折现的综合体现,需要在所得确认、税款计算、完税方式等方面给予特殊考虑和适当倾斜,从而对有潜在重组意向的企业"是否实施"重组产生积极的外部影响。其二,把不同重组方式的税收待遇区别开来。由于股权收购、资产收购、合并分立等重组类型存在显著差异,税收政策既要体现公平性,也要有适度差异性,从而对重组企业"如何选择"重组方式产生政策诱导。其三,把正当合理的企业重组和避税动机的重组交易区别开来。对完全或主要基于避税目的而实施的重组行为,实质上是一种"政策投机",不仅背离了企业重组的本质内涵,而且违背了企业重组税收政策制定的初衷,必须通过设置必要前提条件、明确政策适用要求和加强税收风险管理来予以纠正和防范。

8.1.2 适度加大对企业重组的税收支持力度

针对现行企业重组税收政策存在的问题和短板,既要准确把握税收中性原则,为企业重组的正常开展提供公平的市场环境;又要充分发挥税收职能作用,改革完善具体政策规定,适度加大对企业重组的支持和引导,提升税收政策的实际效果。

(1) 进一步加大税收对企业重组的政策支持力度

税收中性原则的核心在于公平税负,表现为微观上不干扰扭曲市场机制的正常运行,宏观上不增加社会的超额负担[①]。税收中性是税收政策制定的总体要求和大的原则,是相对的而不是绝对的。由于市场调节的自发性和盲目性,税收政策如果对市场化的重组行为完全听之任之,保持"消极中性",反而会阻碍企业重组的顺利开展。相反,对出于合理商业目的、有利于企业生产经营、符合国家宏观经济目标的重组行为,应制定完善相应的税收政策予以支持,做到"积极中性"。对照这一要求,结合前面的分析,现行企业重组的税收政策力度仍相对不足。对此,可以考虑进一步降低企业重组特殊性税务处理的条件,改变对重组比例和支付比例"一刀切"的规定标准,比如可以借鉴日本的做法,制定弹性化、多层次的前提条件及相应的税务处理。同时,要扩大特殊性税务处理的适用范围,尽快明确主要采取股权支付的情况下重组事项个人所得

---

① 关于税收中性原则的含义,理论界有多种表述,本书综合了多种观点,并重点参考了安体富教授的观点。

税、增值税特殊处理的规定。此外，在我国实施大规模减税降费、经济下行压力加大以及新冠肺炎疫情等外部风险挑战增多的背景下，可以在契税、城镇土地使用税、房产税和印花税等税种中进一步增加对特定重组行为的税收减免。

（2）提高企业重组税收政策的公平性

按照税收公平原则，税收政策应当体现普遍征税、平等课税和量能计税的要求。反映在企业重组的税收待遇上，就是要尽量确保税收政策的普遍适用性，提高政策制定的透明度，并尽量体现量能负担的要求。然而，现行税收政策对国有企业、上市公司的重组事项量身定制了比较多的"排他性"税收优惠，同时又对部分企业改制重组的个案"点对点"地赋予了特殊性的税收待遇，而且很多政策的制定、颁布和实施不够公开透明。这种情况固然有特定的历史背景和现实原因，但是有损企业重组税收政策的公平性，特别是不利于民营企业和非上市公司重组的开展。基于"为民营企业打造公平竞争环境，给民营企业发展创造充足市场空间"的要求[①]，为体现企业重组税收待遇上的横向公平和纵向公平，建议逐步缩小国有企业与民营企业、上市公司与非上市公司重组的税收政策差异，特别是加大对民营企业重组的税收支持力度。

（3）尽量缩短企业重组税收政策时滞

通过政策梳理可以发现，我国很多企业重组税收政策的颁布时间、修订时限和延期时点存在程度不等的滞后和拖拉。比如，在现行企业所得税法正式颁布了两年多、已经实施了一年多之后，《关于企业重组业务企业所得税处理若干问题的通知》才予以公布；《国务院关于进一步优化企业兼并重组市场环境的意见》在发布后近10个月，财政部、国家税务总局才颁布《关于促进企业重组有关企业所得税处理问题的通知》，虽然按照国务院的意见调整了相关政策规定，并向前进行重组税收政策的追溯适用，却使重组税收政策的实效性打了折扣。而大样本的断点回归结果也显示，我国企业重组的税收政策存在比较明显的政策滞后性，政策效果释放和作用发挥存在较长的时滞，不利于企业重组的前后续接和有序开展。建议切实加强国务院职能部门之间的沟通协调，增强重组税收政策研究的前瞻性和系统性，进一步提高政策制定的质量和效率，确保企业重组税收政策的及时发布和高效实施。

8.1.3　构建兼具本土化和国际化的重组税制

企业重组税收政策是一个国家税收制度的有机组成部分，而税收制度又是外部经济环境、社会发展态势和历史人文因素等综合国情的反映。国内外企业重组实践经验也表明，企业重组税收政策必须要契合特定时期的经济发展阶段、基本税制状况和企业重组实际。在经济全球化的大背景下，还要充分吸收和借鉴其他国家重组税制的经验做法，确保企业重组的税收政策既立足国情又符合国际惯例和发展趋势。

---

① 《习近平在民营企业座谈会上的讲话》，《人民日报》，2018年11月2日第一版。

(1) 重组税制必须契合我国的发展阶段

如前所述,依据我国经济发展路径和企业重组实践,我国企业重组税收政策可以划分为探索、起步、磨合、成型和完善五大阶段,目前所处的第五个阶段是我国经济从高速发展转向高质量发展的关键时期。2019 年中央经济工作会议指出,要坚持巩固、增强、提升、畅通的方针,以创新驱动和改革开放为两个轮子,全面提高经济整体竞争力,加快现代经济体系建设。面对新形势、新发展,我国企业重组出现了一些新变化、新挑战,应借鉴美国、日本、德国等代表性国家的先进经验,对企业重组的政策体系进行充实和调整,但也不能直接照搬照抄机械套用,而是要与我国企业重组实践和经济发展水平相适应。对照这一要求,一方面要继续坚持支持企业重组的政策导向,持续完善已有政策规定;另一方面要增加制度供给,补足政策缺项,比如目前我国对于战略新兴产业的重组政策尚属空白,同时"僵尸企业"重组清算的税收待遇和一般性的重组清算没有区别,需要尽快加以研究明确,确保企业重组税收政策方向不偏、力度不减。

(2) 重组税收政策制定要考虑我国税制结构特征

与税制结构相匹配是国外重组税制建设的基本经验。就当前我国的税制结构看,如图 8-1 所示,近年来企业所得税占税收收入的比重呈逐年上升趋势,2019 年占税收收入的比重为 23.61%,但增值税仍然是规模最大的税种,2019 年占全部税收收入的比重接近四成①,而收入规模排名第三和第四的分别是消费税和个人所得税,这和美国、日本、德国等以所得税为主体税种的税制结构存在显著差异。

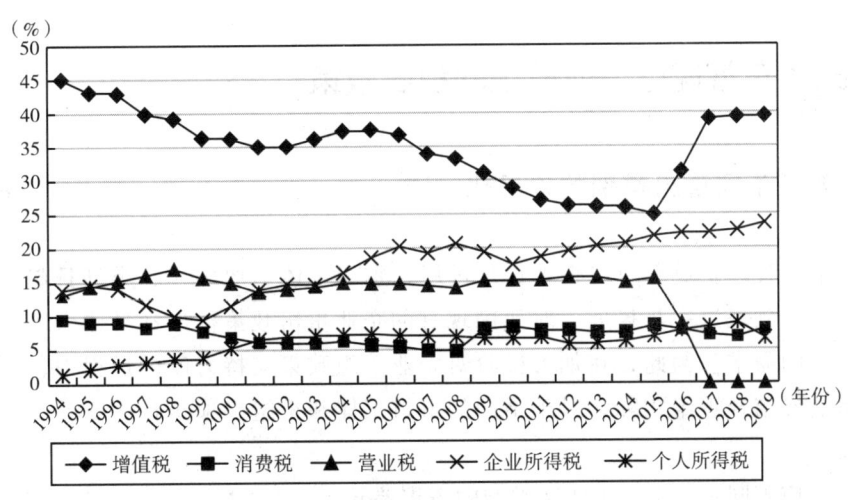

图 8-1 近年来我国税制结构变迁

相比较而言,我国企业重组的增值税政策不仅数量明显偏少,而且政策的完备程度和可操作性仍存在不少差距。特别是随着"营改增"的全面完成,增值税实现了对货物和劳务的全覆盖,应该更加重视并加强对企业重组增值税政策规定的深入研究,尽快

---

① 考虑到和企业重组的相关性,增值税收入口径未包括进口环节的增值税。

弥补现行企业重组增值税规定的政策缺失和内容粗放。应以完成增值税立法为契机，完善企业重组增值税处理的上位法规定，加大政策的制定和修订力度。与此同时，要尽快健全完善关于自然人参与重组的个人所得税政策规定，改变重组业务企业所得税"一税独大"的现状，以形成主体税种支持企业重组的政策合力。

（3）完善重组税制需要符合国际惯例和潮流

近年来，经济全球化推动各国经济交往不断深化，全球税制改革呈现新的特点，国际税收竞争加剧。各国特别是发达国家持续改革完善企业重组的税制安排，其企业重组税收政策特点可以概括为"高精尖"，值得重视和借鉴。所谓"高"，是指把企业重组税制建设提高到国家发展战略和全球产业布局的高度，如德国制定了专门的《重组税收法令》，政府对本国企业的重组采取了十分积极的态度，并利用重组税收政策引导经济发展和产业结构优化，大力支持特殊行业开展重组并适度干预境外企业对国内相关行业的重组并购。所谓"精"，是指企业重组税收政策规定的精细和精准，如美国把免税重组划分为七大类型，并具体细化明确了详细的税务处理方式，确保了税收政策的精准发力；所谓"尖"，是反避税措施尖锐有力，比如日本税法在判定免税重组并购条件和政策适用时，并不局限于重组发生的时点，而是通过一系列综合指标，实现了对交易前后全过程的覆盖特别是持续性的跟踪管理，既支持了合理化的企业重组，又有效打击了虚假重组和避税交易。两相对照，我国企业重组的税制安排仍有明显差距。对此，我们应在立足我国国情和税收制度的基础上，积极借鉴国外企业重组税收政策特点、征管实践和发展趋势，探索建立兼具本土化和国际化的重组税制。

8.2 改进完善现行企业重组的税收政策

8.2.1 兼顾不同重组类别的差异化需求

近年来，我国企业重组取得了长足进展，重组主体更加多元、类型日趋丰富、方式不断创新、领域进一步拓展，对我国现有的企业重组政策框架和具体内容提出了新的、差异化的需求。为此，在加大税收对企业重组政策支持力度的过程中，不宜平均用力，而是要结合重组实际，对于不同的重组主体和重组事项实行适度差别化的税收政策。

（1）适应不同企业重组主体和类型的需求差异

企业重组是涉及不同主体、涵盖多种类型、囊括多种方式的复杂事项，直接关系到不同企业和股东的利益和诉求。如图 8-2 所示，从产权关系来看，重组资产的所有权在企业，企业的所有权在股东。由于企业产权和性质不同，企业又具体包括上市公司、非上市公司，国有企业、非国有企业，内资企业和外资企业等类型。作为企业重组的决策者和直接参与者，企业的股东涉及法人、自然人，控股股东、中小股东，居民和非居民纳税人等情形。由于市场主体的性质和身份不同，现行税制对于不同的企业类型规定了差别化的税收待遇,这是重组税收政策的制度基础和基本原则,因此,企业重组的税收政策既要符合税法的基本规定和税制的总体安排,更要充分考虑企业重组的实际情况和真实诉求,体现一定的差异性,这将在完善具体税种重组政策规定时加以综合权衡考虑。

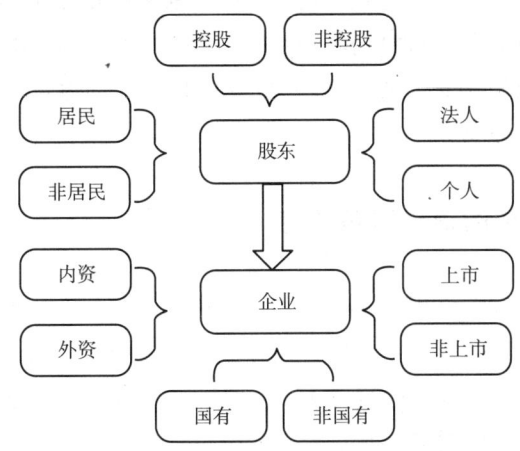

图 8-2　企业重组主体类型与关系框架

（2）体现境内企业重组政策的导向差异

对境内企业重组来说,这种政策上的差异至少要考虑以下三个方面。一是重组主体产权性质的差异。对于国有企业来说,要厘清市场主导与行政主导下重组行为的区别。行政主导下的重组通常不以经济利益为目的,决定了在税收待遇方面不可能完全和市场化的企业重组完全一致,一些过渡性、照顾性的政策仍将在一定范围和一段时期内继续存在；而对于市场化的重组交易,无论是国有企业还是民营企业,原则上都应该享有大致对等的税收待遇。二是重组所依托资本市场的差异。目前我国的资本市场涵盖了主板、中小板、创业板、新三板和科创板五种类型,企业所处资本市场性质和管理上的差异必然在企业重组的税收政策上有所反映,比如在重组税收政策制定过程中,需要考虑上市公司与非上市公司在股权（份）转让、对价支付、分红派息、信息披露方面的差异及其对税收征管的影响。三是重组所处地区的差异。允许一些自贸区先行先试[①],推行国际化、差异化的重组税收政策,以形成可复制可推广的做法和经验。

（3）明确涉外企业重组税收政策的待遇差异

由于境外企业、"走出去"企业、非居民和外资企业的重组事项涉及我国对外开放战略和国家的税收权益,决定了其税收待遇必然和境内企业存在一定区别,而且更为复杂和敏感。对此,其重组行为税收待遇的差异要考虑并体现在三个方面。一是要积极服务和主动对接我国更高水平的对外开放战略,对因参与"一带一路"建设项目而发生的重组行为,应给予税收减免和抵免等税收优惠。在遵守税收公平的前提下贯彻落实新

---

① 《国务院关于印发6个新设自由贸易试验区总体方案的通知》（国发〔2019〕16号）。

颁布的《外商投资法》的相关要求，体现吸引和鼓励外商投资的政策导向①；二是要遵照国际惯例，对于涉外企业重组税收政策制定要遵守多边税收公约和双边税收协定的约束，明确特别条款，加强政策沟通，建立协调机制，既维护我国的税收权益，又要尽量减少对跨境重组的重复征税。三是要防止涉外企业通过跨境重组实施税基侵蚀和利润转移（BEPS②），针对跨境重组的性质和特点，增加切实可行的反避税条款，加强全球税收治理，对注册在避税地国家（地区）企业实施的重组行为要予以重点关注，对违法行为要深入调查并严厉惩戒。

8.2.2 完善具体税种的重组政策规定

截至目前，我国没有专门制定关于企业重组税收问题的综合性法律法规，现行支持企业重组的税收政策主要体现在企业所得税、个人所得税、增值税、土地增值税、契税等税种的税法相关条款或具体文件规定中。为此，要以税种为主线和载体，进一步改进完善企业重组税收政策的问题和不足。

（1）完善企业所得税重组规定

企业所得税是对重组交易影响最大的税种。经过2009年和2014年两次大的政策调整，重组业务的企业所得税政策趋于完善，对企业重组的开展起到了积极的推动作用。结合前面的理论分析、政策梳理和实证研究，目前问题主要集中在重组的特殊性税务处理上，具体包括特殊性税务处理的前提条件和重组所得的确认等三个方面：

第一，关于现行50%的最低重组比例要求。2014年的重组税收政策调整只是把收购股权或资产的最低比例要求从75%下调为50%。以股权收购为例，仍需要进一步考虑以下两种情形。其一，如果并购企业已经持有目标企业一定比例的股权，但是没有实现对被收购企业的控制，而通过再收购少于50%的股权即可达到对被收购企业的控制；其二，并购企业已经持有对目标企业50%以上的股权，后来又收购其剩余的全部股权，从而实现对目标企业的"绝对控制"③。按照现行政策规定，实践中这两种比较常见的股权收购行为都不符合最低50%的收购比例要求而不能适用特殊性税务处理，类似的情况在资产收购中也同样存在。据此，建议在判定50%的股权或资产收购比例要求时，能够结合并购企业与目标企业已经存在的股权及资产关系，前后贯通、综合考虑，既考察收购增量，也考虑重组存量，而不是简单硬性地做出"一刀切"的规定。

第二，关于不低于85%的股权支付比例。该比例是2009年作出的统一规定，和

---

① 2019年3月15日第十三届全国人民代表大会第二次会议通过的《外商投资法》第十四条规定，国家根据国民经济和社会发展需要，鼓励和引导外国投资者在特定行业、领域、地区投资。外国投资者、外商投资企业可以依照法律、行政法规或者国务院的规定享受优惠待遇。

② Base Erosion and Profit Shifting，是指跨国企业利用国际税收规则存在的不足，以及各国税制差异和征管漏洞，最大限度地减少其全球总体的税负，甚至达到双重不征税的效果，造成对各国税基的侵蚀。

③ 如果A公司已持有B公司20%的股权，又收购了B公司31%的股权，由于此次股权收购的比例不足50%，即使通过股权收购实现了对B公司的控制，也无法适用特殊性税务处理。同样，如果A公司已持有B公司60%的股权，又收购了B公司剩余40%的股权，仍不符合特殊性税务处理的条件。

目前企业重组的实际情况和诉求相比,显得偏高。况且非股权支付中除了现金、银行存款以外,还存在存货、固定资产、其他资产以及承担债务等形式,这些支付方式的流通性和变现能力并不明显优于股权支付方式。基于对企业重组的合理支持,有两种完善思路:一种是借鉴会计准则对于非货币性资产交换通常以补价占整个资产交换金额的比例低于 25% 的规定,将现行特殊性税务处理对股权支付的比例要求由 85% 下调为 75%;另一种方法是维持 85% 的最低比例要求,但是改为直接对现金及银行存款的对价支付作出规定,将对价支付中现金及银行存款占比不高于 15% 的情况作为特殊性税务处理的前提条件。

第三,关于重组所得的确认与完税。对照"量能负担"的课税原则,在存在非股权支付时,现行特殊性税务处理下重组转让方仅确认非股权支付对应的所得,仍存在所得的确认和支付能力不匹配的问题。对此,可借鉴美国税法的规定,结合企业所得税法关于收入货币形式的界定[1],对非股权支付中属于货币形式的收入部分,优先用于缴纳全部重组所得的应纳税款,并且如果足以缴纳全部应缴税款,可以不进行特殊性税务处理,同时对重组资产和股权的计税基础按照公允价值确认;如果只能够缴纳部分税款,则只需对不足以缴纳税款的部分递延确认重组所得,并相应调整重组资产或股权的计税基础。这样一来,既有利于税款的及时合理入库,又有利于增强重组应税所得和企业纳税能力的匹配度,还会进一步减少可能存在的重复课税问题,提高了重组业务企业所得税处理的准确性和科学性,可谓是宽严相济、一举多得。

(2)完善个人所得税重组规定

现行个人所得税只是明确了股权转让的税务处理,以及非货币性资产投资与技术入股分期或递延纳税的规定,除此之外并没有严格意义上关于重组业务的专门性规定尤其是特殊性税务处理。这直接导致了在股权收购、企业合并和企业分立等重组业务中,如果涉及自然人股东,特别是在完全采取股权支付[2],以及现金支付比例偏低的情况下[3],导致自然人股东存在明显的课税能力不足问题,从而严重阻碍企业重组的顺利进行,近年来实践中已经多次出现因自然人纳税能力不足而导致重组终止的情形。对此,如果严格按照税法规定,要求收购方支付对价时一次性履行全部个人所得税扣缴义务[4],同样会对并购方造成资金占用的压力,并对企业重组的正常进行造成不必要的干扰和扭曲。

---

[1] 企业所得税法规定,企业取得收入的货币形式,包括现金、存款、应收账款、应收票据、准备持有至到期的债券投资以及债务的豁免等。

[2] 国投中鲁果汁股份有限公司曾发布《拟终止重大资产重组及股票停牌的进展情况公告》(证券代码:600962,公告编号:临 2015-014)声明:因收到重大资产重组交易对方张惊涛先生的书面告知,存在可能因为无力缴纳个人所得税税款资金问题导致公司重大资产重组方案调整或终止的重大事项,使本次重大资产重组具有重大不确定性。

[3] 北京北纬通信科技股份有限公司曾发布《关于深圳证券交易所问询函的回复公告》(证券代码:002148,公告编号:2015-009)声明:鉴于本次交易采用发行股份及支付现金购买资产的方式,个人所得税额初步估算约为 7000 万元至 7200 万元,交易对方自然人获得现金仅为 5649.27 万元,差额约为 1351 万元至 1551 万元,交易对方内部协商一致最终决定终止本次重大资产重组,并向上市公司函告。

[4] 国家税务总局关于发布《个人所得税扣缴申报管理办法(试行)》的公告(税务总局公告 2018 年第 61 号)规定,扣缴义务人是指向个人支付所得的单位或者个人,扣缴义务人支付利息、股息、红利所得,财产租赁所得,财产转让所得或者偶然所得时,应当依法按次或者按月代扣代缴税款。

不仅如此，如果在一项重组业务中同时出现法人股东和自然人股东时，会导致更加明显的不公平。一方面，如果法人股东和自然人股东都是股权转让方，会出现完全同样的条件下，前者可以适用特殊性税务处理实现重组所得的合法递延，而后者只能确认全部股权转让所得并一次性履行个人所得税纳税义务；另一方面，如果企业重组的主导方和非主导方中一方是法人而一方是自然人，以及涉及合伙企业的重组交易，即使法人股东符合特殊性税务处理的全部条件，也不能适用特殊性税务处理，显然会影响企业重组税收政策的公平性和协同性。

针对上述情况，有两个解决办法。一种是比照非货币性资产投资的个人所得税处理，对自然人在股权收购或合并分立业务中实现的重组所得，在不超过5年的期限内分期履行纳税义务，对重组应纳税款予以限期递延。二是比照重组业务的企业所得税特殊性处理，将自然人重组所得应缴纳的个人所得税款，递延到下一次交易时再一并缴纳，即予以不限期递延。相比较而言，第二种思路既符合自然人参与重组的国际惯例，也更为公平合理，而且和现行自然人以技术成果投资入股暂不纳税的待遇保持了一致，有利于更好支持自然人平等参与企业重组，从而避免因政策缺失而对正常的重组事项造成干扰甚至阻碍。

（3）完善增值税重组政策规定

现行企业重组增值税政策的核心问题在于对某项重组行为是否属于增值税征收范围的判定。通常情况下，对于能够独立提供增值税应税行为的"资产组"转让，往往伴随着资产、债权、债务和劳动力的整体转移，这种情况不属于增值税征收范围；而如果将资产与其他权益分离单独出售，该资产不具备独立产生增值税应税行为的能力，实际上是资产出售而非资产重组，则属于增值税的征收范围。然而，由于现行关于重组的增值税政策规定较为简略和原则，导致税务机关和纳税人对于同一重组事项的增值税处理存在分歧，增加了政策执行的难度。

具体来看，现行增值税重组政策规定，重组业务中除了资产、债权和债务转移之外，必须有"劳动力一并转让"才能符合不征收增值税的条件，其政策本意是为了避免企业在资产重组中损害劳动者的合法权益，因此重组企业正常的人员流动并不影响相关政策的适用[①]。然而在具体操作过程中，很多税务机关误解了该政策的本意，没有从"资产组"的经济实质出发，而是要求必须将转让资产所对应的所有员工"一个都不能少"地一并转移才符合不征收增值税的条件。与此同时，政策的瑕疵也使相关方对资产重组增值税待遇的理解较为机械和肤浅，比如在一些重组交易中，只有资产及相关人员和劳动力的转移，并没有对应的债权或者债务变更，却被认为属于增值税的征税范围，既加重了企业重组的税收负担，也违背了政策初衷。

针对这种情况，可以借鉴英国增值税关于资产重组的 TOGC（Transfer of a Business as a Going Concern）规则。该规则基于经营连续性和资产持续性这两个基本前提，规定了重组业务不征收增值税的五个基本条件。一是重组行为所转让的资产必须是基于持续

---

① 国家税务总局《对十二届全国人大五次会议第7352号建议的答复》。

经营前提下的相对完整的业务转让；二是并购方购买资产后所从事的经营活动必须与资产转让方持有该资产时从事的经营活动相同或者类似；三是当资产出售方是增值税一般纳税人时，资产收购方也必须是增值税一般纳税人，或者因资产收购而成为增值税一般纳税人；四是对于只转让部分资产的情形，要确保这些资产能够相对独立地运营；五是在重组交易发生后的一定期限内不能再发生后续资产转让行为。对此，建议对现行企业重组增值税简单罗列式的描述性规定进行修改完善，将经营连续性、资产持续性作为增值税征收与否的关键条件，重点以重组资产能否承载一项相对独立的生产经营业务作为判断标准，适当考虑重组各方的纳税资格，妥为处理留抵税额，确保重组交易前后增值税链条的完整性，减少和化解政策执行中的争议。

（4）完善土地增值税重组政策规定

现行关于企业重组的土地增值税政策规定，基本上涵盖了企业重组的主要类型，为涉及土地、房屋的重组事项的税务处理提供了较为明确的政策依据。从更好支持和规范重组事项开展的角度，仍然需要进一步明确或解决三个方面的问题。

一是关于企业分立的土地增值税处理。现行税法规定，企业分设为两个或两个以上与原企业投资主体相同的企业，对原企业将房地产转移、变更到分立后的企业，暂不征收土地增值税。其中，税法对于"原投资主体相同"的表述比较模糊，没有明确是分立前后的"投资人"相同，还是要同时确保"投资比例"也与分立前相同，增加了政策上的不确定性。建议遵照公司法的规定和重组各方的约定，只要满足"投资人"相同的条件，即可享受暂不征收土地增值税的规定。

二是股权转让是否课征土地增值税问题。按照税法规定，发生土地增值税纳税义务的前提是土地、房屋权属的变更。从资产归属和所有权逻辑看，股权转让包括100%的股权转让行为，只是企业的股东发生了变更，并不直接导致企业名下土地、房屋等资产所有权的变更。因此，应明确废止或纠正对股权转让行为征收土地增值税的规定，减少对基层税务机关和纳税人的误导[①]。同时，对于存在避税动机的交易，应通过完善土地增值税条例和相关政策规定统筹加以解决，以避免对正常重组行为的误判和非正常课税。

三是对房地产企业的排他性规定。基于宏观调控和反避税的需要，近年来土地增值税对于改制、合并、分立、投资等重组事项暂不征税的规定，一律不适用于房地产开发企业。[②] 实际上，随着经营多元化和投资便利化，很多房地产开发企业并不单纯从事房地产业务，其重组和投资行为并不一定出于避税的目的。如果不区分具体情形，对整个房地产行业一概进行重组土地增值税待遇的排他性规定，显然既不合理合情，也有悖税

[①] 国家税务总局曾多次以复函方式对转让100%股权的行为明确要计征土地增值税，如《关于以转让股权名义转让房地产行为征收土地增值税问题的批复》（国税函〔2000〕687号）、《关于土地增值税相关政策问题的批复》（国税函〔2009〕387号）、《关于天津泰达恒生转让土地使用权土地增值税征缴问题的批复》（国税函〔2011〕415号），亦有地方税务局发文明确对股权转让行为计征土地增值税，如《湖南省地税局财产和行为税处关于"以股权转让名义转让房地产"征收土地增值税的通知》（湘地税财行便函〔2015〕3号），等等。

[②] 《关于企业改制重组有关土地增值税政策的通知》（财税〔2015〕号）第五条规定，上述改制重组有关土地增值税政策不适用于房地产开发企业。《关于继续实施企业改制重组有关土地增值税政策的通知》（财税〔2018〕57号）第五条再次明确，改制重组有关土地增值税政策不适用于房地产转移任意一方为房地产开发企业的情形。

收公平原则。考虑到目前的经济形势,建议废止上述排他性规定,而是结合房地产企业的重组主要动机和经济实质,明确适用土地增值税重组政策的具体条件,拓宽重组土地增值税优惠政策的适用范围。

(5) 完善契税重组政策规定

企业重组的契税政策,经历了对企业和事业单位分别明确到统一规定的完善过程。目前,企业重组契税规定存在的主要问题是相互之间政策待遇不够一致。对于企业改制,现行政策规定原企业投资主体存续①并在改制(变更)后的公司中所持股权(股份)比例超过75%且改制(变更)后公司承继原企业权利、义务的,对改制(变更)后公司承受原企业土地、房屋权属免征契税;而对于事业单位改制,则要求原投资主体存续并在改制后企业中出资(股权、股份)比例超过50%的,对改制后企业承受原事业单位土地、房屋权属免征契税。为公平税制、简化政策、统一待遇,进一步加大对企业重组的支持力度,建议将上述最低股权(份)比例要求统一调整为50%,这样一来也与重组业务企业所得税特殊性税务处理的股权比例要求保持了一致。

(6) 完善其他税种重组政策规定

除了上述税种之外,企业重组还涉及印花税、城镇土地使用税、耕地占用税等税种的处理。近年来,财政部、国家税务总局②以及地方政府陆续出台了一些关于重组事项的税收优惠③,体现了对相关企业重组业务的支持。目前存在的问题主要有两个方面,一是税收政策的表述不够严谨,如存在对同类重组事项"暂不征收"和"免征"印花税概念和表述的混用。二是税收优惠的出台较为零散和随意,地区之间存在较大的政策口径差异。为此,建议在制定企业重组相关政策优惠时,严格遵照《财政部规范性文件制定管理办法》《国家税务总局税收规范性文件制定管理办法》特别是《税收减免管理办法》的规定和要求,进一步提高企业重组各税种税收优惠政策的规范性和有效性。

8.2.3 增进重组税收政策的整合协同

一直以来,我国企业重组的税收政策中,有些是由财政部门牵头制定的,有些是由税务部门单独制定的,而且政策内容涉及不同的税种及征管要求,政策的颁布和实施时间也前后交叉,导致企业重组税制和具体政策规定之间缺乏有效衔接和呼应,迫切需要增强不同政策之间的整合与协同。

(1) 重组税收政策与税法规定的整合协同

目前我国已经形成了基本完整的企业重组税收政策体系,但是从不同层级政策的匹

---

① 投资主体存续指原企、事业单位的出资人必须存在于改制重组后的企业,出资人的出资比例可以发生变动。
② 《关于办理上市公司国有股权无偿转让暂不征收证券(股票)交易印花税有关审批事项的通知》(国税函〔2004〕941号)规定,对经国务院和省级人民政府决定或批准进行的国有(含国有控股)企业改组改制而发生的上市公司国有股权无偿转让行为,暂不征收证券(股票)交易印花税。
③ 《关于上海耀皮玻璃股份有限公司等两家上市公司国有股权无偿划转免征证券交易印花税的通知》(沪地税财行〔2014〕22号)对无偿划转上海耀皮玻璃等两家上市公司国有股股权免征证券交易印花税。

配度来看，作为下位法的重组税收规范性文件与作为上位法的税法之间仍存在联系不紧和衔接不畅的问题，影响了企业重组税收政策的整体效果。以企业所得税为例，对于企业重组这一重大事项，只是在企业所得税法实施条例中作出了"除国务院财政、税务主管部门另有规定外"①的简单授权规定，而没有给出明确的税务处理原则。在增值税中，关于企业重组的规定则是在营改增的规范性文件中体现的②，在现行增值税暂行条例和实施细则中完全没有直接的条款作为依据。此外，在企业重组的税收征管规定中，很多规范性文件并没有引用或注明税收征管法的相关条款，而是自行独立作出相关规定。针对上述情况，建议在今后修改制定单行税法时，在具体条款中为企业重组提供基本的法理依据和处理原则，并在出台关于重组事项的税收规范性文件时，应与所依据的上位法条款保持协调一致。

（2）不同税种重组政策规定的整合协同

关于企业重组的税收待遇，不同税种的政策规定之间存在较为明显的差异，甚至还存在同一类税种甚至是同一个税种自身规定的不一致。比如关于非货币性资产投资的税务处理，企业所得税和个人所得税分别作出了所得分期和税款分期的规定，但是企业所得税是对投资所得在5年内"平均"分期确认，而个人所得税却是对应缴税款在5年内"任意"分期缴纳。再以重组业务的土地增值税处理为例，对以国有土地、房屋进行投资的行为，之前的政策规定是"暂免"征收土地增值税③，后来又改为"暂不"征土地增值税④。对于上述情况，建议在准确把握不同税种政策导向、适用条件和税务处理的基础上，尽量避免同一税种或同一类税种对于相同重组事项税收政策规定上的差异甚至矛盾，切实增强不同税种之间关于企业重组政策规定的整体性和协同性。

（3）重组税收政策与其他政策的整合协同

企业重组作为综合性的重大投资和产权交易事项，会涉及内部财务会计核算、外围资本金融市场、国家宏观产业政策等方面的内容。基于此，企业重组税收政策首先要和我国的会计制度和会计准则相协调，对于和企业重组密切相关的会计准则变更，税法要根据具体情况作出必要的呼应和调整⑤，尽量减少不必要的税会差异，减轻纳税人的核算负担。其次，企业重组税收政策还要对接金融监管和资本市场的相关要求。比如，为更好支持企业重组特别是债转股、债务重组的开展，要对现有税收政策规定进行修改完

---

① 《企业所得税法实施条例》第七十五条规定，除国务院财政、税务主管部门另有规定外，企业在重组过程中，应当在交易发生时确认有关资产的转让所得或者损失，相关资产应当按照交易价格重新确定计税基础。

② 《关于全面推开营业税改征增值税试点的通知》（财税〔2016〕36号）附件2"营业税改征增值税试点有关事项的规定"明确，在资产重组过程中，通过合并、分立、出售、置换等方式，将全部或者部分实物资产以及与其相关联的债权、负债和劳动力一并转让给其他单位和个人，其中涉及的不动产、土地使用权转让行为不属于增值税的征税范围。

③ 《关于土地增值税一些具体问题规定的通知》（财税字〔1995〕48号）第一条、《关于土地增值税若干问题的通知》（财税〔2006〕21号）第五条。

④ 《关于企业改制重组有关土地增值税政策的通知》（财税〔2015〕5号）第四条。

⑤ 近期，财政部先后印发修订了《企业会计准则第7号——非货币性资产交换》（财会〔2019〕8号）、《企业会计准则第12号——债务重组》（财会〔2019〕9号），对企业重组相关的会计处理进行了调整。

善,更好助力"去杠杆"的深入推进。① 再次,企业重组税收政策也要主动对接国家的宏观产业政策。其中,战略性新兴产业②代表了新一轮科技革命和产业变革的方向,是培育发展新动能、获取未来竞争新优势的关键领域。要加快研究制定针对战略性新兴产业中与新技术、新产品、新业态、新模式相关的重组税收政策支持,引导更多资源投向战略性新兴产业,推动产业转型升级和经济高质量发展。

8.2.4 提升企业重组税收政策的法律位阶

我国企业重组的税收政策绝大部分都是财税部门颁布的规范性文件,影响了税收政策的权威性和稳定性,要以推行税收法定和实施依法治税为契机,逐步提升企业重组税收政策的法律位阶,为各类企业重组提供良好的税收法治环境。

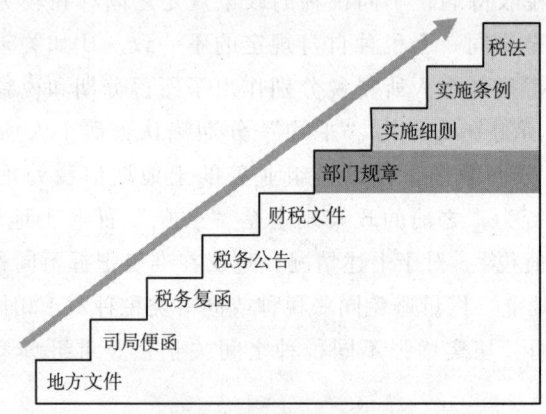

图 8-3 我国企业重组税收政策的法律位阶

(1) 我国企业重组税收政策的构成

按照企业重组税收政策的法律位阶,可以将其分为两大类八小类,如图 8-3 所示。第一大类是广义的税法层面,包括单行税法、实施条例、实施细则以及部门规章③中关于企业重组的相关规定;第二大类是规范性文件,包括财政部和国家税务总局联合发布的规范性文件、国家税务总局发布的税务公告以及对各地税务部门重组问题请示的函复,还有国家税务总局相关司局发布的便函以及地方性税收政策中关于企业重组的规定。然而在税法层面,目前只有企业所得税法实施条例对企业重组作出了极为概括性的

---

① 关于印发《2018 年降低企业杠杆率工作要点》的通知(发改财金〔2018〕1135 号)提出,协调推动兼并重组等其他降杠杆措施,深化产融合作,充分发挥资本市场在并购重组中的主渠道作用;加大对基于产业整合的并购重组的支持力度。

② 根据《战略性新兴产业分类(2018)》(国家统计局令第 23 号),战略性新兴产业是以重大技术突破和重大发展需求为基础,对经济社会全局和长远发展具有重大引领带动作用,知识技术密集、物质资源消耗少、成长潜力大、综合效益好的产业,包括:新一代信息技术产业、高端装备制造产业、新材料产业、生物产业、新能源汽车产业、新能源产业、节能环保产业、数字创意产业、相关服务业等 9 大领域。

③ 税务部门规章是以国家税务总局最高行政长官名义签署的国家税务总局令。

一般规定,而其他单行税法、条例细则及部门规章中则鲜有针对企业重组的专门性条款规定。可以说,企业重组的税法条款几乎还是空白,大量的规范性文件构成了现行企业重组税收政策体系的绝大部分内容,影响了企业重组税收政策的法律地位和实际效力。对于这种情况,应严格控制企业重组税收规范性文件的增量,积极消化已有的文件存量,逐步减少规范性文件的总量和比重。

(2)提升企业重组税收政策的法律位阶

根据全国人大法工委2015年制定的《贯彻落实税收法定原则实施意见》,到2020年,现行由暂行条例规定征收的税种将全部上升为法律,或相应废止。为此,应在加强税收立法的总体安排下,以全面推进依法治税为契机,在单行税法和实施条例中增加必要的重组条款,全方位提升重组税收政策的法律位阶。可以借鉴德国制定颁布《企业重组税收法令》的做法,以国家税务总局令的方式出台"企业重组税务处理与征管规范",对重组事项的税法原理、计税原则、政策要点和征管要求进行统一明确。与此同时,按照国务院关于清理规范性文件的部署①,利用国税地税征管体制改革后对之前颁布的规范性文件进行全面清理的机会,对已经失效的尽快发文予以废止,相互之间内容重复的进行合并简并。对于企业重组的税收待遇,能够在上位法中明确的尽量不以规范性文件的方式另行发文,对确需发文明确的要统筹考虑并增强文件制定的前瞻性和系统性,避免对单个重组事项零敲碎打和打补丁式的重复多次发文。

8.3 建立健全企业重组的税收监管机制

8.3.1 覆盖企业重组全过程的动态管理

税收政策和税收管理是一个问题的两个方面。基于企业重组事项的特殊性、企业重组税收政策的复杂性和重组交易过程的持续性,有必要对企业重组事项全过程进行动态跟踪管理,形成覆盖重组交易事前、事中和事后完整的税收管理链条和监管机制。

(1)强化重组备案环节的风险预判

企业重组的动机是多元的,作为追求经济利益的市场主体,企业在重组过程中考虑税收因素是正常的、合理的。由于现行税收制度特别是企业重组税收政策还不够健全和完善,仍存在不少政策上的漏洞和征管上的薄弱环节,地区间的税收政策差异和恶性税收竞争也造成了一些低税负的"税收洼地",为一些企业利用重组进行避税提供了可乘之机。为此,要加强事先的重组风险管理,通过备案环节对重组企业的主要动机特别是

---

① 《国务院办公厅关于进一步做好"放管服"改革涉及的规章、规范性文件清理工作的通知》(国办发〔2017〕40号)要求,坚持"谁制定、谁清理"的原则,规章、规范性文件由其制定机关负责清理,部门联合制定的和涉及多个部门职责的,由牵头部门负责组织清理。清理的重点是与国务院行政审批制度改革、商事制度改革、职业资格改革、投资体制改革和清理规范行政审批中介服务事项等改革决定不一致的有关规定,特别是与因上述改革而修改的法律、行政法规不一致的有关规定。

合理商业目的进行分析和甄别。目前我国企业重组税收政策中的反避税规定特别是对"合理商业目的"的判断标准较为简略，缺乏针对性和操作性。为此，应吸收借鉴美国、德国、特别是日本的经验和做法，重点关注和比较重组实施前后企业股权结构和税收待遇的预期变化。通过进一步量化和细化反避税规则，对主要以避税为动机的重组交易否定适用重组税收优惠和特殊性税务处理；对可能通过后续交易达到避税目的，进行税务风险提示和特别标注，并作为后续管理的重点事项予以持续关注。

（2）针对重组关键节点的过程把控

企业重组是一个动态持续的过程，涉及重组邀约、磋商谈判、资产评估、拟定合同、达成协议、支付对价、资产交割、产权变更、企业清算、利益补偿等多个环节，每个重要节点都涉及大量涉税信息。通过对事中各个关键环节实施有效的过程监管，可以结合资产评估报告判定重组交易价格是否公允，根据重组合同协议的具体条款分析确定企业重组的税务待遇，结合对价支付方式和构成判定重组各方的税务处理，依据资产交割来确认和分摊重组资产的计税基础。不仅如此，重组企业的产权变更情况会影响课税时点及税收优惠政策的继承，企业清算涉及减资撤资与利润分配，对赌利益补偿会对前期重组交易及其税收待遇产生纠正甚至否定。所有这些关键信息，都要依托过程把控才能实现。在这一过程中，税务部门要寓管理于服务之中，既要加强对企业重组的专业指导与纳税服务，又要对整个重组过程实施有效的税务监管，做到刚柔并济，区别对待，确保各项企业重组税收政策落实到位。

（3）强化重组事项的后续管理

企业重组的交易结果、税务处理和后续事项均存在较大的不确定性，决定了重组行为无疑是税务管理中跨年度事项、重大事项、高风险事项的交集，应该成为税务管理特别是后续管理的重中之重。对重组事项实施有效的后续管理，目的主要有三个：一是为了印证企业重组税收政策适用的正确性，并对误用、滥用重组税收政策的行为予以纠正；二是为了判定重组所得税款计算的准确性，对于税款计算的时间性差异和永久性差异予以必要调整和确认；三是对重组事项的后续交易进行跟踪管理，及时获取涉税信息，防止税款流失，保持企业重组税收政策管理上的连贯性和持续性，防止出现税收管理上的真空。

8.3.2 强化高风险重组事项的税务监管

由于企业重组在具体交易类型、税务处理方式、重组各方关系以及纳税人身份方面差异明显，导致不同情形下企业重组的风险程度有高有低。这其中，企业重组的特殊性税务处理是对重组所得的不确定性递延，关联企业的重组交易更容易实现合谋与避税目的，而非居民企业重组存在税务监管上的困难，都属于存在重大不确定性的高风险重组事项。

（1）强化对特殊性税务处理重组事项的监管

在企业重组的税务待遇中，特殊性税务处理的政策规定最复杂，税务风险最显著，税务监管的难度也最大。虽然税法给予了符合条件的重组事项予以递延确认所得的特殊待遇，但是按照现行会计准则关于重组业务会计核算的规定，会计上并没有推迟确认企业的重组收益，导致税法和会计处理之间存在着非常显著的差异。其后果是，站在纳税人的角度，如果将来再发生后续交易，其主观上可能会故意按照会计准则的核算标准人为增加成本扣除而减少应税所得，客观上也可能因为对重组税收政策不了解而出现税款计算或纳税调整上的失误。对此，站在税务机关的角度，由于后续交易的不确定性和交易主体的流动性，必须探索建立科学高效的税务监管机制，借助大数据和风险管理平台，采取切实可行的措施进行跟踪管理和数据监控，以降低税款流失的潜在风险。

（2）强化对关联企业重组交易的监管

在税法层面，关联企业具有特定的内涵[①]，并且在特定情况下税务机关有权对关联交易行为进行合理调整[②]。由于关联企业存在共同的经济利益，并且相互之间信息共享程度高，更容易发生重组行为并达成整体利益最大化的重组方案，而且进行避税的概率也更大。实证研究表明，实际税负对于企业重组具有重大影响，这一点在关联企业的重组交易中表现更为显著。如果关联企业之间的实际税负水平不同，甚至存在显著的差异，比如有的关联企业属于高新技术企业，有的关联企业存在经营性亏损，极有可能通过重组交易来大幅降低关联企业的整体税负。在此过程中，关联企业可能会基于非合理商业目的来人为改变重组要件，以套用特定的税务处理或税收优惠，导致税收政策滥用。此外，关联企业还可以通过故意压低或者抬高重组交易价格，将所得转移到实际税负相对较低的企业，或将亏损传递到实际税负较高的企业，也可能与关联方形成合谋，以实现应税重组所得的非正常递延。为此，要对关联企业之间的重组交易进行更为严格的审核和管理，进一步细化针对关联企业重组的反避税规定，紧盯重组各方的税负水平差异和税收待遇变化，采取风险预警、指标分析和个案诊断等方式，压缩关联企业利用重组实施避税交易的空间，严厉打击各种违反税法规定的非正常重组交易。

（3）强化对非居民企业重组事项的监管

非居民企业重组的高风险性主要体现在三个方面：一是不同国家和地区之间在税收制度、征管模式上的差异导致企业重组税收政策适用和税收管辖权方面存在较大差别，协调和处理难度较大；二是重组涉税信息获取渠道有限，税务机关无法及时准确地掌握非居民企业重组的完整涉税信息；三是非居民企业流动性大，不确定因素多，实现重组所得的递延和分期纳税的管理难度较大。基于此，可以探索推行"双重黑名单制度"，一方面对实际税负明显低于我国的国家和地区特别是避税地列入国别黑名单，对与之相关的重组事项予以风险提示和定向推送；另一方面，对通过重组实施避税、逃税行为的

---

① 《税收征管法实施细则》第五十一条规定，关联企业是指在资金、经营、购销等方面存在直接或者间接的拥有或者控制关系，直接或者间接地同为第三者所拥有或者控制，以及在利益上具有相关联的其他关系的公司、企业和其他经济组织。《特别纳税调整实施办法（试行）》（国税发〔2009〕2号）第九条又进一步对关联关系从具体八个方面进行了细化界定。

② 《税收征管法》第三十六条规定，企业或者外国企业在中国境内设立的从事生产、经营的机构、场所与其关联企业之间的业务往来，应当按照独立企业之间的业务往来收取或者支付价款、费用；不按照独立企业之间的业务往来收取或者支付价款、费用，而减少其应纳税的收入或者所得额的，税务机关有权进行合理调整。

非居民企业列入失信黑名单，以起到惩戒和威慑作用。同时，要借助《多边税收征管互助公约》①《BEPS多边公约》②和相关税收协定，充分发挥多边与双边税收协定在企业重组政策协调、争议化解和加强监管方面的作用和效果，进一步完善和用好"一带一路"税收征管合作机制③，加强跨国（境）企业重组的税收征管，更好服务国家对外发展战略。与此同时，考虑到重组业务的对等性和资金往来的相互性，可以依托参与重组的境内企业来有效加强对非居民企业重组业务的税收监管。

8.3.3　建立企业重组多部门协同共治机制

企业重组内容繁多、涉及面广，无论是重组涉税政策的研究制定和具体执行，还是重组交易的日常监督和管理服务，既需要税务部门加强力量整合并发挥主导作用，也需要与相关部门加强协调配合，避免各自为政，提高行政效率，形成多部门协同共治的合力。

（1）税务部门内部的协同治理

企业重组牵扯多个税种、多个环节和多个层面的政策设计和管理事项，需要税务部门内部诸多职能部门的管理配合，如图8-4所示。从政策制定看，至少涉及政策法规司、所得税司、货物与劳务税司、财产与行为税司、国际税务司等主管业务司局之间的相互配合；从管理和监督方式看，由于企业重组的主体、性质和情况不同，至少涉及征管与科技司、大企业管理司、纳税服务司、稽查局、特派办、大数据与风险管理局等司局的有效协同。此外，由于企业管理权限和重组领域不同，还涉及国家税务总局与省市税务机关之间的协调配合。应按照加强税务监管的总要求，结合企业重组的实际情况，明确牵头司局，税收政策层面由政策法规司牵头，税收管理层面由大数据与风险管理局牵头，细化责任分工，做到主次结合、左右协同，上下贯通，前后衔接，切实提高企业重组税收管理的质效。

（2）税务与其他部门的协调配合

从重组过程来看，重组行为往往伴随着资产股权的变更和大额的资金往来，会涉及工商管理、金融机构、资本监管等部门；对于关系国计民生的重大重组交易和国有企业的重组事项，还会涉及发改委和国资等部门，如图8-4所示。为全方位提升企业重组的监管成效，税务部门必须与其他政府相关职能部门和机构建立针对企业重组的信息实时

---

① 《多边税收征管互助公约》是一项旨在通过国际税收征管互助应对和防范跨境逃避税、维护公平税收秩序的多边条约，由OECD和欧洲委员会于1988年发起，2010年经修订后向全球所有国家开放。2013年8月中国在法国巴黎签署了《多边税收征管互助公约》。

② 全称是《实施税收协定相关措施以防止税基侵蚀和利润转移（BEPS）的多边公约》，是第一个在全球范围内就跨境所得税收政策进行多边协调的法律文件。2017年6月，包括中国在内的67个国家和地区的政府代表在经合组织（OECD）总部共同签署了该《公约》。

③ 2019年4月18—20日，由中国国家税务总局发起并主办的第一届"一带一路"税收征管合作论坛在浙江乌镇召开，34个理事会成员、22个观察员和19个税收征管能力促进联盟成员共同签署了首个"一带一路"税收征管合作谅解备忘录，正式建立了"一带一路"税收征管合作机制。

共享和联合监管机制。截至目前,税务部门只是和工商部门建立了加强股权转让信息共享的机制①,但合作领域比较狭窄,相关制度基础并不坚实。为此,应按照《国务院办公厅关于运用大数据加强对市场主体服务和监管的若干意见》的要求,加快建立税务部门与相关部门的信息交换机制②,加快形成对企业重组等重大税收事项的协同共治,确保各项重组政策措施不走样、不落空,都能够得到有效的贯彻落实。

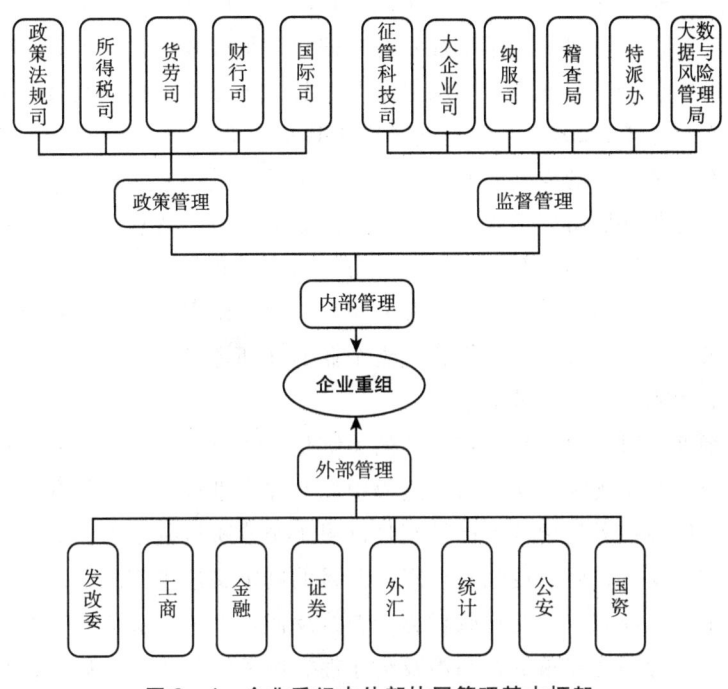

图 8-4　企业重组内外部协同管理基本框架

8.4　科学评估企业重组税收政策的效果

8.4.1　科学评估现行企业重组税收政策的实施效果

习近平总书记指出,要树立全面、整体的观念,遵循经济社会发展规律,重大政策出台和调整要进行综合影响评估,切实抓好政策落实。③ 因此,对企业重组税收政策进行全面科学的评估,是从总体上把握政策实施效果最直接、最客观的依据,也是改革完

---

① 为推进税务部门、工商行政管理部门之间的信息共享,强化股权转让税收征管,国家税务总局与国家工商行政管理总局联合发布了《关于加强税务工商合作实现股权转让信息共享的通知》(国税发〔2011〕126 号),共同建立信息共享平台和交换机制,开展股权变更登记信息共享工作。

② 《国务院办公厅关于运用大数据加强对市场主体服务和监管的若干意见》(国办发〔2015〕51 号)提出,建立国家统一的信用信息共享交换平台,整合金融、工商登记、税收缴纳、社保缴费、交通违法、安全生产、质量监管、统计调查等领域信用信息,实现各地区、各部门信用信息共建共享。

③ 习近平总书记在 2019 年中央经济工作会议上的讲话。

善各项重组税收政策的基本前提。在这方面我国仍存在很大欠缺，应充分重视政策评估，创新完善评价方法，不断拓宽评估对象，在此基础上全面提升企业重组税收政策的实施效果。

(1) 建立政策评估常态化机制

政策效果评估是企业重组税收政策效应发挥程度的标尺。国外特别是发达国家对企业重组税收政策的效果评价特别是实证研究比较多，国内则主要集中在理论分析、价值判断和定性研究层面，所得出的结论往往有失偏颇，很多政策建议也缺乏针对性和操作性。根据前面的实证研究及断点回归结果来看，我国企业重组税收政策的效果虽然客观存在，但并不十分显著；2014 年企业重组税收政策的调整进一步增强了重组税收政策的效果，但仍有改进提升的空间。鉴于税务部门掌握了重组企业较为翔实和具体的重组数据信息，应常态化开展对企业重组税收政策的效果评估，特别要及时评估重组税收政策调整后的效果，为政策制定和完善提供有力依据。在此基础上，税务部门可以和发改委、证监会、统计局和高等院校等单位开展跨部门联合研究，综合考察企业重组的影响因素和政策诉求，使税收政策更加符合重组企业的外部环境和内在需求。

(2) 对关键性政策进行重点评估

以税种为维度，对重组政策规定评估的关键是企业所得税、个人所得税和增值税关于企业重组的重要政策规定。实证研究过程中在对样本进行选取和数据清理时发现，问题主要集中在特殊性税务处理的范围较窄且仅限于企业所得税范畴，缺乏重组个人所得税和增值税的有力支持，同时税法对合理商业目的判定又过于笼统，不仅使一些需要政策支持的重大重组事项难以享受税收优惠待遇，反而让一些有避税嫌疑的重组事项钻了空子。对重组事项管理性要求的评估涉及程序性、服务性和监督性规定，存在的主要问题是税务管理覆盖范围过窄，主要涉及重组业务企业所得税的管理，没有统筹考虑其他税种的管理要求。据此，通过对政策效果和管理质效进行重点评估，可以全方位、多视角、深层次地发现重组税收政策制定和具体实施过程中存在的显性和隐性问题，从而有针对性地查缺补漏纠偏。

8.4.2 对拟出台的重组税收政策进行预评估

对企业重组税收政策的评估既要面向已实施的政策开展，更要针对拟出台的政策规定进行科学预判和模拟评估，以增强政策的前瞻性和适应性，即时预调微调，确保政策设计能够符合企业重组的实际情况和预期目标。

(1) 创新完善模拟评估方法

在模拟评估的方法上，可以借鉴我国进行"营改增"试点采取的大数据模拟税负测算，以及实施综合与分类相结合的个人所得税改革的随机抽样数据模拟的做法，借助网络化、智能化的统计分析软件和计量模型，对拟实施的企业重组政策草案进行科学预判。在数据来源上，可以利用"金税三期"系统中纳税人的海量涉税数据、发生重组时企业向主管税务机关进行备案的数据以及重组年度企业汇算清缴的数据，针对拟颁布实施的新政策规定进行模拟测算。这样一来,既可以对新旧政策的差异及效应进行综合对比分析,也可以科学评价和估算拟颁布的新规定对不同市场主体及其重组行为的具体影响。对于可能存在的问题和不足,有针对性地调整完善拟发布实施的政策条款和相关内容,增强重组税收政策制定的预见性,降低政策执行中的不确定性。

(2)拓宽意见征集渠道

在积极开展对企业重组税收政策的内部模拟评估的同时,还要拓宽意见征集渠道,对外广泛听取意见建议。这既是对制定有关行政法规、规章、行政规范性文件的明确要求[1],也可以显著提高政策制定的公平性和透明度。尤其是在比较重要的企业重组税收政策规定出台之前,通过召开座谈会等方式认真听取各类企业、行业协会以及相关部门的意见建议,并在网络上向社会公开征求意见,可以提前获取企业和第三方对重组税收政策的真实反应和客观评价,有助于形成企业重组税收政策调整的合理预期,避免政策突然调整对企业重组行为产生不必要的冲击和负面影响,从而更好支持和服务各类企业重组的平稳有序开展。

---

[1]《国务院办公厅关于在制定行政法规规章行政规范性文件过程中充分听取企业和行业协会商会意见的通知》(国办发〔2019〕9号)明确要求,在制定有关行政法规、规章、行政规范性文件过程中,各地区、各部门要科学评估拟设立制度对各类企业、行业可能产生的影响及其程度、范围,对企业切身利益或者权利义务有重大影响的,要充分听取有代表性的企业和行业协会商会以及律师协会的意见。除依法需要保密的外,要通过网络、报纸等媒体向社会公开征求意见。

参考文献

[1] 蔡昌. 企业重组税制缺陷与反避税安排 [J]. 税务研究, 2011 (6): 81-84.

[2] 蔡江新, 高允斌. 金融工具确认和计量新准则下的财税处理 [J]. 财务与会计, 2018 (10): 12-17.

[3] 陈斌才. 论企业重组方式选择中的税收考量 [J]. 税收经济研究, 2018 (4): 76-80.

[4] 陈建勋, 耿伟芝, 赵正一. 跨国并购中CEO的过度自信：理性还是非理性？——基于扎根研究的案例分析 [J]. 财经研究, 2017 (3): 107-120.

[5] 陈立敏, 王小瑕. 中国企业并购绩效的影响因素研究：基于资源基础观与制度基础观的实证分析 [J]. 浙江大学学报（人文社会科学版）, 2016 (6): 162-174.

[6] 陈延荣, 尹磊. 资产收购业务的企业所得税处理 [J]. 财政监督, 2009 (24): 59-60.

[7] 崔威. 国有企业重组的"超特殊"税务处理：法律背景及评议 [J]. 中外法学, 2010 (6): 944-957.

[8] 崔志坤, 刘冰. 国有企业混合所有制改革税收政策的完善 [J]. 税务研究, 2018 (5): 22-26.

[9] 杜跃平, 徐杰. CEO股票期权激励与并购决策关系研究——代理成本的中介作用和CEO过度自信的调节作用 [J]. 审计与经济研究, 2016 (4): 50-61.

[10] 樊勇, 王蔚. 市场化程度与企业债务税盾效应——来自中国上市公司的经验证据 [J]. 财贸经济, 2014 (2): 44-55.

[11] 冯根福, 吴林江. 我国上市公司并购绩效的实证研究 [J]. 经济研究, 2001 (1): 54-68.

[12] 方军雄. 政府干预、所有权性质与企业并购 [J]. 管理世界, 2008 (9): 118-148.

[13] 冯梅, 郑紫夫. 中国企业海外并购绩效影响因素的实证研究 [J]. 宏观经济研究, 2016 (1): 93-100.

[14] 付乐. 中美企业并购重组所得税制比较研究 [D]. 中国社会科学院研究生院, 2016.

[15] 付强. 基于协同效应测度的海外并购定价检验 [J]. 国际经济合作, 2015 (11): 74-77.

[16] 傅颀，汪祥耀，路军．管理层权力、高管薪酬变动与公司并购行为分析［J］．会计研究，2014（11）：30-37.

[17] 高金平．资产重组税收制度建设的若干思考［J］．财政研究，2013（9）：68-70.

[18] 葛结根．并购支付方式与并购绩效的实证研究——以沪深上市公司为收购目标的经验证据［J］．会计研究，2015（9）：74-80.

[19] 郭健．税收扶持制造业转型升级：路径、成效与政策改进［J］．税务研究，2018（3）：17-22.

[20] 郭跃芳．公司并购的税收协同效应研究［D］．华中科技大学，2017.

[21] 侯智骞．两岸企业并购法制之比较［D］．中国政法大学，2011.

[22] 胡开春．股票市场驱动并购研究述评［J］．财经科学，2007（1）：25-32.

[23] 黄黎明．企业并购过程中的税收筹划［J］．涉外税务，2002（4）：59-61.

[24] 纪汉霖，赵洁．汽车产业并购绩效及影响因素分析［J］．经济研究导刊，2019（4）：36-40.

[25] 贾俊雪，秦聪，张静．财政政策、货币政策与资产价格稳定［J］．世界经济，2014（12）：3-26.

[26] 柯周翔．跨国公司并购日、中企业发展状况比较分析［J］．管理观察，2008（23）：30-31.

[27] 雷根强，沈峰．我国公司并购税制存在的问题和完善对策［J］．涉外税务，2005（3）：13-16.

[28] 雷晓燕，谭力，赵耀辉．退休会影响健康吗［J］．经济学（季刊），2010（9）：1540-1588.

[29] 李彬，刘怡彬．关联并购的税收协同效应：基于异质性战略与内部资本市场视角的实证分析［J］．财务研究，2017（6）：27-38.

[30] 李彬，潘爱玲．税收诱导、战略异质性与公司并购［J］．南开管理评论，2015，18（6）：125-135.

[31] 李丹蒙，叶建芳，卢思绮，曾森．管理层过度自信、产权性质与并购商誉［J］．会计研究，2018（10）：50-57.

[32] 李佳．股权集中度、管理层过度自信与企业并购决策［J］．金融论坛，2016，21（9）：45-56.

[33] 李俊明．论商誉内涵及其在税法上的证明——基于对我国台湾地区并购商誉案的分析［J］．国际税收，2019（5）：56-61.

[34] 李路，贺宇倩，汤晓燕．文化差异、方言特征与企业并购［J］．财经研究，2018（6）：141-153.

[35] 李善民，周小春．公司特征、行业特征和并购战略类型的实证研究［J］．管理世界，2007（3）：130-137.

[36] 李善民，朱滔，陈玉罡，曾昭灶，王彩萍．收购公司与目标公司配对组合绩

效的实证分析 [J]. 经济研究, 2004 (6): 96-104.

[37] 李维萍. 公司并购的税收协同效应及观点分析 [J]. 涉外税务, 2007 (5): 34-38.

[38] 李维萍. 我国税制对公司并购激励的实效性探讨 [J]. 财经问题研究, 2007 (4): 72-76.

[39] 李霞. 公司所得税对资本结构的影响——基于中国上市公司的实证分析 [J]. 税务与经济, 2018 (3): 105-108.

[40] 李亚波. "一带一路"背景下企业所有制身份对海外并购的影响 [J]. 企业经济, 2018 (11): 13-22.

[41] 梁琪, 过新伟, 石宁. 基于随机效应 logistic 模型的中小企业财务失败预警研究 [J]. 管理工程学报, 2014 (3): 126-134.

[42] 林德木. 美国企业跨国重组特别反避税条款的评析及其借鉴意义 [J]. 福州大学学报 (哲学社会科学版), 2010 (2): 56-61.

[43] 林德木. 中美两国企业并购税制的比较研究 [J]. 税务与经济, 2009 (4): 97-103.

[44] 刘畅, 马光荣. 财政转移支付会产生"粘蝇纸效应"吗?——来自断点回归的新证据 [J]. 经济学报, 2015 (1): 25-46.

[45] 刘强. 基于所得税收益获得的上市公司并购税务筹划 [J]. 财会通讯, 2018 (14): 121-125.

[46] 刘西国, 刘晓慧. 基于断点回归法的"新农保"主观福利效应检验 [J]. 统计与信息论坛, 2017 (5): 90-95.

[47] 逯东, 黄丹, 杨丹. 国有企业非实际控制人的董事会权力与并购效率 [J]. 管理世界, 2019 (6): 119-141.

[48] 罗重峰. 公司并购重组免税资格界定中的明界检验与平衡检验 [J]. 涉外税务, 2009 (2): 58-62.

[49] 骆家骥, 崔永梅, 陈雯, 等. 并购财务困境企业整合路径研究——以国机并购二重为例 [J]. 会计研究, 2017 (7): 69-74.

[50] 马光荣, 郭庆旺, 刘畅. 财政转移支付结构与地区经济增长 [J]. 中国社会科学, 2016 (9): 105-125.

[51] 迈伦·斯科尔斯. 税收与战略 [M]. 北京: 中国财政经济出版社, 2004.

[52] 毛捷, 汪德华, 白重恩. 扶贫与地方政府公共支出——基于"'八七'扶贫攻坚计划"的经验研究 [J]. 经济学季刊, 2012 (7) 1366-1386.

[53] 孟庆丽. 并购的协同效应计量及实证检验 [J]. 财经纵横, 2013 (24): 173-175.

[54] 潘爱玲, 张国珍, 邱金龙. 高管期权制度安排、激励强度与并购绩效 [J]. 现代财经, 2017 (12): 52-66.

[55] 潘红波, 夏新平, 余明桂. 政府干预、政治关联与地方国有企业并购 [J].

经济研究，2008（4）：41-52.

[56] 钱斌华. 企业重组中不动产处置方案税负比较［J］. 财务与会计，2018（9）：63-64.

[57] 苏毓敏，赵岩. 德国公司并购税制：变迁、内容及特点［J］. 涉外税务，2010（9）：53-56.

[58] 苏毓敏. 中国公司并购税制改革研究［M］. 北京：经济科学出版社，2015：66-78.

[59] 孙江明，居文静. 跨国并购对我国企业创新绩效的影响［J］. 世界经济与政治论坛，2019（3）：149-160.

[60] 唐建新，陈冬. 地区投资者保护、企业性质与异地并购的协同效应［J］. 管理世界，2010（8）：102-116.

[61] 唐建新，贺虹. 中国上市公司并购协同效应的实证分析［J］. 经济评论，2005（5）：93-100.

[62] 田彬彬，王俊杰，邢思敏. 税收竞争、企业税负与企业绩效［J］华中科技大学学报（社会科学版），2017（5）：127-136.

[63] 汪卓妮. 税收效应对我国上市公司并购行为影响的实证研究［D］. 广西师范大学，2013.

[64] 王凤荣，苗妙. 税收竞争、区域环境与资本跨区流动——基于企业异地并购视角的实证研究［J］. 经济研究，2015（2）：16-30.

[65] 王吉恒，张钊. 战略性新兴产业的区域定位与选择［J］. 河南社会科学，2019（6）：67-72.

[66] 王清剑，张秋生. 税收调控对企业并购的影响研究［J］. 财政研究，2013（2）：31-34.

[67] 王晔. 国有企业与民营企业跨国并购的动因与比较［J］. 商业经济研究，2018（8）：101-105.

[68] 吴丽梅. 新税收法规对企业重组的推动［J］. 税务研究，2009（10）：90-92.

[69] 武若思，廖镇宇. 浅议日本并购税制实践及其借鉴意义［J］. 长江师范学院学报，2013（3）：50-53.

[70] 夏宗华，万小瑕，祝绍雪. 浅谈企业并购中的纳税筹划［J］. 税务研究，2006（2）：78-79.

[71] 肖振红. 基于协同效应的并购目标企业选择研究［D］. 哈尔滨工业大学，2007.

[72] 谢玲红，刘善存，邱菀华. 管理者过度自信对并购绩效的影响——基于群体决策视角的分析和实证［J］. 数理统计与管理，2012（1）：122-133.

[73] 辛连珠. 企业特殊性重组资产计税基础的确认原则［J］. 税务与经济，2011（2）：98-101.

[74] 杨超，刘长翠，雒晨旭. 不同补偿方式下并购重组业绩承诺补偿的所得税处

理［J］．税务研究，2019（1）：114－120．

［75］易茜．浅析我国企业并购的特殊性税务处理规定——中美并购所得税制比较［J］．财会月刊，2014（16）：50－53．

［76］殷爱贞，马晓丽，于澎．基于并购动机的并购绩效评价［J］．财会月刊，2018（11）：107－114．

［77］尹磊，吴小海．对股权收购企业所得税待遇的若干思考［J］．税务研究，2015（8）：40－47．

［78］尹磊．非货币性资产投资企业所得税政策解析［J］．中国税务，2015（2）：51－53．

［79］尹磊．企业重组时增值税如何处理［N］．中国税务报，2009.11.30．

［80］尹磊．企业重组税务稽查方法探析——基于税务稽查流程的"六位一体"递进法［J］．税务研究，2017（8）：122－125．

［81］于明涛，潘爱玲．政府竞争水平差异有利于提升企业跨地区并购绩效吗？［J］．审计与经济研究，2018（2）：81－92．

［82］岳树民．促进国有企业混合所有制改革与发展的税制优化［J］．税务研究，2018（5）：3－8．

［83］张川川，John Giles，赵耀辉．新型农村社会养老保险政策效果评估——收入、贫困、消费、主观福利和劳动供给［J］．经济学季刊，2014（10）：204－226．

［84］张春燕．我国并购所得税制度改革的回顾与展望［J］．税务研究，2015（8）：32－36．

［85］张涤非．上市公司并购重组中的税收筹划方法探析［J］．财务与会计，2016（22）：43－45．

［86］张秋生，周琳．企业并购协同效应的研究与发展［J］．会计研究，2003（6）：44－47．

［87］张也丽．中美两国并购重组的税收政策比较研究［D］．上海海关学院，2016．

［88］赵薇．中国企业跨国并购政策及国际比较研究［D］．浙江工业大学，2013．

［89］周晓光．反避税规则与企业重组所得税制的互补与共进：以美国为参照［J］．社会科学，2015（5）：90－97．

［90］Agarwal N, Kwan P. Pricing mergers with differential synergies［J］. Strategic Change, 2018, 27（1）：3－7.

［91］Aktas, N, E. De Bodt, R. Roll. MicroHoo: Deal Failure, Industry Rivalry and Sources of Overbidding［J］. Journal of Corporate Finance, 2013（19）：20－35.

［92］Alhenawi Y, Krishnaswami S. Long-term impact of merger synergies on performance and value［J］. The Quarterly Review of Economics and Finance, 2015, 58（6）：93－118.

［93］Altman. E. I, Financial Ratios, Discriminant Analysis and the Prediction of Corporate Bankruptcy［J］. Journal of Finance, 1968, 23（4）：589－609.

［94］Andrade G, Mitchell M., Stafford E. New Evidence and Perspectives on Mergers

[J]. Journal of Economic Perspectives, 2001 (15): 103 – 120.

[95] Angrist J. and V. Lavy. Using Maimonides' Rule to Estimate the Effect of Class Size on Scholastic Achievement [J]. The Quarterly Journal of Economics, 1999, 114 (2): 533 – 575.

[96] Angrist, Joshua David. Mostly harmless econometrics: an empiricist's companion [M]. Princeton University Press, 2010.

[97] Attig, N., Guedhami, O. and Mishra, D. Multiple Large Shareholders, Control Contests and Implied Cost of Equity [J]. Journal of Corporate Finance, 2008, 14 (5): 721 – 737.

[98] Auerbach A. J., Reishus D. Taxes and the Merger Decision: An Empirical Analysis, NBER Working Paper, 1986, No. 1855.

[99] Ault H J, Arnold B J. Comparative Income Taxation: A Structural Analysis. 2nd Edition [J]. Social Science Electronic Publishing, 2004, 26 (9): 5 – 17.

[100] Ayadi R, Boussemart J P, Leleu H, et al. Mergers & Acquisitions in European banking: higher productivity or better synergy among business lines? [J]. Journal of Productivity Analysis, 2013, 39 (2): 165 – 175.

[101] Ayers B C, Robinson L J R. Shareholder Taxes in Acquisition Premiums: The Effect of Capital Gains Taxation [J]. The Journal of Finance, 2003, 58 (6): 2783 – 2801.

[102] Ayers, B. C, Lefanowicz, C. E. and Robinson, J. Shareholder levelcaptial gains taxes on acquisitions structure [J]. The Accounting Review, 2004, 79 (5): 859 – 884.

[103] Belz T, Robinson L A, Ruf M, et al. Tax Avoidance as a Driver of Mergers and Acquisitions [J]. SSRN Electronic Journal, 2013, 2 (2): 81 – 87.

[104] Bertrand, M., A. Schoar. Managing with Style: The Effect of Managers on Firm Policies. Quarterly Journal of Economics, 2003 (4): 1169 – 1208.

[105] Brollo, F., T. Nannicini and R. Perotti. The Political Resource Curse [J], The American Economic Review, 2013, 103 (5): 1759 – 1796.

[106] Carla, Hayn. Tax attribuks as debrminants of shareholder gains in corporate Acquisitions [J]. Journal of Financial Economics, 1989, 4 (23): 121 – 153.

[107] Chari A, Ouimet P, Tesar L L. Cross Border Mergers and Acquisitions in Emerging Markets: The Stock Market Valuation of Corporate Control [J]. Social Science Electronic Publishing, 2004, 23 (4), 1741 – 1770.

[108] Chow K C, Klassen K. Real Effects of International Tax Avoidance: Domestic Acquisitions [J]. ATA Mid-year Meeting, 2014, 66 (2): 246 – 251.

[109] Christos Pantzalis, Jung Chul Park, Ninon K. Sutton. Legal Environment, Internalization, and U. S. Acquirer Gains in Foreign Takeovers [J]. The Journal of Financial Research, 2008, (31): 167 – 191.

[110] Clyde P. Stickney, Victor E. McGee, Effective Corporate Tax Rates the Effect of

Size, Capital Intensity, Leverage and Other Factors [J]. Journal of Accounting and Public Policy, 1982 (1), 125–152.

[111] Croson R T A, Gomes A, Mcginn K L, et al. Mergers and Acquisitions: An Experimental Analysis of Synergies, Externalities and Dynamics [J]. Review of Finance, 2004, 8 (4): 481–514.

[112] Czarnitzki, D., H. Hottenrott and S. Thorwarth, Industrial Research versus Development Investment: The Implication of Financial Constrains, Cambridge Journal of Economics, 2011 (35): 527–544.

[113] Daniel Duarte and Victor Barros, Corporate Tax Avoidance and Profitability Followed by Mergers and Acquisitions [J]. Corporate Ownership & Control, 2018, 15 (2): 148–160.

[114] Datta, S, Iskandar-Datta, M. and Raman K. Executive Compensation and Corporate Acquisition Decisions [J]. The Journal of Finance, 2001. 56 (6): 2299–2336.

[115] Dertouzos J N, Trautman W B. Economic Effects of Media Concentration: Estimates from a Model of the Newspaper Firm [J]. Journal of Industrial Economics, 1990, 39 (1): 1–14.

[116] Dickerson, A. P., H. Gibson, and E. Tsakalotos. 1997. The Impact of Acquisitions on Company Performance: Evidence from a Large Panel of UK Firms. Oxford Economic Papers, 49 (3): 344–361.

[117] Eckbo B E. Horizontal Mergers, Collusion, and Stockholder Wealth [J]. Journal of Financial Economics, 1983, 11 (4): 241–273.

[118] Erickson M, Wang, Shiing-wu. Tax Benefits as a Source of Merger Premiums In Acquisitions of Private Corporations [J]. The Accounting Review, 2007, 82 (2): 359–387.

[119] Erickson M. Discussion of The Effect of Taxes on Acquisition Price and Transaction Structure [J]. Fixed Point Theory & Applications, 2000, 10 (2): 347–363.

[120] Erickson M. The Effect of Taxes on the Structure of Corporate Acquisitions [J]. Journal of Accounting Research, 1998, 36 (2): 279–298.

[121] Feld L P, Ruf M, Schreiber U, et al. Taxing away M&A: The effect of corporate capital gains taxes on acquisition activity [J]. ZEW Discussion Papers, 2016, 46 (1): 383–399.

[122] Field L. C. and Mkrtchyan, A, 2017, The Effect of Director Experience on Acquisition Performance [J]. Journal of Financial Economics, 2017, 123 (3): 488–511.

[123] Forbes D P, Kirschd D A. The study of emerging industries: Recognizing and responding to some central problems [J]. Journal of Business Venturing, 2015, 10 (26): 589–602.

[124] Garkusha V, Joyce P, Lloyd C S. Corporate Tax Rate and Recent Inbound and Outbound Mergers and Acquisitions Activity in the United Kingdom [J]. Procedia Economics

and Finance, 2015, (30): 271-282.

[125] Gu, F., B. Lev. Overpriced Shares, Advised Acquisitions, and Goodwill Impairments [J]. Accounting Review, 2011 (6): 1995-2022.

[126] Hambrick H D C. Explaining the Premiums Paid for Large Acquisitions: Evidence of CEO Hubris [J]. Administrative Science Quarterly, 1997, 42 (1): 103-127.

[127] Harris J, O'Brien W. U. S. Worldwide Taxation and Domestic Mergers and Acquisitions [J]. Journal of Accounting and Economics, 2018, 66 (2): 419-438.

[128] Harris, R. and M. Trainor, 2005, Capital Subsidies and Their Impact on Total Factor Productivity: Firm-Level Evidence from Northern Ireland [J]. Journal of Regional Science, 2005 (45): 49-74.

[129] Hayn C. Tax Attributes as Determinants of Dhareholder Gains in Corporate Acquisitions [J]. Journal of Financial Economics, 1989, 23 (1): 121-153.

[130] Henning S L, Shaw W H, Stock T. The Effect of Taxes on Acquisition Price and Transaction Structure [J]. Social Science Electronic Publishing, 2000 (9): 1-17.

[131] Horii R. Wants and past knowledge: Growth cycles with emerging industries [J]. Journal of Economic Dynamics & Control, 2016, 5 (36): 220-238.

[132] Huang, Q., Jiang, F., Lie, E. and Yang, K., The Role of Investment Banker Directors in M&A [J]. Journal of Financial Economics, 2014. 112 (2): 269-286.

[133] Imbens, G. and T. Lemieux. Regression Discontinuity Design: A Guide to Practice [J]. Journal of Econometrics, 2008, 142 (2): 615-635.

[134] Ismail A. Does the Management's Forecast of Merger Synergies Explain the Premium Paid, the Method of Payment, and Merger Motives? [J]. Financial Management, 2011, 40 (4): 879-910.

[135] Jensen M C. Takeovers: Folklore and Science [J]. Social Science Electronic Publishing, 1984, 62 (6): 109-121.

[136] Karagiannidis, S. Mergers and acquisitions in Australia: reasons and timing, Doctoral Dissertation. Victoria University, 2010.

[137] Lee D S. Randomized experiments from non-random selection in U. S. House elections [J]. Journal of Econometrics, 2008, 142 (2): 675-697.

[138] Lemieux L T. Regression Discontinuity Designs in Economics [J]. Journal of Economic Literature, 2010, 48 (2): 281-355.

[139] Li, Z., P. K. Schroff, R. Venkataraman, Causes and Consequences of Goodwill Impairment Losses [J]. Review of Accounting Studies, 2011 (16): 745-778.

[140] Malmendier, U., G. Tate. CEO Overconfidence and Corporate Investment [J]. The Journal of Finance, 2005 (6): 2661-2700.

[141] Malmendier, U., G. Tate. Who Makes Acquisitions? CEO Overconfidence and the Market's Reaction [J]. Journal of Financial Economics, 2008 (1): 20-43.

［142］Mccrary J. Manipulation of the running variable in the regression discontinuity design: A density test ［J］. Journal of Econometrics, 2008, 142 (2): 698-714.

［143］Moeller S., Schlingemann F., Stulz R. Wealth Destruction on A Massive Scale? A Study ofAcquiring-firm Returns in the Recent Merger Wave ［J］. The Journal of Finance, 2005 (60): 757-782.

［144］Nohel T, Todd S K. Compensation for Managers with Career Concerns: The Role of Stock Options in Optimal Contracts ［J］. Journal of Corporate Finance. 2005, (11): 229-251.

［145］NorbCk P J, Vlachos P J. Cross-Border Acquisitions and Taxes: Efficiency and Tax Revenues ［J］. The Canadian Journal of Economics/Revue canadienne d'économique, 2009, 42 (4): 1473-1500.

［146］Novia X C, Terry S. U. S. Worldwide Taxation and Domestic Mergers and Acquisitions: A Discussion ［J］. Journal of Accounting and Economics, 2018 (66): 439-447.

［147］Poonyawat S. Taxes and risk-taking behavior: evidence from mergers and acquisitions in the G7 nations ［J］. The Journal of Risk Finance, 2018, 19 (3): 277-294.

［148］Roll, R.. The Hubris Hypothesis of Corporate Takeovers ［J］. Journal of Business, 1986 (2): 197-216.

［149］Ruback R S, Jensen M C. The Market for Corporate Control: The Scientific Evidence ［J］. Social Science Electronic Publishing, 1983, 11 (14): 5-50.

［150］Saman Majd and Stewart C. Myers. Valuing the government's tax claim on risky corporate assets. NBER Working Paper, 1985 (2): 1553.

［151］Steindel C. Tax reform and the merger and acquisition market: the repeal of General Utilities ［J］. Quarterly Review, 1986 (8): 31-35.

［152］Stephen A. Ross, Corporate Finance ［J］. Mc Graw-Hill, 1999 (5): 601-604.

［153］Stuart T E, Yim S. Board interlocks and the propensity to be targeted in private equity transactions ［J］. Journal of Financial Economics, 2010, 97 (1): 174-189.

［154］Taggart, R. A, Have U. S. Corporations Grown Financially Weak? in Financing Corporate Capital Formation, B. M. Friedman, ed, Chiago University of Press, 1986 (12): 13-33.

［155］Thistlethwaite D L, Campbell D T. Regression-discontinuity analysis: An alternative to the expost facto experiment ［J］. Journal of Educational Psychology, 1960, 51 (6): 309-317.

［156］Trezevant R H. Discussion of Divestiture Structure and Tax Attributes: Evidence from the Omnibus Budget Reconciliation Act of 1993 ［J］. Journal of the American Taxation Association, 2000, 22 (31): 72-75.

［157］Van der Klaauw, W. "Estimating the Effect of Financial Aid Offers on College Enrollment: A Regression-Discontinuity Approach", International Economic Review, 2002, 43 (4): 1249-1287.

后 记

恩师慧眼识琼英，
而立折桂步蟾宫。
明德楼畔研经笥，
汇贤堂前论百城。
前辈论道启心智，
同窗切磋堪股肱。
不恋紫衣千钟粟，
吾辈最爱是书生。

诗以明志——记得这是我博士入学时，写下的一首七言律诗。今日再读，往事历历在目，感受历久弥深。几年前，抱着对母校中国人民大学的向往，怀着对名师大家的景仰，我以总分第一名的成绩考入财政金融学院，圆了我从本科、硕士再到博士一直研学财政税收的初心，成为学术路上不停奔跑的追梦人……

文以载道——此书付梓之际，我要拜谢我的师父，中国人民大学财政金融学院副院长、博士生导师、财税大家岳树民教授。您是伯乐，招考前仅凭一次电话、一封邮件、一面之缘，就认定当年青涩的"小马驹"必能成为驰骋的"千里马"；您是严师，对我为人处世、教学科研和论文写作，既有春风化雨的润物无声，又有暴风骤雨的雷霆万钧；您是慈父，关照我学习、关心我生活、关注我进步、关爱我成长；您是偶像，教学炉火纯青，文章著作等身，语言诙谐睿智，品格高山仰止，永远是弟子们学习的楷模！

深以为荣——我能有幸聆听受教众位前辈先生的教诲。人大财金，星光璀璨，黄达老校长的经世济民，陈雨露校长的家国情怀，刘伟校长的兼容并蓄，陈共老先生的德高望重，安体富老教授的大家之风，高山仰止，仰之弥高；郭庆旺教授、庄毓敏教授、岳希明教授、贾俊雪教授、吕冰洋教授、朱青教授、王小龙教授、王秀芝教授、马光荣教授……让我如沐春风、如饮甘露。人大数载苦读，让我学有所获，业有精进，术有专攻，"人大人"是我一生的荣耀！

情以为真——能和诸位青年才俊结下深厚情谊。我要特别感谢我的同门李艳艳博士，我的知心姐姐、人生挚友，在本书撰写过程中给我的莫大支持和鼎力相助。感谢和我"同居"人大品园宿舍数载的王坤博士，感谢全班19位各怀绝技、笑傲江湖的博士同学，感谢亲如一家友爱互助的众位同门！

学以致用——感谢国家税务总局党委对人才培养工作的高度重视,感谢税务总局干部学院领导对我一如既往的大力支持,感谢总局办公厅的培养历练,感谢总局教育中心的管理服务。唯有继续写好国家税收这篇"大文章",全力做好税收治理这个"大课题",尽力抓好资政建言这项"大工程",才不负组织的培养和厚爱!

何以为报——为我默默付出的家人。我最要感谢我的爱人周琳,婚后十年,我或挂职、或出差、或求学,少陪伴、少浪漫、少呵护,你高声为我加油喝彩,无声把泪流在心里。我最亏欠女儿尹雅菁,电话里的爸爸、视频里的爸爸替代了身边的爸爸,每次相聚你都欢呼雀跃,每次别离你都强忍泪水。我还要告诉牙牙学语的儿子尹勉尔,爸爸想用自己向上向善的人生经历和精益求精的治学态度,为你未来的成长成才树立一个看得见的参照系。我要深深感谢我的岳父岳母,你们是我最放心、最坚定、最可靠的大后方。我更要跪谢我的父母,生我养我,教我育我,煦伏之恩,堪比高山河岳!

聊以自慰——我也想点赞一直在努力的自己。记得本科毕业论文聚焦三农财政绩效,《安徽省财政支农资金运行质量分析》获全校优秀毕业论文一等奖,硕士论文紧扣创新型国家建设,《支持自主创新的税收政策研究》获湖北省优秀毕业论文一等奖。攻博期间,工作之余,我直面企业重组税收问题,酝酿数载,撰写经年,修改累月,几易其稿,终见成效,谨以一首七言律诗,表我甘苦寸心:

魁星隐隐亘九天,
叩石垦壤年复年。
书山耸峙眈税苛,
文海浩淼洗浮铅。
重组千变刊百论,
独研万家成一篇。
资本市场暗潮涌,
吾辈岂作壁上观!

尹　磊
二〇二〇年六月于半山书斋